Reinhard Brenneke · Militanter Modernismus

Reinhard Brenneke

Militanter Modernismus

Vergleichende Studien zum Frühwerk Ernst Jüngers

M&P
VERLAG FÜR WISSENSCHAFT
UND FORSCHUNG

Die Deutsche Bibliothek – CIP-Einheitsaufnahme

Brenneke, Reinhard:
Militanter Modernismus : vergleichende Studien zum Frühwerk Ernst Jüngers / Reinhard Brenneke. - Stuttgart : M und P, Verl. für Wiss. und Forschung, 1992
Zugl.: Hannover, Univ., Diss., 1991
ISBN 978-3-476-45021-0

ISBN 978-3-476-45021-0
ISBN 978-3-476-04179-1 (eBook)
DOI 10.1007/978-3-476-04179-1

M & P Verlag für Wissenschaft und Forschung
ein Verlag der J. B.Metzlerschen Verlagsbuchhandlung und
Carl Ernst Poeschel Verlag GmbH in Stuttgart

Ursprünglich erschienen bei J. B. Metzlersche Verlagsbuchhandlung und Carl Ernst Poeschel Verlag GmbH in Stuttgart 1992

Für Richard Faber

Inhaltsverzeichnis

Vorbemerkung

Es sei "immer eine Unaufrichtigkeit, wenn man über lebende Dichter unparteiisch, abgeklärt, objektiv zu reden" vorgebe, heißt es einmal bei Walter Benjamin; da in solchen Fällen die "literarhistorische Form" wissenschaftlicher Darstellung versage, sei die ihnen gemäße "die kritische".[1] Dies gilt auch für die Beschäftigung mit Ernst Jünger (geb. 1895), selbst wenn sich das analytische Interesse - wie im vorliegenden Fall - auf die bereits Jahrzehnte zurückliegenden Frühschriften (1920-34) konzentriert, handelt es sich hier doch um einen Autor, dessen Werk "wie kein zweites (...) Dokument der deutschen Katastrophe" ist und teilhat "an ihrer Vorgeschichte wie an ihrer versuchten Bewältigung."[2] Der Literaturwissenschaftler gerät daher notwendig mit einem Fragenkomplex in Berührung, der nichts an Brisanz eingebüßt hat.
Hinzu kommt, daß Jünger gegenwärtig von Teilen der deutschen Publizistik in den Rang eines Klassikers erhoben und seine Gestalt ins Legendäre entrückt wird, wobei mancher Töne anschlägt, die unangenehm an jenen Jargon erinnern, dessen Benutzern Th.W. Adorno einst kritisch bescheinigte, sie gerierten sich als "inwendige Elite".[3] Das spürbare Wiederaufleben dieser spezifisch deutschen Ideo-

1 Walter Benjamin: Versuche über Brecht. Frankfurt/M. 1978, S. 9.
2 Wolfgang Matz: Nach der Katastrophe. Jünger und Heidegger. In: Text+Kritik 105/6: Ernst Jünger. Januar 1990, S. 74.
3 Theodor W. Adorno: Jargon der Eigentlichkeit. Zur deutschen Ideologie. Frankfurt/M. 1964, S. 19.

logie ist bedrückend genug, auch wenn sich einem nicht reflexhaft jener Faschismus-Verdacht aufdrängt, dessen vorübergehend inflationärer Gebrauch einem moralisierenden Politik- und Literaturverständnis entsprang. Es darf wieder geraunt werden: da ist beispielsweise von einem Hauptwerk als der "magischen Schwelle zum Zentrum des Werks" die Rede, während einer anderen Schrift - ohne den leisesten Anflug von Ironie - nachgesagt wird, hier lasse sich "die Abkehr vom Heldentum des Welteroberers zu dem des Weltüberwinders eindrucksvoll verfolgen."[1] Weihevoll vorgetragene Elogen wie diese, die Jünger als geistigen Olympier in unmittelbarer Nachbarschaft von Schopenhauer oder Goethe[2] plazieren, sind derzeit keine Seltenheit.

Ernster als derlei Apologetik sind dagegen jene *Analysen* zu nehmen, die - abseits von allem Geraune - die *Modernität* Jüngers, des Frühwerks zumal, akzentuieren. Hier hat K.H. Bohrers "Ästhetik des Schreckens" (1978) unzweifel-

1 Albert von Schirnding: Ernst Jünger und Schopenhauer. In: Ders.: Begegnungen mit Ernst Jünger. Ebenhausen bei München 1990, S. 7ff.

2 Exemplarisch für den Jargon einer gewissen Jünger-Apologetik scheint mir der Aufsatz von Klaus Weller: Ernst Jünger. Nachtrag zum neunzigsten Geburtstag. In: Neue Deutsche Hefte. Heft 2. 1985, S. 227-262. Eine kurze Textprobe mag genügen: "Daß ihn die christliche Ethik besonders anspricht, ist nicht zu verwundern bei einem Menschen, der sich allem Seienden mit so viel Liebe zuwendet wie Jünger - Menschen, Tieren, Pflanzen, Gesteinen, der gesamten belebten und unbelebten Natur. Statt Natur könnten wir hier auch Schöpfung sagen, denn wenn er dieses Wort gebraucht, hat es noch viel von seinem alten Sinn und Glanz... In Ernst Jünger begegnet uns die Goethesche Humanitas in reiner und überzeugender Ausprägung, und deshalb auch war die Verleihung des Frankfurter Goethe-Preises in mehr als einem Sinne gerechtfertigt." (Ebd., S. 254f.)

haft bahnbrechend gewirkt, weswegen denn auch im Eingangskapitel der vorliegenden Arbeit auf den von Bohrer angestrengten Paradigmawechsel ausführlich und kritisch Bezug genommen wird. Dabei stellt sich heraus, daß dessen polemische Absetzung von der "derzeitigen aufklärerischen Apologetik", die Kreuzzugsmentalität, mit der Bohrer gegen die angeblich "einseitig sozialgeschichtlich und soziologisch orientierte westdeutsche Literaturwissenschaft nach 1968"[1] zu Felde zieht, interpretatorische Verzerrungen zur Folge hat, die eine neuerliche Beschäftigung mit Jünger wünschenswert, ja notwendig erscheinen lassen.
Den Gegenstand des zweiten Kapitels bildet das moderne Phänomen des Exotismus, der - biographisch, nicht werkgeschichtlich betrachtet - ein erstes isolierbares Motiv darstellt, mit dessen Hilfe sich Jüngers intellektuelle Physiognomie erhellen läßt. Obgleich seine Flucht zur Fremdenlegion (1913) kaum mehr als eine Jugendeskapade war, die erst sehr viel später eine literarische Bearbeitung erfuhr, lassen sich schon hier erste Rückschlüsse auf Jüngers Verhältnis zur bürgerlichen Zivilisation bzw. zur Moderne ziehen, die seine Reaktion auf das anschließende Kriegserlebnis verständlicher erscheinen lassen. Um das Spezifische an Jüngers Überwindung der exotistischen Illusion herauszuarbeiten, kontrastieren wir sie mit einem Pamphlet des jungen Paul Nizan, der mit jenem den exotistischen Fluchtimpuls teilte, jedoch radikal verschiedene Konsequenzen aus der Erfahrung des Scheiterns zog.
Auch das dritte Kapitel verfährt vergleichend und kontrastierend, insofern zwei unvereinbare, ja verfeindete Sicht-

1 Karl Heinz Bohrer: Die Kritik der Romantik. Der Verdacht der Philosophie gegen die literarische Moderne. Frankfurt/M. 1989, S. 18.

weisen des Kriegs aufeinanderprallen. Die Perspektive des Frontsoldaten Jünger erscheint im Zusammenstoß mit der radikalen Opposition der Züricher Dadaisten Ball, Serner und Huelsenbeck, deren skeptische und rebellische Lesart des Krieges auch Licht auf die Jüngersche Gestalt wirft.

Das vierte Kapitel bietet zunächst einen Rückblick auf die innovatorischen Leistungen des frühen Futurismus (ab 1909), der als erste voll ausgebildete Avantgarde-Bewegung angesprochen werden muß und in dieser Eigenschaft dem Dadaismus wichtige Anregungen vermittelt hat, obgleich dessen Protagonisten dem weltanschaulichen Credo der italienischen Bewegung durchaus reserviert gegenüberstanden. Anders Jünger, der selbst nie forminnovatorische Ambitionen gezeigt hat, dessen Ästhetik der Gewalt jedoch Motive wiederholt, wie sie der Futuristenführer Marinetti bereits anderthalb Jahrzehnte zuvor entwickelte.

Das Schwergewicht des fünften Kapitels, das nicht vergleichend verfährt, liegt auf dem politischen Projekt der 'totalen Mobilmachung', das Jünger in den frühen dreißiger Jahren entwarf. Damit kommt bereits *eine* Bedeutungsschicht seiner Schrift "Der Arbeiter" (1932) zur Sprache, diesem zweifellos komplexesten Werk des Autors, das nicht nur eine zutreffende Diagnose vom Bewußtseinszustand der krisengeschüttelten Massen gegen Ende der Weimarer Republik ablegte, sondern auch in prophetisch-appellativer Manier Entwicklungen im Dritten Reich vorwegnahm.

Im Zentrum des sechsten Kapitels steht schließlich das Phänomen der "Beschleunigung", das Jünger als Signum der Moderne galt. Eine Reihe seiner Beobachtungen und Spekulationen passieren hier Revue, zumeist ergänzt durch Reflexionen des französischen Geschwindigkeitstheoretikers Paul Virilio, dessen rhapsodisch und unsystematisch angelegte Schriften mehr als einmal den Einfluß des deutschen Schriftstellers verraten. Bei dieser Gelegenheit erweist sich die Wahrnehmungsschärfe des Phänomenologen Jünger, seine Hellhörigkeit für die autoritären Aspekte der Moderne, insbesondere das repressive Potential der Technik.

Erstes Kapitel

Old Shatterhands Wiederkehr. Kritische Anmerkungen zu K.H. Bohrers "Ästhetik des Schreckens"

Ja: es wird natürlich ein ganz anderes Leben sein, wenn die Völker sich erst zu Millionen ineinander verbeißen, bis zum totalen Krieg Ernst Jüngers - der noch 1946 bedauerte, daß die 'Hochgezüchteten' zur letzten Konsequenz nicht 'brutal genug' gewesen wären - und ähnlicher Shatterhands ...

(Arno Schmidt, Massenbach)

Nehmen wir an, es handelte sich um Paranoia, wie will man sie von jener historisch geschärften Sensibilität unterscheiden, die nach neuen Indizien spürt?

(Bernward Vesper, Die Reise)

Old Shatterhands Wiederkehr. Kritische Anmerkungen zu K.H. Bohrers "Ästhetik des Schreckens" [1]

Die vorliegenden Studien fragen nach dem ästhetischen Bewußtsein und der historischen Intelligenz der Jüngerschen Frühschriften und lassen diese vor dem fragmentarisch rekonstruierten Bewußtseinshorizont der historischen Avantgardebewegungen und ihrer Protagonisten Revue passieren. Zuvor jedoch wird der unbestritten einflußreichste Text der gegenwärtigen Jünger-Forschung einer kritischen Musterung unterzogen: Karl Heinz Bohrers voluminöse Untersuchung "Die Ästhetik des Schrekkens. Die pessimistische Romantik und Ernst Jüngers Frühwerk".[2] Obgleich "nicht vornehmlich" als "Beitrag zur internen Jünger-Philologie" (ÄS, 9) gedacht, verkörpert diese Schrift den erfolgreichen Versuch, eine neue Sehweise des umstrittenen Schriftstellers zu etablieren; ein enthusiastischer Rezensent befand sogar, sie dürfe als das "letzte" Buch über Jünger gelten.[3]

1 Primärliteratur und mehrfach zitierte Werke der Sekundärliteratur werden in der vorliegenden Arbeit unter Zuhilfenahme von Siglen nachgewiesen, die aus dem Siglenverzeichnis zu ersehen sind. Die übrigen Literaturangaben finden sich in den jeweiligen Fußnoten. Detailliertere Hinweise, vor allen zu Zeitschriftenaufsätzen, sind ebenfalls dem Literaturverzeichnis zu entnehmen. - Finden sich in einem Satz mehrere Zitate aus der gleichen Quelle, so sind diese nicht einzeln belegt, sondern beziehen sich auf die nächstfolgende Angabe. Unmittelbar im Anschluß an längere Zitatpassagen aufgegriffene Formulierungen werden nicht erneut nachgewiesen. - Sämtliche Hinzufügungen bzw. Auslassungen des Verfassers in Zitaten stehen in runden Klammern.

2 München/Wien 1978 (abgek.: ÄS).

3 Michael Rutschky: Die Ästhetik des Schreckens. In: Die Neue Rundschau 89, (1978, H.3), S. 457-464.

Bohrer grenzt sich scharf von den die bisherige Jünger-Forschung dominierenden Behandlungsweisen ab, der altkonservativ-apologetischen ebenso wie der ideologiekritischen. Die polemische Spitze des Verfassers richtet sich jedoch in erster Linie gegen die "linke Ideologiekritik", der er vorwirft, nicht das ästhetische Element von Jüngers literarischer Sprache thematisiert, diesen vielmehr als Denker und Ideologen behandelt und dergestalt notwendig verfehlt zu haben. Während sich die Ideologiekritik mit dem billig zu erbringenden und obendrein irrelevanten Nachweis von Jüngers "Irrationalismus" begnüge und gegen ihn den sattsam bekannten "Vorwurf des Präfaschismus"(ÄS, 13) erhebe, werde die produktive Willkür des Schriftstellers im Umgang mit politisch-philosophischer Terminologie übersehen, seine "primär ästhetische Optik" ausgeblendet. Was ein kleinbürgerlicher Moralismus mit kritischer Attitüde Jünger als präfaschistische Ideologie ankreiden zu dürfen glaube, stelle jedoch im wesentlichen etwas völlig Anderes dar: die "Esoterik" eines "pessimistischen" Ästheten nämlich, der die kulturelle Norm seiner Zeit verdächtige, ja ihr mit symbolischer Aggressivität zu Leibe rücke.
Solche "ästhetische Subversion" gelingt Bohrer zufolge um so eher, je weniger die Wahrnehmung eines Schriftstellers ideologisch präokkupiert ist. Nur wenn die Literatur ihre normenentfernte Wahrnehmungsfunktion erfülle, sich ihr Eigenstes, die Imagination, bewahre, vermöge sie sich als Erkenntnisinstrument inmitten anderer, konkurrierender intellektueller Mitteilungsformen zu behaupten. Als Beispiele gelungener Subversivität dieser Art betrachtet Bohrer die Avantgarden und Avantgardisten der ersten Jahrhunderthälfte, Futurismus und Surrealismus, Kafka, Joyce, Broch und andere, die deshalb auch als Gradmesser für die Avanciert-

heit eines Textes, seines ästhetischen Bewußtseins sowie seiner historischen Intelligenz, dienen könnten.[1]
In eben diesen literarhistorischen Kontext ordnet Bohrer auch Ernst Jünger ein, dessen Frühwerk nun als "deutsche Variante gesamteuropäischer Stilgesten"[2] erscheint. Indem er den frühen Schriften Jüngers bis hin zu den Tagebüchern aus dem 2. Weltkrieg eine weitgehend unverstellte Wahrnehmung, des "Schreckens" zumal, attestiert, erkennt Bohrer dem Autor den Rang eines Avantgardisten zu, der "unabhängig von persönlichen Präferenzen zu den bedeutendsten (Schriftstellern) der deutschen Moderne gerechnet werden muß."[3] Jüngers "Ikonographie des Schreckens", seine "Terminologie des Grauens und der Angst" durchstoße die beruhigenden Klischees des Zeitgeistes und weise ihn als authentischen Diagnostiker seiner Epoche aus. Im Motiv des "Schreckens" habe dieser den literarisch genauesten Indikator der politischen und sozialen Determinierung, im "Grauen" einen epochenspezifischen Schlüsselbegriff gefunden. Schon früh habe der mit seismographischer Wahrnehmungsschärfe begabte Autor das ferne Beben registriert, die im Bilde der Katastrophe vorgestellte Epoche des faschistischen Terrors. Bohrers Befund deckt sich hierbei mit jener Selbsteinschätzung und -rechtfertigung, die sich in Jüngers Vorwort (1949) zu den "Strahlungen" findet:

1 Vgl. K.H. Bohrer: Die "Antizipation" beim literarischen Werturteil. Über die analytische Illusion. In: ders.: Plötzlichkeit. Zum Augenblick des ästhetischen Scheins. Frankfurt/M. 1981, S. 35f.

2 Wolf Lepenies: Gesinnungsästhetik - Zu K.H. Bohrers Auseinandersetzung mit Ernst Jüngers Frühwerk. In: Merkur, 1978, H. 10, S. 1056.

3 K.H. Bohrer: Die permanente Theodizee. Über das verfehlte Böse im deutschen Bewußtsein. In: Merkur, 1987, H. 4, S. 267-286, S. 283.

> Die geistige Erfassung der Katastrophe ist fürchterlicher als die realen Schrecken der Feuerwelt (...) Nach dem Erdbeben schlägt man auf die Seismographen ein. Man kann jedoch die Barometer nicht für die Taifune büßen lassen, falls man nicht zu den Primitiven zählen will. (STR. I, 13)

Bohrer stellt Jüngers - ohnehin kaum zu leugnende - ideologische Affinität zum Faschismus nicht eigentlich in Frage, er glaubt vielmehr in ihm einen jener Fälle erkennen zu können, in dem "die künstlerische Begabung eines Schriftstellers gegen seine eigene Ideologie durchschlägt" (ÄS, 18), und somit das ästhetische Element die Oberhand behalte. Der eigentliche Ort solchen authentischen Durchschlags im narrativen Kontext seien jene "vortheoretischen und unideologischen Textzentren" (ÄS, 151), in denen sich Jüngers lauerndes Bewußtsein, seine "argwöhnische Wahrnehmung" bewähre, und spezifisch moderne Wahrnehmungsweisen - im Modus der "Plötzlichkeit"[1]- ihren adäquaten literarischen Ausdruck fänden.
Die Wurzeln von Jüngers "argwöhnischer Wahrnehmung" entdeckt Bohrer in dessen Erlebnis des Ersten Weltkrieges: "Der Krieg ist das 'Neue', das 'Andere', dessen Phänomenologie die Werte der vorangegangenen Friedenszeit kulturkritisch diskreditierte." (ÄS, 108) In der literarischen Verarbeitung dieser epochalen Erschütterung wiederum glaubt der Interpret seinen Autor anderen, "aufklärerisch orientierten" Schriftstellern überlegen.[2] Im Gegensatz zu diesen vermöge

1 Vgl. K.H. Bohrer: Zur Vorgeschichte des Plötzlichen. Die Generation des "gefährlichen Augenblicks". In: ders., Plötzlichkeit... a.a.O., S. 43-67.

2 Bohrer verweist in diesem Zusammmenhang auf die Kriegsbücher Ludwig Renns und Erich Maria Remarques, ohne allerdings

Jünger das Kriegsgrauen gerade deshalb authentisch zu fassen, weil er es als Ereignis isoliere, dessen sozio-ökonomische Ursachen abtrenne. Eben diese Optik ermögliche die Wahrnehmung des spezifisch Neuen, den "unkontrollierte(n) Aufprall auf das poetische Bewußtsein" (ÄS, 92):

> Die Unverbrauchtheit der äußeren Zeichen der Katastrophe ließen diese selbst unter ästhetische Wahrnehmungskategorien fallen.
> Nicht die nach Ursachen suchende Vernunft, sondern die jähe Einbildungskraft reproduziert den Krieg noch einmal als 'Grauen'. (ÄS, 95)

Je mehr Jüngers Konzentration dem Ereignis selbst gelte, je mehr er in der Folgezeit die Wahrnehmung des Grauens aus ihrer Bindung an das Kriegserlebnis löse und seinen eigentümlichen Perspektivismus "von der elementaren Situation auf die soziale und psychologische" (ÄS, 190) übertrage, desto mehr träten die ideologischen Bilder und Motive zugunsten einer "Diagnostik der Moderne" zurück, deren Erkenntnisgehalt Jünger einen Platz in der gesamteuropäischen Literatur-Avantgarde sichere.

Bohrer räumt zwar ein, daß Jüngers Kriegsprosa die Wirklichkeit zu einer "höheren Realität" hypostasiere, doch geschehe dies nur deshalb, "weil begründende und legitimie-

seine Kritik zu belegen. Kittsteiner/Lethen haben Bohrers pauschalisierende Abwertung zurückgewiesen und Henri Barbusses Antikriegsroman "Le feu" (dt. "Das Feuer. Tagebuch einer Korporalschaft." Zürich 1918) als Gegenbeweis herangezogen; obgleich aufklärerisch orientiert, weiche Barbusse dem Grauen der Materialschlachten keineswegs aus. Vgl.: Heinz-Dieter Kittsteiner/Helmut Lethen: "Jetzt zieht Leutnant Jünger seinen Mantel aus". Überlegungen zur "Ästhetik des Schreckens". In: Berliner Hefte, (1979, H. 11), S. 20-50.

rende Ideologien wegfallen, um sie ertragen zu können beziehungsweise um den Verlust tradierter Sinngebung auszuhalten."(ÄS, 139) Bei dieser Feststellung läßt es Bohrer jedoch nicht bewenden, behauptet er doch zugleich, solcher Illusionismus sei dem bürgerlichen Künstler wesensgemäß. So erwähnt er beispielsweise zu Recht, daß Jünger die Technik ästhetisiert, indem er die Schönheit der Maschine - in ihrer kriegerischen Variante vor allem - feiert. Obgleich Bohrer das sozial bedingte Fluchtmoment in solchem Ästhetizismus zur Kenntnis nimmt, will er hierin dennoch eine sublime, implizite Kritik mit utopischem Potential - und respektabler literarischer Tradition - ausgemacht haben; eine quasi ex negativo abstrahierbare, distinkt ästhetische Kritik:

> Die Ästhetisierung der Funktion (...) ist in Jüngers Denken der letzte Rettungsversuch vor den Widersprüchen des wirklichen Arbeitsprozesses. Es ist der Rettungsversuch, den vor Jünger konservative revolutionäre Ästhetiker wie William Morris, Oscar Wilde und die Futuristen unternahmen. Auch hier haben wir es nicht mit einem Jünger individuell anzulastenden Fluchtmotiv zu tun, sondern einem der ästhetischen Bewegung eigentümlichen Perspektivismus, der angesichts der fortgeschrittenen Enthumanisierung des Arbeitsprozesses bis zum heutigen Zeitpunkt an utopischer Dimension wieder zugenommen hat: der Hinweis auf eine ästhetische Dimension maschineller Prozesse enthält auch immer (!??) das Bewußtsein von der unmenschlichen Wirkung des rein funktionell bestimmten Arbeitsprozesses auf den einzelnen Arbeiter. Ist auch die Hypostasierung der Funktion zum ästhetischen Phänomen illusionistisch, so bedeutet sie jedoch auch, daß durch sie der bürgerliche Schriftsteller die einzig mögliche (!) Kritik an dem Gegebenen formuliert, die seine vornehmlich ästhetische Bewußtseinsdetermination zuläßt. (ÄS, 155)

Walter Benjamins Fragestellung im "Pariser Brief" (1936),[1] welches "Interesse" den Ästhetizismus eigentlich dazu veranlasse, "den Funktionscharakter einer Erscheinung aus dem Blickfeld zu beseitigen", wie es "in hervorragendem Maße bei der Technik der Fall" (AN, 510) sei, taucht bei Bohrer erst gar nicht auf. Benjamin gelangte zu dem Schluß, daß angesichts der (damaligen) krisenhaften Entwicklung der Produktivkräfte vor allem jene, die die Krise "gewaltsam, unter Beibehaltung der Privilegien (des Bürgertums und seiner Intelligenz - d. Verf.) lösen" (AN, 511) gedächten, ein vitales Interesse an der Ausblendung besagten Funktionscharakters hätten. Mit Blick auf den literarischen Niederschlag dieser Interessenlage unterscheidet Benjamins - hier nur grob skizzierte - Analyse zwischen einer kleinbürgerlichen, maschinenfeindlichen Auffassung, die "im Namen der Kunst" gegen die Technik Partei ergreife, und einer großbürgerlichen, tendenziell faschistischen:

> Der Proletarier wendet sich gegen den Unternehmer; der Kleinbürger hat es mit der Maschine (...) Es versteht sich, daß die Dinge für den Faschismus ein wenig anders liegen. Die großbürgerliche Denkweise seiner Mandanten hat in den Intellektuellen, die sich zu seiner Verfügung hielten, ihre Spur hinterlassen. Einer von ihnen war Marinetti. Er zuerst spürte instinktiv, daß eine ´futuristische Betrachtung´ der Maschine dem Imperialismus nützt. Marinetti begann als Bruitist, er proklamierte den Lärm (die unproduktive Aktivität der Maschine) als ihre bedeutungsvollste. Er endete als Mitglied der königlichen Akademie, das im äthiopischen Krieg die Erfüllung seiner futuristischen Jugendträume gefunden zu haben gestand. (AN, 511)

1 Walter Benjamin: Pariser Brief. André Gide und sein neuer Gegner. In: ders.: Angelus Novus. Ausgewählte Schriften 2. Frankfurt/M. 1966 (abgek.: AN), S. 503- 516.

Bohrer, der Benjamin ansonsten als Gewährsmann betrachtet und dessen materialistische Erben einer "Verfälschung von Benjamins intellektueller Hinterlassenschaft" (ÄS, 606) beschuldigt, ignoriert signifikanterweise diese und verwandte Reflexionen.[1] Er lehnt vielmehr a priori jeden "soziologischen" Erklärungsansatz ab und beharrt auf der sozialen Unverantwortlichkeit ästhetischer Gebilde, die sich gegen die "fortgesetzte sklavische Übertragung gesellschaftstheoretischer Erklärungsmuster" sperrten und "sich nicht unvermittelt (...) an der geschichtsphilosophischen Utopie"[2] festmachen ließen. Tatsächlich läßt denn auch die "Ästhetik des Schreckens" ihrerseits jede geschichtliche Spezifizierung vermissen. Die Borniertheit, die in solch rigoroser Abstraktion vom historischen Kontext der Werke zum Ausdruck kommt, hat allerdings ihren Preis. Der unvermittelte Brückenschlag von Morris und Wilde zu Jünger und den Futuristen überspringt Jahrzehnte und ignoriert die während dieses Zeitraums eingetretene Politisierung und Radikalisierung des Ästhetizismus, dessen "ästhetische Entwürfe" später Eingang in die "ritualisierten und symbolischen Praxen"[3] des faschistischen Staates finden werden. Schon Benjamin

1 Es muß befremden, daß Bohrer nicht allein den "Pariser Brief", sondern auch Benjamins einzige explizite Stellungnahme zu Jünger ignoriert, nämlich seine Rezension von dessen Sammelband: Walter Benjamin: Theorien des deutschen Faschismus. Zu der Sammelschrift "Krieg und Krieger". Herausgegeben von Ernst Jünger. In: Walter Benjamin. Gesammelte Schriften Bd. III. Kritiken und Rezensionen. Frankfurt/M. 1972 (abgek.: FT), S. 238-250.

2 K.H. Bohrer: Im Namen der Wahrheit? Zu Peter Bürgers Klage über den Zeitgeist. In: Merkur, 1985, H. 3, S. 266-272, ebd. S. 272.

3 Armin Steil: Die imaginäre Revolte. Untersuchungen zur faschistischen Ideologie und ihrer theoretischen Vorbereitung bei Georges Sorel, Carl Schmitt und Ernst Jünger. Marburg 1984, S. 123.

hat herauszuarbeiten versucht, "wie tief die faschistische Ideologie der Dekadenz und dem Ästhetizismus verpflichtet ist, und warum sie in Frankreich so gut wie in Deutschland oder Italien Pioniere unter den extremen Artisten" (AN, 508) fand. Ansgar Hillach führt hierzu näher aus:

> Das Festhalten sowohl der herrschenden wie der privilegierten Schichten an idealistischen Positionen geht spätestens mit dem Eintritt in das imperialistische Stadium mit manifester Gewalt in eins; bei den Vertretern des 'Geistes' war diese nach innen gewendet und nahm heroische Züge an. Ihr Ästhetizismus wird aber in dem Moment auch politisch aktualisiert, als die Privilegien, die sie als Reservate verteidigen, nun gesamtgesellschaftlich unter massiven Druck gerieten. Das ist die Stunde der 'Ästhetisierung des politischen Lebens' (W. Benjamin); sie wird der Form nach von d'Annunzio, Marinetti und Barrès vorweggenommen.[1]

Die Werke dieser Pioniere, zu denen in Deutschland Stefan George, Gottfried Benn und auch Ernst Jünger gezählt werden müssen, stellen elitäre Präfigurationen jener faschistischen Ästhetik dar, die es sich angelegen sein läßt, die Massen nach ihrem Form- und Führerprinzip zu modeln. Um die erträumte Rolle des 'Dichters' als 'Seher' und 'geistiger Führer' - wie sie auch Jünger imaginierte - ist es dabei freilich geschehen. Das Regime braucht keine qualifizierten Intelligenzen, es benötigt nur Handlanger.

"Die poetische Seite der Technik", hatte Walter Benjamin im "Pariser Brief" geschrieben, "die der Faschist gegen die prosaische ausspielt, von der die Russen ihm zu viel Wesens

1 Ansgar Hillach: "Ästhetisierung des politischen Lebens". Benjamins faschismustheoretischer Ansatz - eine Rekonstruktion. In: "Links hatte noch alles sich zu enträtseln..." Walter Benjamin im Kontext. Hrsg. v. Burckhardt Lindner. Frankfurt/M. 1978, S. 139.

machen, ist ihre mörderische." (AN, 512) Benjamins Sympathie gilt der "nüchterne(n) und reservierte(n) Haltung" (AN, 512), die Künstler wie Wladimir Majakowski an den Tag legen. Diese Haltung entspricht einer aufklärenden Absicht: die sozialen Potenzen der Technik als Produktivkraft sollen ins öffentliche Bewußtsein gehoben werden, um dergestalt die Voraussetzungen für eine veränderte gesellschaftliche Praxis zu schaffen. An die Stelle einer vorgeblich zweckfreien ästhetischen Betrachtung der Technik als Destruktivkraft - wie Jünger sie praktiziert - tritt der artistisch vermittelte Appell an die Öffentlichkeit, sich die produktiven Kräfte derselben zunutze zu machen und ihrer utopischen Potenzen innezuwerden. Diese sozialutopisch inspirierte Kunstpraxis einer keineswegs auf die Sowjetunion beschränkten linksradikalen Intelligenz darf jedoch Bohrers ästhetischer Mißbilligung gewiß sein; sie paßt nicht in sein Konzept von der "pessimistischen Introversion (der) modernen Kunst und Literatur"(ÄS, 488) und findet daher in seinem gesamteuropäischen Panorama der Moderne auch keine Erwähnung. Bohrers Idealbild vom Künstler als Autisten grenzt jede emanzipatorische, explizit politisch fundierte Ästhetik und Literatur von vorneherein als 'ideologisch' aus; ein Vorwurf, den Bohrer im Falle des Ästhetizismus sorgfältig vermeidet. Zwar erwähnt er dessen 'gegenaufklärerische Affinitäten' zum Faschismus, betont sie gelegentlich sogar in polemischer Absicht; die Eigenständigkeit des literarischen gegenüber dem ideologischen Diskurs aber sieht er hier - wider alle Evidenz - gewahrt. Dem authentischen Künstler kann Bohrer zufolge die bewußte Reflexion auf die gesellschaftliche Funktion einer Erscheinung (Krieg, Technik u.a.) nur schaden, da die Resultate des Nachdenkens seine ästhetische Optik trüben d.h. ideologisch präokkupieren könnten; zudem stehe ihm ohnehin - quasi per definitionem - im wesentlichen nur die ästhetische Perzeptionsweise zu Gebote.

Die moderne Literatur sei wesentlich "anti-aufklärerisch" orientiert, wird Bohrer zu versichern nicht müde. Es gelte zu begreifen, daß "ästhetische Konzentration schon an sich die Tendenz zur Grausamkeit in sich" (ÄS, 57) trage. Seit der Romantik habe sich der Widerspruch zwischen Ästhetik und Ethik immer weiter zugespitzt, was sich in der rigorosen Verabschiedung des klassisch Schönen zugunsten einer Ästhetik des Dämonischen und Bösen manifestiert habe. Der Modernismus des 20. Jahrhunderts habe das Erbe von Baudelaire, Huysmans und Wilde angetreten, ihren Ästhetizismus fortentwickelt; gerade "in der 'Grausamkeit' des ästhetizistischen Schriftstellers" werde "die faschistoide Industriegesellschaft forciert reflektiert" (ÄS, 438). Aus dieser "grausamen" und "anti-aufklärerischen Grundhaltung" der modernen Literatur, die keine humanistischen Konventionen mehr akzeptiere, resultierten wiederum gewisse Affinitäten zum Faschismus und dessen Aushöhlung traditioneller Werte:

> Diagnostische Erkenntnisleistung lag gerade bei jenen modernen Schriftstellern (Kafka, James Joyce, H. Broch), deren pessimistische Disposition für eine aufklärerische Ideologie nicht offen stand. Vielmehr lassen sich im Umkreis der herausragenden Autoren des zwanzigsten Jahrhunderts sogar verborgene und offene Affinitäten zum Faschismus entdecken, wenn man die Namen Pound, Eliot, Yeats nennt, ganz zu schweigen von den bedeutenden präfaschistischen Autoren Deutschlands und Frankreichs. (ÄS, 490)

Die Darstellung der Greuel unserer Epoche verlange nach einer nicht aufklärerisch belasteten Optik, während realistische Schreibweisen den Terror der Moderne nur verschwiegen und utopisch übertünchten. Es sei demnach gerade die Freiheit von moralischer Zensur und humanistischen Vorurteilen gewesen, die Jünger zu einer Unmittelbarkeit der Anschauung befähigt habe, die jenen anderen, in den Nebelregionen des Begriffsdenkens herumtappenden Schriftstellern zwangsläufig gefehlt habe.

Der westdeutsche Literaturbetrieb schließlich, in vorintellektuellem Meinungsdenken und den moralischen Wertungskategorien des Mittelstandes befangen, könne Ernst Jüngers schriftstellerischen Rang nicht würdigen, da zum Verständnis von dessen terroristischer Prosa weit mehr gehöre als die 'richtige' politische Einstellung. Ohnehin sei das imaginative Böse in Deutschland stets ausgegrenzt worden, angesichts des realen Bösen (des Nationalsozialismus) aber habe sich "seit 1945 die (...) Tabuisierung des literarisch Bösen nunmehr fast notwendig zur deutschen Methode entwickelt"[1], weshalb denn auch "die Tradition des eigentlichen Skandalons Jüngers (...) von Ausnahmen abgesehen nicht begriffen worden"[2] sei - so Bohrer in einer neueren Veröffentlichung.

Der Stratege im Literaturkampf, als den sich Bohrer zweifelsohne begreift, will auf dem Umweg über die ästhetische Rehabilitation Jüngers die Ignoranz einer materialistisch ausgerichteten, emanzipatorisch orientierten Ideologiekritik aufzeigen, die ihren Gegenstand, soweit es sich um Literatur handelt, schlicht verfehlt, weil sie ihm keine Autonomie zugesteht und seinen spezifischen Erkenntnismodus folge-

1 Bohrer, Die permanente Theodizee ..., a.a.O., S. 275.
2 Ebd., S. 283.

richtig übersieht.[1] Zum Mangel an ästhetischer Sensibilität geselle sich obendrein ein ressentimentgeladener kleinbürgerlicher Moralismus, der in Jünger den aristokratischen, skeptischen Antipoden wittere und darauf mit dem denunziatorischen Faschismus-Vorwurf reagiere. Bohrer greift den Vorwurf auf und funktioniert ihn um: indem er wiederholt die Affinitäten zwischen Literatur-Moderne und Faschismus hervorhebt, macht er den Ideologiekritikern quasi die Gegenrechnung auf. Das stigmatisierende Attribut erscheint nun als eine Art Gütesiegel, das "a priori" auf "tiefe Einsichten" (d.h. pessimistische, gegenaufklärerische) schließen lasse:

> Machen wir eines sofort deutlich: natürlich ist Jünger ein aggressiv-nationalistischer, ein rechts-revolutionärer Autor gewesen, der im Zentrum seines Werkes sogenannte präfaschistische Motive entwickelt hat. Die intelligente Reaktion daraufhin ist jedoch nicht, diese Fakten endlos zu wiederholen, sondern das darin verborgene Problem zu erkennen: daß eben diese rechte Orientierung a priori tiefe Einsichten in unsere modernen Bedingungen, psychologische, anthropologische und gesellschaftliche zur Folge hatte, wie auch das Beispiel der Autoren Drieu La Rochelle, Rebatet, Montherlant und Céline zeigt.[2]

Wo sich das spätaufklärerische Denken und die ihm von Bohrer zugeordneten 'optimistischen' Schreibweisen (bis hinab zum Sozialistischen Realismus) angesichts der faschistischen Greuel blamierten, ihrer utopischen Blauäugigkeit und Ignoranz überführt würden, zeige sich der anti-utopische Pessimismus der ideologisch rechts disponierten Auto-

1 Ähnliche Vorwürfe erhebt Bohrer bereits in seiner frühen Schrift "Der Lauf des Freitag." Die lädierte Utopie und die Dichter. Eine Analyse. München 1973.

2 K.H. Bohrer: Wer hat Angst vor Jüngers Schrecken? In: FAZ, 29.3.1980.

ren dieser Realität ästhetisch gewachsen. Ausgerechnet letztere aber würden heute von einem Kultur- und Wissenschaftsbetrieb ignoriert und angefeindet, der nach der erfahrenen Katastrophe unter die "Kontrolle eines außerästhetischen Verantwortungsdenkens"[1] geraten sei.
Bohrers polemische Umwertung in Sachen moderne Avantgarde reizt zum Widerspruch. Zunächst irritiert die kulturkonservative Manier, in der er die Existenz einer homogenen 'aufklärerischen Ideologie' suggeriert, deren Vernunftgläubigkeit vom historischen Prozeß ad absurdum geführt werde. Besagte Ideologie ist ein bloßes Konstrukt, ein künstlich aufbereiteter Ideenkomplex, in dem Disparates zusammengeschmolzen wird, Ideologiekritik und Moralismus, Utopie und Fortschrittsgläubigkeit, objektive und instrumentelle Vernunft, Marxismus und Vulgärmaterialismus als Synonyme fungieren. Diesem Konstrukt wird wiederum ein gestörtes Verhältnis zur Kunst nachgesagt, ein mißleitetes Interesse, das nur von minderwertigen Schreibweisen bedient werden könne und folglich dort auch seine einzigen Zeugen und Bündnisgenossen finde. Bohrer unterschlägt bei alledem die Selbstaufklärung der Aufklärung, jenen keineswegs abgeschlossenen Prozeß der Selbstkritik, dem sie sich seit ihren Anfängen ausgesetzt hat. Mit dem Moralismus und der bürgerlichen Illusion vom autonomen Subjekt haben Psychoanalyse und Marxismus längst abgerechnet. Marx wies den Utopismus materialistisch in seine Schranken und die Ideologiekritik in seiner Nachfolge dechiffrierte den (technokratischen) Fortschrittsutopismus als eine Form des verdinglichten Denkens. Die "losgelassene subjektive

1 Bohrer, Theodizee..., a.a.O., S. 281.

Vernunft"[1] fand ihren intellektuellen Widerpart in der Kritischen Theorie Adornos und Horkheimers, die darauf insistierten, daß die bürgerliche Vernunft zwar die allgemein herrschende, gleichwohl aber nur eine partikulare sei. Die Kritik am Vulgärmaterialismus schließlich, dieser - "nicht Aufklärung, sondern Aufkläricht" - "selber im Nebel stehenden Entzauberung" (Bloch),[2] hat ihre eigene materialistische Tradition.
Bohrer, der ungeduldig den Bankrott der emanzipatorischen Theorien und das Ende der Moderne als soziales 'Projekt' verkündet[3], scheint mit seinem Lob des gegenaufklärerischen "Pessimismus" allzu rasch bei der Hand.[4] Sein Hinweis auf die Realität, an der sich jedes Emanzipationsprojekt blamiere, sanktioniert jene zugleich. Der Interpret landet dergestalt bei einem 'pessimistischen' Realismus, der mit dem verachteten Common sense durchaus unheroisch konform geht und sich im Gegebenen ästhetisch einrichtet. Die von Bohrer bemühte Denkfigur hat Tradition:

> Das Argument, eine von geschichtsphilosophischen Spekulationen, aufklärerischen Intentionen nicht getrübte Wahrnehmungsfähigkeit zu besitzen, gehörte schon immer zum Bestand des konservativen Denkens. Sicherlich, da es sich nie mit emanzipatorischen Theorien abgab, hatte es deren Verlust nicht zu beklagen.[5]

1 Theodor W. Adorno: Ästhetische Theorie. Gesammelte Werke 7. Frankfurt/M. 1970 (abgek.: ÄTh), S. 399.
2 Ernst Bloch: Tübinger Einleitung in die Philosophie I. Frankfurt/M. 1973, S. 34.
3 Vgl. K.H. Bohrer: Nach der Natur. Ansicht einer Moderne jenseits der Utopie. In: Merkur, 1987, H. 8, S. 645.
4 Vgl. dazu auch Rüdiger Hentschel: Exekution der Moderne. Zu E. Jüngers "Der Arbeiter" und G. Deleuze/F. Guattaris "Anti-Ödipus". In: Notizbuch 1. Berlin 1979, S. 53-77.
5 Lethen/Kittsteiner, Überlegungen..., a.a.O. (vgl. S. 21, Anm. 2), S. 21.

Immer wieder attestiert Bohrer der Ideologiekritik ihre Unfähigkeit, zwischen theoretischen und imaginären Texten zu unterscheiden. Der völlig verfehlte 'Irrationalismus'-Vorwurf an die Adresse moderner Autoren (z.B. Ernst Jüngers) verrate das zur Genüge. Die Ideologiekritiker ignorierten dabei den spezifischen, eben nicht rational-diskursiven Erkenntnismodus von Literatur, sie ließen diese vielmehr in ihrer gesellschaftlichen Funktion aufgehen, ohne ihre autonome Formgesetzlichkeit zu respektieren. Dem ist freilich entgegenzuhalten, daß schon der Spriritus rector der westdeutschen Ideologiekritik, Theodor W. Adorno, - dem Bohrer durchaus mehr verdankt, als es zunächst scheinen will,[1] - darum wußte, daß "aufklärerische Gesinnung stracks auf die Kunst übertragen", (ÄTh, 87) banausische Resultate zeitigt. Seine "Ästhetische Theorie" (1970) kritisiert vielmehr einen "Rationalismus, der ohnmächtig gegen Kunstwerke argumentiert, indem er auf sie die Kriterien außerkünstlerischer Logik und Kausalität anwendet" (ÄTh, 88). Das Wissen darum, daß Kunst eine "Wirklichkeitserkenntnis besonderer Art"[2] ist, hat sich bei der nachfolgenden Ideologiekritik, - soweit sie diesen Namen verdient, - durchaus erhalten. Freilich insistiert diese mit Adorno und gegen Bohrer auf einer, wie auch immer vermittelten, Aufklärungsfunktion von Literatur:

> Durch ihre Beziehung auf das nicht geradewegs der diskursiven Begriffsbildung Zugängliche und gleichwohl Objektive an der

1 Vgl. Albrecht Wellmer: Zur Dialektik von Moderne und Postmoderne. Vernunftkritik nach Adorno. Frankfurt/M. 1985, S. 25f.

2 Peter Bürger: Ideologiekritik und Literaturwissenschaft. In: ders. (Hrsg.): Vom Ästhetizismus zum Nouveau Roman. Frankfurt/M. 1975, S. 10.

> Verfassung der Wirklichkeit hält Kunst im aufgeklärten Zeitalter, das sie provoziert, der Aufklärung die Treue. (ÄTh, 130)

Daß Kunst eben wegen ihres nicht rational-diskursiven Erkenntnismodus mit dem bloßen Nachweis ihres 'Irrationalismus' nicht schon automatisch diskreditiert ist, erweist sich als in dieser Position schon mitgedacht. Freilich suspendiert das nicht von der Aufgabe begrifflicher Unterscheidung: "Zweierlei ist es, Irrationales - die Irrationalität der Ordnung wie der Psyche - künstlerisch zu manifestieren (...) oder Irrationalität zu predigen" (ÄTh, 89). Gerade hier aber scheiden sich bei der Beurteilung Ernst Jüngers die Geister. Korrekturbedürftig scheint auch Bohrers Darstellung der klassischen Avantgarden der ersten Jahrhunderthälfte, deren Bruch mit dem L'art pour l'art-Prinzip er nur ungenügend in Rechnung stellt. Während nämlich die Avantgarde "ihre heteronomen Bestimmungen einbekannte, sich selbst und ihren historischen wie gesellschaftlichen Ort zum Gegenstand ihrer Selbstreflexion wie ihrer Praxis machte",[1] hatte der vorangegangene Ästhetizismus emphatisch die Autonomie der Kunst behauptet, seine vermeintliche Souveränität aus einer schlecht abstrakten Setzung ableitend: Indem er sich als antithetisch zur Wirklichkeit definierte, wähnte er sich dieser bereits entkommen,[2] mochte er auch insgeheim die Vergeblichkeit seines Unterfangens ahnen. Der Unwille des

1 Heinz Brüggemann: Literarische Technik und soziale Revolution. Versuche über das Verhältnis von Kunstproduktion, Marxismus und literarischer Tradition in den theoretischen Schriften Bertolt Brechts. Reinbek b. Hamburg 1973, S. 248.

2 Bei Adorno heißt es dazu in seiner "Ästhetischen Theorie": "Was Ideologie ist am L'art pour l'art-Prinzip, hat seinen Ort nicht in der energischen Antithese der Kunst zur Empirie, sondern in der Abstraktheit und Fazilität jener Antithese." (ÄTh, 351f.)

Ästhetizismus, eine soziale Funktion auszuüben, prägte seiner Kunst den "typischen Charakterzug (...) der 'Sozialgleichgültigkeit'"[1] auf, der ihn freilich nur um so mehr ins gesellschaftliche Netz verstrickte: "Das L'art pour l'art und das Business is business sind zwei Äste vom gleichen Stamm." (Hermann Broch)[2] Die Avantgarden hingegen wollten diese Art von Arbeitsteilung abschaffen, beabsichtigten allen Ernstes die 'Departementalisierung des Geistes' aufzuheben und Kunst in Lebenspraxis zu überführen, um diese in der einen oder anderen Weise radikal zu reorganisieren. Wie illusorisch dieser Anspruch auch gewesen sein mag - jedenfalls dort, wo er allzu unmittelbar praktisch werden wollte - ihn einfach als "sentimentale Schwäche" abzutun, geht an der Sache vorbei:

> Die Surrealisten, ja die Avantgarde überhaupt gaben aber einer sentimentalen Schwäche nach, indem sie die Grenze überschritten und die Kunst ins Leben drängten, das Leben zur Kunst erklärten. In dem Augenblick, da sie den Schein des Machens nicht mehr ertrugen, begaben sie sich ihrer schärfsten Waffe.[3]

Gegenüber dem spätaufklärerischen "Fetisch Utopie"[4] besteht Bohrer emphatisch auf der befreienden Erfahrung des ästhetischen Scheins, - unter polemischer Absetzung von allen Versuchen einer "Grenzüberschreitung" der Kunst, "sei sie nun politisch-moralisch, surrealistisch-zerstörerisch oder utopisch-sentimental".[5] Der Rigorismus, den Bohrer derge-

1 Hermann Broch: Hofmannsthal und seine Zeit (1947/48). In: ders.: Schriften zur Literatur 1. Kritik. Frankfurt/M. 1975, S. 111-284, ebd., S. 123.
2 Ebd., S. 124.
3 Bohrer, Plötzlichkeit..., a.a.O., S. 90.
4 Ebd., S. 102.
5 Ebd., S. 95.

stalt an den Tag legt, verzerrt seine wissenschaftliche Optik und muß sich bei seiner Rekonstruktion der Avantgarde störend auswirken: Daß und warum die Avantgarden "den Schein des Machens nicht mehr ertrugen", gerade das gehört ja wesentlich zur Bewußtseinsgeschichte der Moderne hinzu. Schon wegen des hochgradig reflektierten Charakters ihrer Manifestationen, den Bohrer anderwärts hervorhebt, lassen sich die kulturrevolutionären Entgrenzungsversuche der Avantgarde nicht einfach als sozial motivierte Sentimentalitäten abbuchen. Die darin zum Ausdruck kommende Reflexion auf den ideologischen Schein einer autonomen Existenz von Kunst markiert vielmehr eine Bewußtseinserweiterung gegenüber jenem Ästhetizismus, an dem doch Jünger "bewußt (...) die eigene Gestalt entwarf" (ÄS, 436). Freilich verkörpert dieser seinerseits eine zeitgemäß radikalisierte Version des Ästhetizismus, einen Schönheitskult, der ausgerechnet der Vernichtung einen ästhetischen Genuß abgewinnt, kurz, jene "hemmungslose Übertragung des L'art pour l'art auf den Krieg" (FT, 240),[1] die zuerst Walter Benjamin an Jünger und seinen Kameraden aufgefallen war.
Tatsächlich kommt es nicht von ungefähr, daß Jünger, wie von Bohrer beklagt, "zu lange ausschließlich 'weltanschaulich'" (ÄS, 436) gelesen worden ist. Dies verdankt sich einer Eigentümlichkeit der Schriften selbst: Als deren zentrales Faszinosum nämlich figuriert die Macht in ihrer uneingeschränkten Befehlsgewalt über Leben und Tod. Es sind vornehmlich die Manifestationen der Macht - die kriegerisch-blutigen zumal -, um die das Frühwerk geradezu obsessiv kreist. Jünger leistet sich hierbei das in der Tat "esoterische" Vergnügen, politische Gewaltanwendung ästhetisch zu betrachten. Noch seine Ablehnung der Demokratie gründet

1 Vgl. S. 25, Anm. 1.

auf einem ästhetisch bedingten Ekel vor der Erlebnisferne und Langeweile ihrer alltäglichen Erscheinungsformen, was immer auch der Autor an ideologischen Motiven nachliefern mag. Die nahezu durchgängig eingenommene Perspektive ist die des distanzierten Zuschauers, der einem (fast möchte man meinen, eigens für ihn veranstalteten) 'Schauspiel' - dies Ernst Jüngers Lieblingsmetapher - beiwohnt. Freilich ist diese Distanz nicht gar so absolut, wie uns der Schreiber glauben machen will.
Jüngers machtfixierte Optik unterscheidet sich wesentlich vom surrealistischen Perspektivismus, auch wenn es Bohrer nachzuweisen gelingt, daß Louis Aragons "Le Paysan de Paris" (1926) und "Das Abenteuerliche Herz" (1929) in einigen Anschauungskategorien (der 'Argwohn', das 'Unerwartete', das 'Außergewöhnliche') und Codewörtern (das 'Abenteuer') übereinstimmen. Bohrers Behandlung des Surrealismus neigt zur Überbetonung solcher Affinitäten, während er die grundlegenden Differenzen nur halbherzig benennt. Den Bewegungscharakter dieser Avantgarde, immerhin eines ihrer distinkten Merkmale, blendet er einfach aus; die 'theoretischen Manifestationen' wertet er pauschal zugunsten der 'frühen', 'imaginären' Texte ab. Die destruktive Potenz des surrealistischen Projekts, die auf die Zerschlagung der alten Idole (Familie, Kirche, Staat) ausgerichtet war, findet ebenso spärliche Beachtung wie ihr utopischer Fokus: die Emanzipation der Leidenschaften. Tatsächlich nämlich verträgt sich die surrealistische Feier der 'Revolution' und des 'Eros' ziemlich schlecht mit den Ordnungsräuschen des deutschen Literaten, den die Szenarien der Vernichtung unwiderstehlich anziehen. Und selbst da noch, wo Jünger - wie im "Abenteuerlichen Herzen" - von den Kriegserinnerungen zu den Traumbildern als neuer Sehweise übergeht,

bleibt nach den Worten Jean Pierre Fayes "der ganze Lärm der Materialschlacht (...) in den Träumen selbst präsent."[1] Die Surrealisten erträumen eine Erotisierung des Alltagslebens, die ungehemmte Freisetzung libidinöser Energie, Jünger hingegen kennt nur den kriegerischen Eros und hat "Venus überhaupt zugunsten von Mars verabschiedet."[2] Die zwischengeschlechtliche Liebe findet so gut wie keine Beachtung im Werk eines Autors, der in Momenten ekstatischen Überschwangs, "dem Phallus schimmernde Tempel errichten" (KE, 37) will. Findet sie dennoch einmal Erwähnung, wie im "Eros"-Kapitel des Essays "Der Kampf als inneres Erlebnis" (1922), so nur als eruptive Entladung des soldatischen Mannes; eine Explosion zweiten Ranges, dem "Stil" der Schlacht nachempfunden:

> Je länger der Krieg dauerte, desto schärfer prägte er die geschlechtliche Liebe in seine Form. Unter den Schlägen der rastlosen Hammerschmiede verlor sie bald Glanz und Politur (...) Auch sie wurde von dem Geist durchtränkt, der in den Kämpfern der großen Schlacht webte. Der Stil der Materialschlacht und des Grabenkampfes, der rücksichtsloser, wilder, brutaler ausgefochten wurde als je ein anderer, erzeugte Männer, wie sie die Welt nie gesehen hatte. (KE, 32)

1 Jean Pierre Faye: Totalitäre Sprachen. Kritik der narrativen Vernunft. Kritik der narrrativen Ökonomie. Band 1. Frankfurt/Berlin/Wien 1977, S. 146.

2 Richard Faber: Von ästhetizistischer Mystik zurück zu politischer Mythik. Eine Kritik des neuen Ästhetizismus. In: Faszination des Mythos. Studien zu antiken und modernen Interpretationen. Hrsg. v. Renate Schlesier. Frankfurt/M. 1985, S. 317. Fabers Konklusion lautet: "Bohrer hat auf die prinzipielle Differenz zwischen den erotisch geleiteten Surrealisten und dem kriegerisch, ja militaristisch fixierten Ernst Jünger hingewiesen, doch er hält sie nicht wirklich durch." (Ebd.)

Während nach einem Wort Marcel Duchamps "die große Quelle surrealistischer Inspiration die Liebe"[1] ist, scheint Jünger auf ein anderes Begehren reduziert: die Entfesselung der Aggressionslust. Sein militärisches Träumen gilt der Prolongierung des kriegerischen Ausnahmezustandes, der ihm gleichsam zur zweiten Natur geworden ist.
Die von der surrealistischen Gruppe angestrebte Umwälzung der bürgerlichen Gesellschaft kann schon deshalb Jüngers Sache nicht sein, weil ihm ja gerade deren politische Gewalt, d.h. der Staat, jene Szenarios liefert, die seinen ästhetischen Sensationalismus ansprechen: Krieg und staatliche Selbstbehauptung im Innern. Nur die Ordnung selber gewährt ihm den Anblick wirklicher Souveränität, die den "rein moralischen" ergo "unfundierten Machtanspruch" des Pöbels zurückweist. Die "ungeheure Überlegenheit, die noch die kleinste Ordnungszelle der größten Masse gegenüber auszeichnet" versetzt ihn förmlich ins Schwärmen:

> Im März 1921 wohnte ich dem Zusammenstoße einer dreiköpfigen Maschinengewehrbedienung und einem Demonstrationszuge von vielleicht fünftausend Teilnehmern bei, der eine Minute nach dem Feuerbefehl spurlos von der Bildfläche verschwunden war. Dieser Anblick hatte etwas Zauberhaftes; er rief jenes tiefe Gefühl der Heiterkeit hervor, von dem man bei der Entlarvung eines niederen Dämons unwiderstehlich ergriffen wird. (BuS, 186)

Solch offenkundige Verachtung der Masse ("niederer Dämon") um ihrer Ohnmacht willen ist der machtfixierten Optik selbstverständlich. Was anders wird dem Leser hier bedeutet, als daß der Machtanspruch der Ordnung gerechtfertigt sei, eben weil er sich gewaltsam durchzusetzen wisse ? Um die Überlegenheit besagter Ordnungszelle wäre es frei-

1 Zit. n. Susan Sontag: Im Zeichen des Saturn. Essays. Frankfurt/M. 1983, S. 55.

lich rasch geschehen, wenn sie sich einer gleichfalls bewaffneten Masse gegenübersähe. Dem ideologisch unvorbelasteten Leser jedenfalls, der übrigens von den Motiven der Demonstration nichts erfährt, drängt sich bei der Lektüre der beschriebenen Konfrontation doch eigentlich 'nur' die bekannte Feststellung auf, daß die politische Macht aus den Gewehrläufen kommt; vielleicht auch die Frage, ob denn die Demonstranten nach dem Feuerbefehl (!) wirklich so "spurlos" verschwanden, ob nicht doch der eine oder andere Blutfleck auf der "Bildfläche" zurückblieb.

Die - mit Verlaub: erbärmliche - "Heiterkeit", die Ernst Jünger beim Anblick funktionierender Maschinengewehre befällt, kontrastiert mit der Optik des Surrealisten, der der Repression nicht nur als Beobachter "beiwohnt", sich vielmehr auch selbst als deren Objekt erfährt. Eine Passage aus Louis Aragons "Introduction à 1930" (1929) mag dies belegen:

> Ich war im Kino, ich bin durch die Straßen gegangen, ich habe die Zeitungen meiner Zeitgenossen gelesen. In allem sah ich nur die Zeichen neuer Gewaltsamkeit. Das Moderne heute gehört nicht mehr den Poeten. Es gehört den Bullen. Die Wandlung vollzieht sich überall: Aus dem Plakat wird ein flammender Eiffelturm mit der Aufschrift Citroën; im Kino stehen die unbegrenzten Möglichkeiten Amerikas im Dienst einer Apotheose der Polizei; auf den Straßen kann niemand sich sicher glauben, denn die beamteten Schläger sind bewaffnet; allen Zeitungsspalten drängt sich das Gesicht des Polizeipräsidenten auf. Überall geht das Gespenst der Repression um.[1]

1 Zit. n. Elisabeth Lenk: Sinn und Sinnlichkeit. Nachwort zu: Louis Aragon: Pariser Landleben. Le Paysan de Paris. München ²1975, S. 275.

Zweifellos beweist auch Aragons deutscher Widerpart einigen Scharfsinn bei der Dechiffrierung der "Zeichen neuer Gewaltsamkeit" - wie ihm ja überhaupt instrumentelle Verständigkeit in Sachen Gewalt nicht abzusprechen ist - doch bekennt Jünger sich ausdrücklich zu einer zeitgeschichtlichen Tendenz, die die verachteten Massen Mores lehrt.
Bohrers Darstellung des Surrealismus krankt jedoch noch an einer weiteren Schwäche: das entscheidende "Implikat von Avantgarde", ein "Versprechen an alle"[1] zu verkörpern, wird ignoriert. Bohrer partizipiert verschwiegen am Elite-Gedanken, dem die Differenz zwischen der 'Masse' und den 'Geistigen' als unaufhebbar, als permanente Stratifikation gilt. Je politischer und revolutionärer sich daher der Surrealismus gebärdet, desto unsympathischer muß er Bohrer werden. Das Gespenst des Kollektivismus geht um: Anstelle jener "pessimistischen Introversion" (ÄS, 488), die Bohrer zufolge die moderne Literatur kennzeichnet, setzt die Avantgarde zunächst den kollektiven Zusammenschluß, der als "radikale Konsequenz" aus der vorgefundenen Situation erwächst: "Die Individuen vermögen als Einzelne der materiellen und ideologischen Gewalt des gesellschaftlichen Zwangsapparats nicht mehr standzuhalten. Ihr Zusammenschluß ist ein Reflex der Selbstverteidigung."[2] Weiterhin aber verweigert sich der kollektive Individualismus der Surrealisten auch jener dem Künstler zugewiesenen Rolle als Statthalter der menschlichen Imagination, die die Trennung in Kunstproduzenten und -konsumenten verewigen hilft. Walter Benjamin

1 Jacob Taubes im Gespräch mit W. v. Rahden und N. Kapferer: Elite oder Avantgarde? In: Tumult 4, Berlin 1982, S. 76.

2 Elisabeth Lenk: Der springende Narziß. André Bretons poetischer Materialismus. München 1971, S. 105.

hat dies in seinem "Sürrealismus"- Aufsatz (1929)[1] prononciert dargelegt: An die Adresse des "deutsche(n) Betrachter(s)", der gerade "als Deutscher längst mit der Krisis der Intelligenz, genauer gesagt des bürgerlichen Freiheitsbegriffs vertraut" sei, richtet Benjamin dort die Ermahnung, daß es für ihn

> keine Entschuldigung (gebe), wenn er auf oberflächlichsten Augenschein die Bewegung für eine 'künstlerische', 'poetische' halten sollte. Wenn sie dies im Anfang gewesen ist, so hat doch eben am Anfang Breton schon erklärt, mit einer Praxis brechen zu wollen, die dem Publikum die literarischen Niederschläge einer bestimmten Existenzform vorlegt und diese Existenzform selber vorenthält. (AN, 200f.)

Bohrers ausgesprochene Abneigung gegen Sozialkritik im ästhetischen Bereich - die er sich scheinbar nur als minderwertige, vom Mitleid getragene Betroffenheitsliteratur vorstellen kann - tritt auch dort zutage, wo er augenscheinlich befriedigt konstatieren kann, daß auch die Surrealisten "trotz ihres revolutionären Selbstverständnisses dieselbe (!) Gleichgültigkeit gegenüber dem materiellen Elend des Proletariats demonstrieren, wie es für Jünger charakteristisch ist." (ÄS, 409) Bohrers Aussage geht jedoch am Kern der surrealistischen Haltung vorbei. Während Jünger den Machtanspruch der Masse zurückweist und ihre effektive Unterwerfung propagiert, gilt die Sympathie der Surrealisten gerade dem revolutionären Aufruhr, der die Unterwerfung abschütteln will. In "Nadja" (1928) beispielsweise kommt An-

1 Walter Benjamin: Der Sürrealismus. Die letzte Momentaufnahme der europäischen Intelligenz. In: ders.: Angelus Novus..., a.a.O., S. 200-215.

dré Breton auf die arbeitenden Massen zu sprechen, die tagaus tagein die Metro bevölkern:

> An diesen Leuten ist nur interessant, inwieweit sie die Arbeit ertragen, mit oder ohne all das übrige Elend. Wie könnte es sie weiterbringen, wenn das Stärkste in ihnen nicht die Revolte ist? (...) Ich, ich hasse aus allen meinen Kräften diese Unterwerfung, deren Wert ich anerkennen soll. Ich beklage (!) den Menschen, daß er dazu verdammt ist, daß er sich im allgemeinen nicht davor schützen kann, was mich aber zu seinen Gunsten stimmt, ist nicht die Härte seiner Not, es kann und könnte nur die Kraft seines Protestes sein.[1]

Der Surrealist hält Ausschau nach jenen Kräften, die entschlossen sind, mit dem "derzeit bestehenden elenden Prinzip der Erniedrigung und Verdummung aufzuräumen",[2] wie es im "Zweiten Surrealistischen Manifest" (1930) heißt. Voller revolutionärer Ungeduld mustert denn auch der Verfasser von "Nadja" seine Zeitgenossen, mißt er sie an der Stärke ihres revolutionären Elans: "Die Büros, die Werkstätten begannen leer zu werden (...) Ich beobachtete, ohne es zu wollen, Gesichter, Kleidung, Gangarten. Genug, das waren noch nicht jene, die man zur Revolution bereit finden würde."[3]

Die revolutionäre Entschiedenheit der Surrealisten, die sich alle erdenkliche Mühe geben, "das liberale moralisch-humanistisch verkalkte Freiheitsideal zu erledigen" (AN, 212), bedeutet keineswegs nur einen Affront an die Adresse einer linksbürgerlichen Intelligenz; sie verträgt sich noch weitaus weniger mit der penetrant elitären Haltung eines Ernst Jün-

1 André Breton: Nadja. Frankfurt/M. 1974, S. 53.
2 André Breton: Die Manifeste des Surrealismus. Reinbek b. Hamburg 1977, S. 56.
3 Breton, Nadja, a.a.O., S. 47.

ger, der ja aus seiner Verachtung für den "jämmerliche(n) Aufmarsch der Erniedrigten und Beleidigten" (AH I, 169) keinen Hehl macht, sich selbst einer "erlesene(n) Schar" zugehörig wähnend, "die sich längst aus den Bibliotheken und dem Staub der Arenen zurückgezogen hat, im innersten Raume, in einem dunkelsten Tibet, an der Arbeit ist." (AH I, 39) Jüngers Antwort auf die von Benjamin konstatierte "Krisis der Intelligenz" fällt wirklich einigermaßen seltsam aus, denn während er sich selbst ein spätromantisches und geheimnisvolles Plätzchen in einem "dunkelsten Tibet" reserviert, verordnet er den Massen die Entäußerung ans totalitäre Kollektiv. 'Gehorsam' und 'Verzicht' heißen die tragenden Säulen der von Jünger in seiner Schrift "Der Arbeiter. Herrschaft und Gestalt" (1932) projektierten 'neuen' Freiheit - getreu "der alten Sitte des deutschen Idealismus, die Freiheit nicht in den Mund zu nehmen ohne den Zusatz, sie sei eins mit dem Gehorsam."[1] Der zwischen Appell und Prophetie schwankende Text[2] verkündet die Heraufkunft einer streng hierarchischen Ordnung, in welcher "jeder Freiheitsanspruch als ein Arbeitsanspruch erscheint." (A, 71) Unmißverständlich heißt es:

1 Theodor W. Adorno: Jargon der Eigentlichkeit. Zur deutschen Ideologie. Frankfurt/M. 1964, S. 108.

2 Vgl. Thomas Koebner: Die Erwartung der Katastrophe. Zur Geschichtsprophetie des 'neuen Konservativismus' (Oswald Spengler, Ernst Jünger). In: Weimars Ende. Prognosen und Diagnosen in der deutschen Literatur und Publizistik 1930-1933. Hrsg. v. dems., Frankfurt 1982, S. 348-359, - sowie: K. Pfankuch/G. Lepper: Persönlichkeit und Masse. Zur Politisierung der Existenz- und Lebensphilosophie Anfang der 30er Jahre. In: Notizbuch 4: Faschismus, Literatur und bürgerlicher Staat. Hrsg. v. I. Bindseil/U. Enderwitz. Berlin 1981.

> Ein neues Freiheitsbewußtsein setzt neue Rangverhältnisse, und hier verbirgt sich ein tieferes, für den Verzicht gerüsteteres Glück, wenn überhaupt von Glück die Rede sein soll. (A, 73)
> Das tiefste Glück des Menschen besteht darin, daß er geopfert wird, und die höchste Befehlskunst darin, Ziele zu zeigen, die des Opfers wert sind. (A, 78)

Ausgerechnet in Jüngers Beharren auf der Notwendigkeit von "Glücksverzicht" will Bohrer aber die "prinzipielle Differenz zu marxistischen wie faschistischen Plänen" (ÄS, 484) ausgemacht haben; die Schmerzphilosophie dieses Schriftstellers - die doch von den 'Kanonen statt Butter'-Parolen der Nazis gar nicht so weit entfernt ist - bedeute eine eindeutige Absage an die Adresse der sowjetischen wie der nationalsozialistischen Diktatur, in denen das "Melancholie-Verbot" und der "Befehl zum Glück" (ÄS, 488) institutionalisiert worden seien: "Im Glücksverzicht (...) erscheint nämlich eine gegenaufklärerische Radikalität, die nicht der faschistischen Programmatik entgegenkommt, sondern der pessimistischen Introversion moderner Kunst und Literatur." (ÄS, 488) Das brutal exekutierte Kritik-Verbot unterm Hakenkreuz setzt Bohrer allzu umstandslos mit einem Glücks-Gebot gleich, wobei ihm leider entgeht, daß die faschistische Ideologie jedes greifbare Glück als bloß 'materialistisch' denunziert und durch weniger Handgreifliches, heroische 'Werte' zumal, ersetzt. Auf dieses Kernstück faschistischer Ideologie hat schon Herbert Marcuse in seinem Aufsatz "Der Kampf gegen den Liberalismus in der totalitären Staatsauffassung" (1934) - übrigens unter ausdrücklicher Bezugnahme auf Jüngers "Arbeiter" - hingewiesen:

> Der Kampf gegen den Materialismus ist für den heroisch-völkischen Realismus in Theorie und Praxis eine Notwendigkeit: er

> muß das irdische Glück des Menschen, das die von ihm gemeinte Gesellschaftsordnung nicht bringen kann, prinzipiell desavouieren zugunster ideeller Werte.[1]

Jüngers Propagierung eines definitiven Glücksverzichts harmoniert durchaus mit dem nazistischen Staatsprogramm, das sich der Vorbereitung eines Angriffskrieges widmete und seinem 'Staatsvolk' den Opfertod fürs Reich als Lohn versprach. Freilich gilt Jüngers Interesse dem Zwangsverhältnis selbst, nicht dessen konkreter parteipolitischer Ausgestaltung.

Bohrer verrät in diesem Punkt nicht nur eine überraschende Unkenntnis der faschistischen Ideologie, er zeigt sich vielmehr auch unvertraut mit der Ikonographie des Nazismus - mithin seiner Ästhetik. Sonst wäre ihm aufgefallen, daß Ernst Jüngers "apokalyptische Obsession" (Th. Koebner)[2] und die "apokalyptische(n) Visionen"[3] der Nazi-Ästhetik einander auffallend ähneln. In seiner Studie zum 'neuen Diskurs' über den Nazismus (Syberberg, Tournier, Visconti u.a.) beschreibt Saul Friedländer überzeugend die eigentümliche Verschränkung, die Kitsch und Apokalypse in der Nazi-Ästhetik eingegangen sind:

> Der ästhetische Reiz wird ausgelöst durch den Gegensatz zwischen Kitsch- Harmonie und permanenter Beschwörung der Themen Tod und Zerstörung (...).

1 Herbert Marcuse: Der Kampf gegen den Liberalismus in der totalitären Staatsauffassung. In: ders.: Kultur und Gesellschaft I, Frankfurt/M. 1973, S. 40.

2 Koebner, Die Erwartung..., a.a.O., S. 349.

3 Saul Friedländer: Kitsch und Tod. Der Widerschein des Nazismus. München 1986, S. 122.

> Die Kurzschlußverbindung oder *Juxtaposition* dieser beiden gegensätzlichen Elemente bildet (...) das Fundament sowohl der Nazi-Ästhetik als auch der heutigen Evokationen des Nazismus.[1]

Auch Bohrers oberflächliche Gleichsetzung von Nazismus und Stalinismus (= Marxismus!) geht in der Sache fehl: Friedländer etwa betont ausdrücklich, die faschistische "Rebellion gegen die Moderne"[2] sei "weit entfernt vom sowjetischen Ideal (in dessen Ikonographie auch die Themen Tod und Vernichtung gemieden werden)."[3]

Schließlich aber insistiert Bohrer auf dem literarischen Charakter der Jüngerschen Schrift, die nur als "negative Utopie" (ÄS, 483) angemessen zu begreifen sei. Er verweist auf die "abstrakte Phantastik" (ÄS, 470) des "Arbeiters", dessen Zeitdiagnose "methodisch jeder politisch beziehbare Begriff genommen" (ÄS, 471) sei. Gemeint ist Jüngers ästhetisches Verfahren einer "absichtliche(n) Entwirklichung"[4], das er in der Folgezeit immer weiter verfeinert hat. Diese spekulative Überwindung des Realen, die sich mit einem Bausatz ausgesuchter Metaphern ('Maske', 'Werkstättenlandschaft', 'Gestalt', 'Rang', 'Ordnung' usw.) gegen eine allzu prosaische Wirklichkeit abdichtet, haftet freilich mehr am geschichtlichen Augenblick, als sie sich selbst eingestehen will. Die metaphorische Nomenklatur, die zielgerichtete Abstraktion, der fortwährend spürbare methodische Zugriff

1 Ebd., S. 14.
2 Ebd., S. 21.
3 Ebd., S. 23.
4 Annemarie Auer: Nachträgliches zu einem Jubelfest - Ernst Jünger und die formierte Gesellschaft. In: Weimarer Beiträge, 1966, H. 4, S. 586.

lassen die realhistorischen Bezüge noch deutlich erkennen, ja beziehen von dort erst ihre eigentliche Spannung.
Indem Bohrer den literarischen Diskurs vom geschichtlichen Geschehen abkoppelt, beraubt er sich zugleich der Möglichkeit, die von ihm verwandten ästhetischen Kategorien historisch zu spezifizieren. Das literarisch 'Böse', der 'Schrekken', der 'kulturelle Terrorismus' werden ihrer Historizität beraubt und für irreduzible Manifestationen ästhetischer Subjektivität ausgegeben, nach deren (außerästhetischen) Erkenntsniswert zu fragen, angeblich nur einem bornierten Rationalismus einfallen kann. So zieht Bohrer den Krieg, mithin die eigentliche Geburtsstunde des Jüngerschen 'Schreckens', bei seiner Analyse nur ungenügend in Rechnung: kein Wort von jenen offenkundigen Defekten, die sich der Autor - und nicht er allein - während dieses immerhin vier Jahre währenden Gemetzels zuzog. Wohl bemängelt er gelegentlich den 'Kasinojargon' des schriftstellernden Frontoffiziers oder entdeckt ein bisweilen erstaunliches 'Niveaugefälle' (Kitsch!) innerhalb der einzelnen Texte; die eigentlichen Ursachen solcher Phänomene bleiben ihm jedoch verborgen, weil er die Bestialisierung und Barbarisierung durch den Krieg - von Jünger selbst als "im tiefsten verwandelte Sittlichkeit" (STU, 27) gepriesen - ausspart. Diesen realhistorischen, psychologischen Aspekt des 'neuen Barbarentums' bringt die Bohrersche Motivgeschichte zum Verschwinden, er hat aber das Jüngersche Frühwerk nicht unerheblich affiziert. Eckhardt Momber stellt in seiner Untersuchung zur deutschen Weltkriegsliteratur dazu pointiert fest:

> In Jünger, aber auch in Teilen der Massen, ist die unbeirrte Hoffnung auf ein Leben unter Kriegsumständen steckengeblieben, das Denken in Kerls und Kasino, das Handeln der Skrupello-

sigkeit militärischer Requirierung (...), schließlich die Annahme einer fortdauernd außerdienstlichen, außerordentlichen Reichweite von Befehlsgewalt überhaupt. Das ganze Erfahrungssyndrom der während des Krieges hochgezogenen und großgezüchteten Rücksichtslosigkeit lebt in ihnen weiter.[1]

Die frühen Texte verschaffen demnach nicht allein Einblick in Jüngers persönliche Disposition, sie vermitteln vielmehr auch eine Ahnung vom Gefühlshaushalt vieler bürgerlicher Kriegsteilnehmer. Insofern ist Jüngers Anspruch, sein "Grunderlebnis" sei "das für meine Generation typische Erlebnis" gewesen, "eine an das Zeitmotiv gebundene Variation" (AH I, 33f.), durchaus ernst zu nehmen. Seine "apriorische Obsession durch das Gewaltverhältnis selbst"[2] verweist auf die massenhafte Re-Barbarisierung, deren Folgen auch im Nachkrieg (z.B. in Gestalt der Freikorps) spürbar blieben.
Es heißt die These von Jüngers 'Esoterik' erheblich überzustrapazieren, wenn Bohrer versichert, Ende der 20er Jahre sei für den Autor "die Gewalttat noch rein, unberührt von ihrer faschistischen Realisierung" (ÄS, 313) gewesen; die Gewaltverherrlichung des ehemaligen Grabenkämpfers und langjährigen Berufsoffiziers (bis 1923) sei "immer eine intellektuelle Metapher innerhalb eines hermetischen Bezeichnungsnetzes" (ÄS, 322) gewesen. Fragwürdig an Bohrers Argumentation ist schon allein die Vorstellung von einer angeblichen 'Reinheit' der vorfaschistischen Gewalt - man denke nur an die Opfer des 1. Weltkrieges -, die implizit in der Rede von der befleckten Reinheit der Gewalttat steckt. Was aber die "Esoterik" der Jüngerschen Gewalt-Ästhetik anbelangt, die formal der Romantik und dem Äs-

1 Eckhardt Momber: 's ist Krieg! 's ist Krieg! Versuch zur Literatur über den Krieg 1914-1933. Berlin 1981, S. 100.
2 Wolfgang Kaempfer: Ernst Jünger. Stuttgart 1981, S. 84.

thetizismus des 19. Jahrhunderts verpflichtet sein soll, so läßt sich doch füglich bezweifeln, ob das Grauen des Ersten Weltkrieges denn mit den Mitteln einer "Romantik des Bösen" (ÄS, 491) überhaupt angemessen beschreibbar war.

Ausgerechnet der moderne Materialkrieg wird Jünger zum Gegenstand romantischer Produktivität, doch der Krieg herrscht auch dem 'Beobachter' seine Bewegungen auf; dabei zeigt sich die eingebildete Souveränität des ästhetischen Subjekts den entmächtigenden Vorgängen der Außenwelt ebensowenig gewachsen wie der eigenen Libido, die als verdrängte in der Vernichtungsmetaphorik der Jüngerschen Schlachtbeschreibungen ungewollt wiederkehrt. Dem psychoanalytischen Blick enthüllt sich dabei die eigentümliche Triebmodellierung und -deformierung jener soldatischen Männer, denen sich der Akt der Zerstörung zu einem der Zeugung verkehrt.[1] Diese unreflektierten Defizite ziehen schließlich aber auch den sprachlichen Ausdruck selbst in Mitleidenschaft: "Die Sprache setzt (...) hinter dem Rücken des Autors die Unterminierung des Ichs fort; sie manövriert das herrische Subjekt in die Szenen unfreiwilliger Komik."[2]

Folgt man Bohrers Argumentationsgang, so hat Jünger seine "Inszenierung terroristischen Materials" zu dem Zeitpunkt abgebrochen, als "die offiziell ausgerufene Inhumanität" des Dritten Reiches "die ästhetische Sublimierung obsolet" werden ließ: "Eine andere Gegenaufklärung, die der esoterische

1 Vgl. Kittsteiner/Lethen, Überlegungen..., a.a.O., S. 39ff., ferner: Klaus Theweleit: Männerphantasien. Reinbek b. Hamburg 1980, insbes. Bd. 2: Männerkörper - Zur Psychoanalyse des weißen Terrors, S. 176ff. u. S. 373.

2 Kittsteiner/Lethen, Überlegungen..., a.a.O., S. 46.

Jünger nicht kalkuliert hatte, schickte sich an, Millionen zu ermorden." (ÄS, 440) Tatsächlich bewirkte die Erfahrung des Massenterrors eine spürbare Ernüchterung; die Barbarei erreichte Ausmaße, die seinem geschmäcklerischen Verhältnis zur Gewalt kaum noch Spielraum ließen. Jüngers Tagebücher aus jener Zeit - "Gärten und Straßen" (1942) sowie die "Strahlungen" (1949) - dokumentieren dies und belegen zugleich die Beobachtungsgabe ihres Verfassers, dem gelegentlich scharfe Momentaufnahmen und erkenntnisstiftende Einblicke in die lemurenhafte Welt des nazistischen Terrors gelingen. Seine unausgesprochene 'konservative Wende' entbehrt nicht einer gewissen Ironie, polemisiert er doch nun gegen 'Haltungen', die er einst selbst einzunehmen pflegte. Während er im "Arbeiter" verkündete, es sei die "Aufgabe", "nicht die Gegen-, sondern die Vabanquespieler der Zeit zu sein" (A, 51), beklagt er gut ein Jahrzehnt später den "Geist des Hasardspieles, der regiert." (STR I, 268) Hatte er einst selbst kräftig am Mythos der "Jugend" partizipiert, so entlarvt er sie nun als eines jener "Fetischworte", deren sich die "Unruhestifter" gern bedienten, weil sie "die ihr eigene Verbindung von feuriger Willens- und geringer Urteilskraft" (STR II, 95) für ihre Pläne zu instrumentalisieren hofften. Lehrreich sind die "Strahlungen" aber auch deshalb, weil sich hier die Borniertheit eines Geistesaristokratismus ausspricht, der sich noch inmitten der Schreckenswelt zu behaupten sucht. Obgleich Besatzungsoffizier, mimt Jünger den Pariser Flaneur, der unablässig Kulturgüter im Munde führt und sich redlich abmüht, noch die grausamsten Fakten zum Material seiner Selbststilisierung umzufunktionieren.[1]

K.H. Bohrer präsentiert Jünger als einen Esoteriker, dessen "ideologisch-politische Ausstrahlung" nur "schwer wägbar" (ÄS, 18) sei; doch selbst wenn man vom Rezeptions-Aspekt[2] gänzlich absieht, scheint es abwegig, die Gewaltverherrlichung dieses "intellektuellen Kommandeurs" (H.-P. Schwarz)[3] als eine "besondere Form esoterischer Sprache" (ÄS, 301) zu begreifen, die nur "als Sekundärvorgang politische Tendenzen" (ÄS, 307) impliziert habe. Die sorgsame Scheidung des Ideologischen von einem exklusiv Ästhetischen, dessen Irreduzibilität emphatisch behauptet wird, läßt sich gerade im Falle Jüngers kaum aufrechterhalten. Wenn dieser beispielsweise im "Abenteuerlichen Herzen" verkündet, daß es "des *Sprengstoffes* bedarf, damit der Lebensraum leergefegt werde für eine neue Hierarchie" (AH 1, 154), so ist das nicht als bloße Stilgeste zu verstehen. Hier artikuliert sich vielmehr die Überzeugung, die selbsternannte Elite der Frontkämpfer sei zur Staatsführung berufen. Während Bohrer in derartigen Äußerungen eine esoterische

1 Vgl. Peter de Mendelsohn: Der Geist in der Despotie. Versuch über die moralischen Möglichkeiten des Intellektuellen in der totalitären Gesellschaft. Berlin 1953, S. 177ff.

2 Zur Rezeptionsproblematik vergleiche die erschöpfende Untersuchung Gerda Liebchens: Ernst Jünger. Seine literarischen Arbeiten in den zwanziger Jahren. Eine Untersuchung zur gesellschaftlichen Funktion von Literatur. Bonn 1977. Wie Liebchen belegt, rekrutierte sich die Leserschaft Jüngers, der zunächst über Jahre in einem Militärverlag (Mittler) publizierte, vorwiegend aus dem Kreis des preußischen Offizierskorps. Der Autor erfuhr zudem Förderung durch nationalistische Interessenverbände und militante Gruppierungen der Rechten.

3 Hans-Peter Schwarz: Der konservative Anarchist. Politik und Zeitkritik Ernst Jüngers. Freiburg i. Br. 1962, S. 45.

Metaphorik am Werke sieht, wußte mancher von Jüngers Zeitgenossen es besser. Walter Benjamin etwa, der früh die Gefährlichkeit dieser Ideen begriff, stellte damals in seiner Rezension des von Jünger herausgegebenen Sammelbandes "Krieg und Krieger" (1930) mit Blick auf den Verfasser fest: "Weiß Gott, daß ihre Führergeste ernst zu nehmen, ihre Drohung nicht lächerlich ist." (FT, 249) Seine Besprechung des Buches, zu dem Jünger den Aufsatz "Die Totale Mobilmachung" beisteuerte, betitelte Benjamin "Theorien des deutschen Faschismus".

Die "Ästhetik des Schreckens" beschwört emphatisch das Skandalon Kunst, die Subversivität und Gefährlichkeit einer "Romantik des Bösen" (ÄS, 491) zumal, die sich insbesondere in den Texten des französischen Ästhetizismus manifestiert habe. Die von ihm kritisch konstatierte "Abwesenheit" der "Kategorie des Bösen" in der deutschen Tradition begreift Bohrer deshalb als ein "defizitäres Merkmal".[1] Dem Fehlen des Bösen in der deutschen Literatur entspreche seine Negation auf der theoretischen Ebene, innerhalb der philosophischen Ästhetik. Unglücklicherweise habe schließlich die Erfahrung des Nazismus diese moralistisch gefärbte Literaturauffassung nur noch weiter bestärkt, weshalb denn auch "die deutsche Moderne ... nie ganz vollendet wurde".[2]

So berechtigt Bohrers Einwände gegen den Moralismus der deutschen Literaturkritik und Kunstauffassung auch sein mögen, so sehr überschätzt er doch zugleich das Schockpotential der L'art pour l'art-Kunst, deren Subversivität. Adorno etwa weist in seiner "Ästhetischen Theorie" darauf hin, daß

1 Bohrer, Theodizee..., a.a.O., S. 270.

2 Ebd., S. 267.

> das L'art pour l'art-Prinzip, das in Frankreich seit Baudelaire ähnlich prävaliert wie in Deutschland das ästhetische Ideal der Kunst als moralische Zwangsanstalt, vom Bürgertum als Mittel der Neutralisierung von Kunst ebenso willig rezipiert wurde, wie man in Deutschland die Kunst als kostümierten Bundesgenossen sozialer Kontrolle der Ordnung einverleibte. (ÄTh, 351)

Doch nicht nur verstand es das Bürgertum mit den Satanismen des Ästhetizismus zu leben, diese selbst erfuhren durch die Schrecken der realen Geschichte im 20. Jahrhundert eine nachhaltige Entwertung:

> Das Böse, das Baudelaire wie Nietzsche im liberalistischen neunzehnten Jahrhundert vermißten und das ihnen nichts war denn die Maske des nicht länger viktorianisch unterdrückten Triebes, brach als Produkt des unterdrückten im zwanzigsten mit einer Brutalität in die zivilisatorischen Hürden ein, der gegenüber Baudelaires Greuelblasphemien eine Harmlosigkeit gewannen, die von ihrem Pathos grotesk absticht. (ÄTh, 382)

Der Ästhetizismus erwies sich - seinem antisozialen Selbstverständnis zum Trotz - als durchaus integrierbar, seine 'Waffen' aber - das literarisch Böse, die symbolische Aggressivität - werden stumpf inmitten einer Moderne, die reichlich mit realem Terror aufwartet.
Wie aber steht es in dieser Beziehung mit Ernst Jüngers Frühwerk? Rainer Gruenter spricht von den "*skandalisierende(n)* Zynismen", die dessen "ästhetische Apologie des Fürchterlichen"[1] würzten. Karl Heinz Bohrer schätzt das "gefährliche und esoterische Frühwerk" (ÄS, 16) gerade um seiner gegenaufklärerischen und antihumanistischen Schärfe willen, die dem bourgeoisen Common sense damals arg ein-

1 Rainer Gruenter: Formen des Dandysmus. Eine problemgeschichtliche Studie über Ernst Jünger. In: Euphorion Bd. 46, (1952, H. 3), S. 176f.

geheizt habe. Da sich seine Untersuchung jedoch dem methodischen Grundsatz verpflichtet fühlt, daß "man zur Beurteilung eines Werkes nicht von seinen Wirkungen ausgehen" (ÄS, 17) dürfe, bleibt das behauptete Schockpotential der Texte im Hinblick auf ihre tatsächliche Leserwirkung ungeprüft. Zweifel sind wohl auch hier angebracht: Wolfgang Kaempfer etwa gibt zu bedenken, daß

> der Jüngersche Zynismus auf die Zustimmung gerade jener Leser hoffen (durfte), die von der 'décadence' des 19. Jahrhunderts, von Lebensphilosophie und Jugendstil, vom allenthalben propagierten Nationalismus, Rassismus und Sozialdarwinismus auf den 'zoologischen Standpunkt' ... längst vorbereitet waren.[1] Die 'provokatorische' Absicht (...) (sei) dabei unbestritten.

Bohrer zufolge ergibt sich im Falle Ernst Jüngers das merkwürdige Phänomen, daß "der einst als skandalös und gefährlich empfundene Schriftsteller der Zwanziger, Dreißiger und Vierziger Jahre" mit seinem Spätwerk "von den Nachkommen gerade jenes Bürgertums in den Fünfziger Jahren moralisch und geistig integriert worden ist, dessen moralischen und politischen Verfall er in seinem Frühwerk thematisiert hatte." (ÄS, 13) Dabei ist es doch eigentlich gar nicht so verwunderlich, daß dieser Integrierungsprozeß seitens "einer gutbürgerlichen und akademischen Leserschicht" (ÄS, 13) mit einer - zeitweiligen ! - "Tabuisierung und Verdrängung" (ÄS, 13) des Frühwerkes erkauft wurde. Angesichts der Konstitutionsbedingungen des neuen (west-)deutschen Staatswesens - einer aus der Kriegsniederlage erwachsenen Demokratie - konnte man es jener Nachkommenschaft kaum verdenken, wenn sie an Jüngers Weltkrieg I.-Prosa wenig Interesse zeigte, von seiner antidemokratischen Publizistik

1 Kaempfer, Ernst Jünger..., a.a.O., S. 20f.

ganz zu schweigen. Zudem hatte Jünger unterdessen selbst seine geistige Biegsamkeit unter Beweis gestellt, indem er "vom Nationalisten zum Abendländer"[1] avanciert war. Hatte er einst den "Aufruhr gegen die Werte (...) die die große Unabhängigkeitserklärung der Vernunft auf ihren Schild erhob" (A, 17) gepredigt, die aufklärerische Tradition des Westens, Liberalismus und Demokratie als undeutsch denunziert, so veredelte er den 'Westen' nun (positiv konnotiert und geographisch erweitert) zum 'Abendland', das er der 'asiatischen Despotie' gegenüberstellte.[2] Angesichts des 'Kalten Krieges' ließ sich dies unschwer als Kommentar zur Lage - Stichwort: 'Ost-West-Gegensatz' - lesen und wurde wohl auch so verstanden. Jedenfalls erfuhr das Spätwerk eine "günstige Aufnahme"; selbst Bohrer erwähnt in diesem Kontext "Jüngers Anteil an der bürgerlichen Restauration" (ÄS, 521) der Adenauerzeit. Nennenswerter Kritik von seiten der damaligen Ideologiekritik fand sich sein Werk - mit einer Ausnahme[3] - nicht ausgesetzt. Theodor W. Adorno etwa, der in diesem postfaschistischem Biedermeier für die Kunst-Moderne eintrat, hatte andere strategische Prioritäten. Rolf Wiggershaus, Historiograph der 'Frankfurter Schule', führt hierzu in seinem Standardwerk aus:

1 Vgl. den gleichlautenden Aufsatz Karl Prümms: Vom Nationalisten zum Abenländer. Zur politischen Entwicklung Ernst Jüngers. In: Basis. Jahrbuch für deutsche Gegenwartsliteratur, Bd. 6. Hrsg. v. R. Grimm/J. Hermand. Frankfurt/M. 1976, S. 7-29.

2 Vgl. Ernst Jünger: Der gordische Knoten (1953). In: Sämtliche Werke Bd. 7, S. 377-479.

3 Gemeint ist Christian v. Krockows Analyse des Dezisionismus der 20er und 30er Jahre: "Die Entscheidung." Eine Untersuchung über Ernst Jünger, Carl Schmitt, Martin Heidegger. Stuttgart 1958.

> So groß war Adornos Engagement für die künstlerische Moderne, daß er weniger in Benn, als in jenen, die die moderne Kunst ablehnten und in den etablierten Formen konservative oder reaktionäre Aussagen transportierten, Gegner sah. Das Problem, das Benjamin einst bewegt hatte und das angesichts der Faszination, die bereits in den ersten Jahren der Bundesrepublik wieder von Benn und Ernst Jünger ausging, auch in den 50er Jahren aktuell war, das Problem nämlich, daß es eine Spielart der künstlerischen Moderne gab, die Affinitäten zum Faschismus hatte, erschien Adorno offenbar als nicht besonders dringlich.[1]

Erst die Ideologiekritik in Adornos Nachfolge richtete ihr Augenmerk auf diese Affinitäten, wobei sie nicht immer der Gefahr entging, den Faschismus-Vorwurf als bloße Tabuformel in denunziatorischer Absicht zu benutzen, ohne doch zugleich der ästhetischen Eigenart der behandelten Werke gerecht zu werden. Wie Michael Braun zurecht kritisierte, lebte "dieser ideologiekritische Reflexmechanismus (...) vom inflationären Gebrauch einer politischen Kategorie" und schnitt "die kritische Diskussion umstrittener Texte vorweg ab."[2] Neuere Arbeiten ideologiekritischer Provenienz verraten hingegen ein ungleich differenzierteres Herangehen. Die Zeiten der "linke(n) Entlarvungsgeste" und ihres "inkriminierenden Eifer(s)"[3] gehören inzwischen der Vergangenheit an.

Karl Heinz Bohrer nutzt besagte 'Leerstelle' in Adornos Schriften auf seine Art, indem er nämlich gerade die reaktionären und faschistischen Affinitäten von Teilen der Avantgarde ins Zentrum seiner Ästhetik stellt, und so einen

1 Rolf Wiggershaus: Die Frankfurter Schule. Geschichte. Theoretische Entwicklung. Politische Bedeutung. München 1986, S. 583f.

2 Michael Braun: Der poetische Augenblick. Essays zur Gegenwartsliteratur. Berlin 1986, S. 53.

3 Ebd.

konservativen Gegenentwurf entwickelt, der schließlich die gesamte Moderne für sich mit Beschlag belegt. Dabei wiederholt er zunächst Motive der Adornoschen Kritik am vulgärmaterialistischen Reduktionismus, weitet diese aber schließlich zu einer Polemik gegen jede materialistisch orientierte Literaturwissenschaft aus. Zugleich kehrt er den latenten Konservativismus der 'Kritischen Theorie' nach außen und zieht - sicher gegen deren eigentliche Intention - die letzte, 'rechte' Konsequenz daraus. Hatten Adorno/ Horkheimer, wenngleich in durchaus widersprüchlicher Form[1], die Verhinderung wirklicher Aufklärung beklagt, so erscheint diese bei Bohrer generell als "historisch obsolet" und "blind geworden" (ÄS, 493). Hatten jene noch auf der Möglichkeit besserer Zustände sowie der Aufklärungsfunktion von Kunst bestanden, so gilt diesem die 'Moderne als soziales Projekt' für vollends erledigt und abgetan - was ihm um so leichter fällt, als er die moderne Aufklärung mit ihrem positivistischen Zerrbild in eins setzt. Noch Bohrers Rehabilitation von Jüngers 'terroristischer' Prosa aber zehrt von Denkfiguren, wie sie Horkheimer/Adorno in ihrer 'rettenden Kritik' der 'schwarzen' und 'dunklen' Schriftsteller des Bürgertums in der "Dialektik der Aufklärung" (1947) erstmals entwickelt hatten.[2] Adornos wachsende Neigung, die Verdinglichung für absolut und Veränderung für nahezu ausgeschlossen zu halten,[3] verhärtet sich im Falle Bohrers

1 Vgl. Wiggershaus, Frankfurter Schule..., a.a.O., S. 372.

2 Vgl. den "Exkurs II. Juliette oder Aufklärung und Moral." in: Theodor W. Adorno und Max Horkheimer: Dialektik der Aufklärung. Philosophische Fragmente. Frankfurt/M. 1968, S. 88-127.

3 Eine überzeugende Kritik an Adornos geschichtsphilosophischem Negativismus und der damit einhergehenden Verdrängung des Sozialen aus seiner Gesellschaftsanalyse findet sich bei Axel

zu einer pessimistischen Anthropologie, die allen emanzipatorischen Bestrebungen skeptisch, ja, ablehnend gegenübersteht und sich - ist der literarische Diskurs erst einmal vom sozialen abgekoppelt - in der ästhetischen Introversion einrichtet.

Trotz eines enormen Aufwandes an literatur- und motivgeschichtlichen Reflexionen lassen sich die interpretatorischen Gewaltsamkeiten der "Ästhetik des Schreckens" nicht übersehen. Was der Doktrin von der 'pessimistischen Introversion' nicht entspricht, wird als literarisch minderwertig ausgegrenzt und mit eben jenem Ideologie-Vorwurf belegt, der im Falle des Ästhetizismus nicht gelten soll. Die aggressive Wendung des ästhetischen Totalitätsanspruchs, mithin seine Politisierung, wird konsequent bagatellisiert, während zugleich der kulturrevolutionäre Impetus der Avantgarde-Bewegungen (Futurismus, DADA und Surrealismus) aus dem Blickfeld gerät. In diesen verzerrten Rahmen wird wiederum das Jüngersche Frühwerk plaziert, das fortan die deutsche Literatur- Moderne mitrepräsentieren soll. Die nachfolgenden Studien verstehen sich als notwendige Korrekturen am neuen Jünger-Bild und suchen die verzerrten Proportionen zurechtzurücken, indem sie diesen führenden Vertreter des "reaktionären Modernismus"[1] in Deutschland vor dem Bewußtseinshorizont der Avantgarde neu verorten.

Honneth: Kritik der Macht. Reflexionsstufen einer kritischen Gesellschaftstheorie. Frankfurt/M. 1989, S. 43-111.

1 Ich übernehme diesen Begriff der Studie von Jeffrey Herf: Reactionary Modernism. Technology, Culture, and Politics in Weimar and the Third Reich. Cambridge 1986.

Zweites Kapitel

Der Exotismus und seine Überwindung. Zu einem Motivkomplex der Moderne.

Wir sind in zunehmenden Maße von einer Ideologie umgeben, die jegliche Aktivität in einen potentiellen Ausbruch verwandeln will. Die Wirklichkeit ist gesättigt von Fluchtbotschaften.

(Cohen/Taylor, Ausbruchsversuche)

Die Realität liefert zu vielen realen Grund, sie zu fliehen, als daß eine Entrüstung über Flucht anstände, die von harmonistischer Ideologie getragen wird ...

(Th.W. Adorno, Ästhetische Theorie)

Die sogenannte Zivilisation

Der Exotismus[1] repräsentiert eine Spielart des Eskapismus, d.h. der Zivilisationsflucht; als solcher hat er die bürgerliche Gesellschaft zu seiner Voraussetzung. "Auch als außerliterarische, nicht künstlerisch produktive Erscheinung trägt er einen ausgesprochen ästhetischen Charakter und kommt in der Regel nicht ohne literarische Adaptionen aus."[2] Seine Existenz verdankt der Exotismus der globalen Expansion der bürgerlichen Gesellschaft Europas, die ihm erst das Bild- und Vorstellungsmaterial verschafft, dessen er für seine spezifische Form der 'Produktion' bedarf. Zur Verlaufsform dieser Expansion bemerkte Karl Marx schon 1848:

> Die Bourgeoisie reißt durch die rasche Verbesserung aller Produktionsinstrumente, durch die unendlich erleichterten Kommunikationen alle, auch die barbarischsten Nationen in die Zivilisation (...) Sie zwingt alle Nationen, die Produktionsweise der Bourgeoisie sich anzueignen, wenn sie nicht zugrunde gehen wollen; sie zwingt alle, die sogenannte (!) Zivilisation bei sich

1 Der Begriff des Exotismus taucht erstmals 1863 bei dem Romantiker Theophile Gautier auf, das Phänomen selbst ist jedoch älter. Seine Geschichte beginnt im England und Frankreich des späten 18. Jahrhunderts, nicht zuletzt stimuliert durch die ersten Berichte und philosophischen Reisebeschreibungen aus der Südsee. die in den hauptstädtische Salons und unter dem breiteren Lesepublikum für Aufsehen sorgten und die Phantasie von Schriftstellern und wohlhabenden Müßiggängern gleichermaßen anregten. Exotische Motive fanden rasch Eingang in die zeitgenössische Literatur, so daß sich um die Wende zum 19. Jahrhundert in der englischen und französischen Frühromantik bereits eine ausgeprägt exotistische Richtung feststellen läßt.

2 Wolfgang Reif: Zivilisationsflucht und literarische Wunschträume. Der exotistische Roman im ersten Viertel des 20. Jahrhunderts. Stuttgart 1975, S. 13.

> selbst einzuführen (...) Mit einem Wort, sie schafft sich eine Welt nach ihrem Bilde.[1]

Bis in die Mitte des 20. Jahrhunderts wickelten die Europäer ihre Weltherrschaft in Form des Kolonialismus ab - mit desaströsen Folgen für die betroffenen Populationen. Wie wenig idyllisch sich deren gesellschaftliches Zusammenleben bis dahin auch immer gestaltet haben mag, die Heimsuchung durch die Europäer mußte für sie einer "ungeheuerlichen Katastrophe"[2] gleichkommen, denn der erzwungene Wechsel der Produktionsweise bedeutete zugleich die Zerstörung oder zumindest doch die allmähliche Auflösung ihrer distinkten Kulturen und stigmatisiert die meisten von ihnen bis heute als 'unterentwickelt'.
Die Herstellung des Weltmarktes impliziert die Heraufkunft einer "Monokultur" (TT, 31), in der prä-industrielle, exotische Lebensweisen tendenziell zur Folklore für Touristen herabsinken. Der exotistischen Fluchtbewegung haftet daher a priori etwas Paradoxes, ja Tragikomisches an: Die Suche nach dem Exotischen verwandelt sich in einen Wettlauf mit dessen Zerstörung; der Exotist jagt einer im Verschwinden begriffenen Realität nach, zehrt von den Bildern einer Fremde, der gerade ihre Exotik, d.h. kulturelle Eigenart, ausgetrieben wird, und zwar von eben jener Zivilisation, die der Exotist fliehen will, die ihn aber überhaupt erst über die betreffenden Regionen 'ins Bild setzt' und ihm die Wege dorthin bahnt. Schlimmer noch: indem er die Fremde aufsucht, beteiligt er sich höchstpersönlich an der Auslöschung jener Differenz, an der ihm so gelegen ist, denn er verbrei-

1 Karl Marx: Manifest der Kommunistischen Partei. In: Marx-Engels-Werke Band 4. Berlin o.J., S. 466.

2 Claude Lévi-Strauss: Traurige Tropen. Frankfurt/M. 1978 (abgek.: TT), S. 321.

tet ungewollt die zivilisatorischen Übel, denen er entkommen möchte - wenn er sich nicht sogar, als Agent kommerzieller wie staatlicher Interessen, dem Zerstörungswerk aktiv verschreibt.

Vereinzelte Fälle von "gelebtem Exotismus" kennt man seit der Entdekkung der 'Neuen Welt', solch "kulturelles Überläufertum"[1] blieb jedoch bis ins 19. Jahrhundert hinein vornehmlich eine Sache von Angehörigen der Unterschichten - Matrosen zumal -, denen in Anbetracht ihrer unwirtlichen sozialen Lage "die Lebensweise der sogenannten Wilden als Inbegriff der Freiheit und Ungebundenheit"[2] erschien. Soziale Not und politische Unterdrückung waren die Auslöser, nicht Feindschaft gegen 'die Zivilisation'.
Für den Exotismus als ideologisches und ästhetisches Phänomen ist jedoch jener "neue Typus von kulturellem Überläufertum" von ungleich größerem Interesse, der zur Zeit der ersten Südseereisen auf den Plan tritt: "Wohlhabende Abenteuer- und Entdeckungsreisende"[3] nämlich, die aus zivilisatorischem Überdruß 'das Weite suchen' und sich in exotischen Gefilden "eine zeitweise und unverbindliche Travestie in ein anderes Dasein" gestatten; "eine Form jenes 'Escapismus ins Primitive', der schon immer ein beliebtes Verhaltensmuster der europäischen Oberschichten"[4] gewesen war und nun unter exotischen Vorzeichen eine neue Dynamik entfaltete. Seit damals jedenfalls ist die Kette jener nicht

1 Karl-Heinz Kohl: Abwehr und Verlangen. Zur Geschichte der Ethnologie. Frankfurt/ New York 1987, S. 9.
2 Ebd., S. 16.
3 Ebd., S. 23.
4 Ebd., S. 26.

mehr abgerissen, die aus Zivilisationsmüdigkeit oder -ekel heraus Europa den Rücken gekehrt haben.
Das Interesse des Exotisten an fremden Gesellschaften ist "nie ein unmittelbares", es setzt vielmehr ein negatives "Urteil über die eigene Gesellschaft"[1] immer schon voraus. Ebensowenig stellt der Exotismus eine authentische, d.h. unverstellte und unvoreingenommene Form der Fremderfahrung dar. Noch bevor der Exotist die exotische Welt oder doch wenigstens deren Bruchstücke und Ruinen in Augenschein nehmen kann, entwickelt er Vorstellungen von ihr, die seinem negativen Bezug zur heimischen Zivilisation geschuldet sind; zudem findet er sich unvermeidlich mit jenem Vorwissen konfrontiert, das die heimische Gesellschaft über die einzelnen Weltkulturen zusammengetragen hat. Es handelt es sich hierbei um Diskurse - allen voran der "Orientalismus"[2] -, mit deren Hilfe sich das 'Abendland' die fremden Kulturen zurechtlegt und erklärt, wobei der "Ethnozentrismus" als "unbewußte Grundhaltung" [3] figuriert. Diese aus Wissen und Halbwissen, Vorurteilen und Phantasmagorien zusammengesetzten Konglomerate, die Europa sowohl zum Zwecke der Perfektionierung seiner Fremdherrschaft, als auch zur Selbstdefinition und Identitätsfindung zusammengetragen hat, präokkupieren unweigerlich auch die Wahrnehmung derer, die sich der Fremde in vornehmlich ästhetischer Weise und aus zivilisationsfeindlichen Motiven heraus nähern, und affizieren sogar noch die Erlebnisformen und Urteile derjenigen, die sich bewußt vom konventionellen

1 Ebd., S. 140.
2 Vgl. Edward Said: Orientalism. Harmondsworth 1978.
3 Kohl, Abwehr..., a.a.O., S. 124.

Typ europaischer Fremderfahrung absetzen - wie Flaubert[1] - oder sogar den westlichen Imperialismus direkt anklagen - wie Stevenson[2]. In seiner Analyse des orientalistischen Diskurses schreibt E.W. Said hierzu:

> Orientalism imposed limits upon thought about the Orient. Even the most imaginative writers of an age, men like Flaubert, Nerval, or Scott, were constrained in what they could either experience of or say about the Orient. For Orientalism was ultimately a political vision of reality whose structure promoted the difference between the familiar (Europe, the West, 'us') and the strange (the Orient, the East, 'them').[3]

Aus diesem Grunde verrät der Exotismus gewöhnlich mehr über sein (europäisches) Ursprungsmilieu als über das obskure Objekt seiner Begierden.
Die Vorstellungen, was denn das Exotische definiere, sind weder konstant noch einheitlich, obgleich bestimmte Bilderwelten vorherrschen. Die jeweiligen Images des Exotischen reflektieren - spiegelverkehrt - Strukturwandlungen im In-

1 Vgl. André Stolls Nachwort zu Flauberts Orient-Reise. Stoll arbeitet die gesellschaftskritische Dimension des Flaubertschen Orientalismus heraus. Er übertreibt freilich, wenn er behauptet, dessen Stil habe "jeglicher Verwertungsabsicht im Sinne kolonialistischer Vereinnahmung" widerstanden und sei mit "Distanz sämtlichen (!) literarischen und verwandten Medien (...) (orientalistischen) Vorwissens" entgegengetreten. Zit. n. Gustave Flaubert: Reise in den Orient. Ägypten. Nubien. Palästina. Syrien. Libanon. Hrsg. u. mit einem Nachwort versehen v. A. Stoll. Frankfurt/M. 1985, S. 399f. Gegen diese Behauptung spricht schon allein Stolls eigene Feststellung von Flauberts "Projektion seiner erotischen Wünsche auf den fernen Liebeskörper der erträumten Orientalin" (S. 365), die vom damals bereits gängigen Stereotyp 'orientalischen' Sexuallebens kaum zu unterscheiden ist.

2 Vgl. Klaus Modick: Tusitala. Der Erzähler Stevenson. In: Merkur, (1987, H. 2), S. 164-170.

3 Said, Orientalism, a.a.O., S. 43.

neren der bürgerlichen Gesellschaft selbst. Zwei dieser Vorstellungskomplexe seien hier wenigstens kurz genannt: die Bilderwelt des 'Edlen Wilden', die zur Zeit der Aufklärung eine Konjunktur erlebt und gemeinhin mit dem Namen Jean-Jacques Rousseaus assoziiert wird.[1] Sie beruht auf der Idealisierung des angeblichen 'Naturzustandes', in dem sich die sogenannten Primitiven befinden sollen; deren harmonisch aufgefaßte 'Naturnähe' wird dabei von der vermeintlichen 'Naturvergessenheit' der Europäer positiv abgehoben. Diese Vorstellung, die auch später nie ganz verschwindet, hat im "primitivistischen Genre"[2] der exotistischen Literatur künstlerisch Gestalt angenommen, zumeist verbunden mit Phantasien unbeschwerten Müßigganges. Ganz anders hingegen die dominierende Bilderwelt des 19. Jahrhunderts:

> Im Zeitalter des Konkurrenzkapitalismus trug die Naturvorstellung deutlich darwinistische Züge. In den Augen des europäischen Bürgertums befanden sich die sogenannten Primitiven noch im uranfänglichen Zustand eines natürlichen Überlebenskampfes gegen eine übermächtige Natur wie gegen ihresgleichen.[3]

Nicht harmonischer Müßiggang wurde nun in der Fremde gesucht, sondern die schrankenlose Entfaltung psychischer wie

1 In den "Traurigen Tropen" widerspricht Claude Lévi-Strauss dieser Ansicht mehrfach: "Rousseau, der so verleumdet und so mißverstanden wird wie nie zuvor, wird der lächerlichen Anschuldigung ausgesetzt, er verherrliche den Naturzustand." (TT, 385) Vgl. demgegenüber Axel Honneths Aufsatz über Lévi-Strauss, der den selbst noch "romantischen Impuls" in dessen Werk aufzeigt. Axel Honneth: Ein strukturalistischer Rousseau. Zur Anthropologie von Claude Lévi-Strauss. In: Merkur, (1987, H. 9/10), S. 819-833.

2 Reif, Zivilisationsflucht..., a.a.O., S. 22.

3 Kohl, Abwehr..., a.a.O., S. 27.

physischer Energien, wie sich deutlich am "libertinistischen Genre"[1] der exotistischen Literatur und seinen diversen Untertypen (immoralistisch, abenteuerlich, spiritualistisch etc.) ablesen läßt.
Schon im 18. Jahrhundert hatten die Berichte von der sexuellen Gastfreundschaft der Südseeinsulanerinnen für einige Aufregung gesorgt, im Zeichen der restriktiven Sexualmoral des viktorianischen Zeitalters aber erhielten die exotischen Zonen vollends "die Konnotationen einer Sphäre totaler Triebbefriedigung"[2]. Das galt ebensowohl für den Orient, den auch ein Mann wie Gustave Flaubert mit ausschweifender Sexualität zu assoziieren pflegte[3], wie für jene Gebiete, die - wie zuletzt das Innere Afrikas - noch außerhalb der kolonialen Sphäre lagen, und deren "grosse(r) Reiz (...) für Einzelreisende nicht selten darin bestand, daß es ihnen hier möglich war, nicht nur bestimmte sadistische Neigungen, sondern auch andere (...) sexuelle Aberrationen auszuagieren."[4]
Die Tage solcher - keineswegs bloß imaginierten - einsamen Freuden waren freilich rasch gezählt. Die 'weißen Flecken auf der Landkarte' verschwanden zuletzt ganz, und das Reisen wurde zum Massenvergnügen. Bereits im Jahre 1849 beschwerte sich etwa der junge Romantiker und Orientalist Flaubert, der gerade eine Ägyptenreise unternahm, über die "Unzahl hingeschriebener Namen von Dummköpfen"[5], d.h. Touristen, die sich an den Pyramiden verewigt hätten. Tatsächlich repräsentierten die damals aufkommenden 'Reise-

1 Reif, Zivilisationsflucht..., a.a.O., S. 22.
2 Kohl, Abwehr..., a.a.O., S. 27.
3 Vgl. Said, Orientalism, a.a.O., S. 190.
4 Kohl, Abwehr..., a.a.O., S. 30.
5 Flaubert, Reise in den Orient..., a.a.O., S. 57.

gesellschaften', denen die Fremde zu einer Serie sogenannter Sehenswürdigkeiten zusammenschmolz, bereits eine Frühform des heutigen Massentourismus, in welchem der exotistische Traum von der Ferne vollends zum bloßen "Kontrastwunsch" verkommen ist: "genaues Widerspiel zur Heimat des Besuchers" wird nun verlangt, "das Gegenteil von Krefeld"[1]. Was schließlich die Sexualität anlangt, so belegt der 'Eros-Tourismus' unserer Tage die demokratischen Fortschritte in der Befriedigung auch dieser Bedürfnislage.

Das Gegenteil von Krefeld

In der Fremde ist niemand exotisch als der Fremde selbst ...

(Ernst Bloch)

In einer sozio- und psychogenetischen Untersuchung des europäischen Zivilisationsprozesses ist der Soziologe Norbert Elias der "Wandlung des Trieb- und Affekthaushalts"[2] (vom Mittelalter zur Neuzeit) nachgegangen. Die Pointe

1 Ernst Bloch: Das Prinzip Hoffnung. Erster Band. Frankfurt/M. 1974, S. 437.

2 Norbert Elias: Über den Prozeß der Zivilisation. Soziogenetische und psychogenetische Untersuchungen. Bd. 1. Frankfurt/M. 1976, S. 171. Vgl. auch Hans Joachim Krüger: Aspekte der Zivilisationsanalysen von Norbert Elias. In: Kultur. Bestimmungen im 20. Jahrhundert. Hrsg. v. H. Brackert und F. Wefelmeyer. Frankfurt/M. 1990, S. 317-343.

seiner Studie, die als die Entstehungsgesschichte unserer heutigen Verhaltensstandards gelesen werden kann, besteht darin, daß die fortschreitende Eindämmung und Zähmung der Affekte und Triebregungen durch die erfolgreiche Umformung von Fremdzwängen in Selbstzwänge zustande kam, so daß das Individuum die erzwungene Triebregulierung gar nicht mehr als von außen auferlegte erfährt. Der entwickelte Standard erscheint als Selbstzwang und Gegenstand individueller Kontrolle, die in der Regel auch ohne äußere Repression funktioniert. Das meint freilich nicht, daß eine solche nicht mehr vorhanden wäre; ganz im Gegenteil entsteht nun in Gestalt des modernen (Zentral-) Staates eine neue Repressionsinstanz, die über ein Gewaltmonopol verfügt und den zersplitterten Gewalten der mittelalterlichen Welt um ein Vielfaches überlegen ist. Aufgrund seiner Machtfülle sowie der Verinnerlichung der gesellschaftsspezifischen Zwänge durch das Individuum gelingt es ihm, individuelle Grenzüberschreitungen (Raub, Mord, Orgie usw.) auf ein Mindestmaß zu reduzieren. Dieses so lückenlos erscheinende Regelwerk der westlichen Verhaltensstandards ließ freilich lange Zeit einen Ausweg offen, eine quasi institutionalisierte Ausnahme zur Regel: die Kolonialsphäre, in der die einheimischen Gesetze nichts galten, jedenfalls soweit es die betroffenen Völker anging. Hier durfte der Europäer ohne schlechtes Gewissen Dinge treiben, für die man ihn daheim aufgeknüpft hätte. Die in Europa gültigen moralischen Standards waren außer Kraft gesetzt. Die Spanier in Amerika waren nur die Ersten, die dabei 'auf den Geschmack kamen':

> Fern der Zentralmacht, fern dem königlichen Gesetz, fallen alle Schranken, das bereits gelockerte soziale Band zerreißt, und es offenbart nicht eine primitive Natur, die in jedem von uns

> schlummernde Bestie, sondern ein modernes und sogar zukunftsvolles Wesen, das keine Moral mehr kennt und tötet, weil und wann immer es ihm Spaß macht. Die 'Barbarei' der Spanier hat nichts Atavistisches oder Animalisches; sie ist durchaus menschlich und kündigt das Kommen der modernen Zeiten an (...) Was die Spanier entdecken, ist der Kontrast zwischen Metropole und Kolonie, der sich darin ausdrückt, daß hier und dort völlig verschiedene Moralgesetze das Verhalten regeln: Das Massaker benötigt einen angemessenen Rahmen.[1]

Es ist notwendig, diesen Kontrast zwischen Metropole und Kolonie hervorzuheben, denn vor diesem Hintergrund erfährt der Exotismus seinen Aufstieg und seine Höhepunkte.[2] Mögen die Konquistadoren und ihre (englischen, französischen usw.) Nachfolger mit dem modernen Exotisten ansonsten auch wenig gemein haben, in einem Punkt herrscht zwischen beiden Interessenidentität: die exotische Welt wird als Chance zur Selbstentfaltung begriffen, wo das Außer-Ordentliche erlaubt ist und sich die Sinne voll zu entfalten vermögen.

Über einen relativ langen Zeitraum hinweg etabliert sich somit in den Kolonien eine (relativ) gesetzlose Sphäre, die Dinge ermöglicht, die ansonsten nur noch der klassische Abenteuerroman des vergangengen Jahrhunderts verheißt,[3] dessen Handlung sich ja auch bevorzugt in den exotischen Zonen abzuspielen pflegt.

An dieser Gattung läßt sich jedoch noch etwas Anderes ablesen: das drohende Ende einer 'heroischen' Periode, die

1 Tzvetan Todorov: Die Eroberung Amerikas. Das Problem des Anderen. Frankfurt/M. 1985, S. 175f.

2 Vgl. Reif, Zivilisationsflucht..., a.a.O., S. 10.

3 Vgl. Harald Eggebrecht: Sinnlichkeit und Abenteuer. Die Entstehung des Abenteuerromans im 19. Jahrhundert. Berlin/Marburg 1985.

sich von den elisabethanischen Abenteurern bis zu den Zeiten des 'Wilden Westens' erstreckt. Der Schwund an realer Exotik beginnt spürbar zu werden, die Ära der Gesetzlosigkeit geht unaufhaltsam ihrem Ende entgegen:

> Der Gang der Geschichte des 19. Jahrhunderts läßt zuletzt nur die Flucht in die Phantasie übrig, der Weg von Cooper zu Karl May bezeichnet nicht nur die Entwicklung einer Gattung, sondern auch den Verlust an Verwirklichungsmöglichkeiten.[1]

Was genau sucht nun aber der Exotist in der Fremde? Was soll sich da verwirklichen und entfalten? Wie sieht diese Freiheit aus, die da imaginiert wird? - Am Anfang von allem Exotismus steht eine durchaus reale Frustration, ein Defizit, das der Exotist keineswegs grundlos der eigenen Gesellschaft anlastet, sodann aber in ein Argument gegen Zivilisation überhaupt ummünzt, getragen von der (schlecht fundierten) Vorstellung, andernorts geht es 'natürlicher', ergo besser zu.
In einer ideologiekritischen Studie zum exotistischen Roman ist Wolfgang Reif dem fraglichen Phänomen genauer nachgegangen; anhand der von ihm untersuchten Texte (aus dem ersten Viertel des 20. Jahrhunderts) gelangt er zu dem Fazit, der Exotist produziere "Bilder, die als Projektionen seines Innern seinen entfremdeten Ich- und Wirklichkeitsbezug kompensieren sollen"; sein "negativer Wirklichkeitsbezug" sei "durch die Entfremdungserlebnisse der *Restriktion, Komplexität* und *Uniformität* gekennzeichnet", auf die er mit dem "positiven Wunschbild" einer Ferne reagiere, die ihm die "Kompensationserlebnisse schrankenloser *Entfaltung*, überschaubarer *Einfachheit* oder *Ursprünglichkeit* und

1 Ebd., S. 62f.

der *Außergewöhnlichkeit"* [1] in Aussicht stelle. Und in der Tat läßt sich der von Reif nachgewiesene Projektions- und Kompensationscharakter der exotistischen Wunschproduktion kaum übersehen; Edward W. Said kommt zu einem vergleichbaren Schluß, wenn er feststellt, der Orient habe in den ihm geltenden diskursiven Bemühungen der Europäer "as a sort of surrogate and even underground self" [2] fungiert.

Bei der Untersuchung der Opposition Restriktion/Entfaltung fehlt gewöhnlich nicht der Hinweis auf Sigmund Freud und dessen kulturtheoretische, psychologisch-anthropologisch argumentierende Schrift "Das Unbehagen in der Kultur" (1930), wo dieser auch kurz das Phänomen der "Kulturfeindseligkeit" streift:

> Die individuelle Freiheit ist kein Kulturgut. Sie war am größten vor jeder Kultur, allerdings damals meist ohne Wert, weil das Individuum kaum imstande war, sie zu verteidigen. Durch die Kulturentwicklung erfährt sie Einschränkungen, und die Gerechtigkeit fordert, daß keinem diese Einschränkungen erspart werden. Was sich in einer menschlichen Gemeinschaft als Freiheitsdrang rührt, kann Auflehnung gegen eine bestehende Ungerechtigkeit sein und so einer weiteren Entwicklung der Kultur günstig werden, mit der Kultur verträglich bleiben. Es kann aber auch dem Rest der ursprünglichen, von der Kultur ungebändigten Persönlichkeit entstammen und so Grundlage der Kulturfeindseligkeit werden. Der Freiheitsdrang richtet sich also gegen bestimmte Formen und Ansprüche der Kultur oder gegen Kultur überhaupt.[3] (Freud IX, 226)

1 Reif, Zivilisationsflucht..., a.a.O., S. 13.
2 Said, Orientalism, a.a.O., S. 3.
3 Sigmund Freud: Das Unbehagen in der Kultur. In: Sigmund Freud Studienausgabe, Band 9: Fragen der Gesellschaft. Ursprünge der Religion, S. 191-270, Frankfurt/M. 1982 (abgekürzt: Freud IX).

Während Norbert Elias' Studie auf empirischem Wege zu Feststellungen gelangt, die für einen konkreten historischen Zeitabschnitt Geltung beanspruchen, offeriert Freud anthropologische Spekulationen, die nicht ganz unproblematisch sind. Hierzu zählt sein Begriff der 'archaischen Erbschaft', d.h. die Vorstellung, daß die infantile Vergangenheit des Individuums (analog der 'archaischen' der Gattung) latent fortexistiere und von einem notwendig repressiven, kulturellen Regelwerk im Zaume gehalten werden müsse. Die in Zivilisationsflucht umschlagende 'Kulturfeindseligkeit' des Exotisten erscheint unter solcher Prämisse als Regression in ein früheres Entwicklungsstadium des Individuums bzw. der Gattung. Der eher deskriptive, theoretisch nicht streng verankerte Begriff der Regression[1] begünstigt jene, die jede individuelle wie kollektive Opposition gegen das herrschende Realitätsprinzip als 'regressiv' verwerfen wollen. In der Tat hängt hier alles davon ab, was einem als noch 'mit der Kultur verträglich' erscheint bzw. was nicht. Freuds historisch unspezifischer 'Kultur'-Begriff verwandelt sich allzu leicht in ein 'Argument' derjenigen, denen an der Erhaltung des Status quo gelegen ist. Bei näherem Hinsehen aber erweist sich die Begriffsbildung als selbst historisch determiniert, ihrem übergeschichtlichen Anspruch zum Trotz: "Freuds Schlußfolgerungen schließen die Feststellung eines 'idealen' Naturzustandes aus, aber sie hypostasieren auch eine spezifische historische *Form* der Kultur (die bürgerliche - d. Verf.) als *Natur* der Kultur." [2]

1 Vgl. J. Laplanche, J.B. Pontalis: Das Vokabular der Psychoanalyse. Bd. 2. Frankfurt/M. 1972, S. 436-439.

2 Herbert Marcuse: Triebstruktur und Gesellschaft. Ein philosophischer Beitrag zu Sigmund Freud. Frankfurt/M. 1973, S. 146.

Bezieht man die Position eines "*reflektierten* Eurozentrismus", der um die "Unumkehrbarkeit des durch den europäischen Kolonialismus ausgelösten Prozesses"[1] weiß, so läßt sich der Begriff der Regression in unserem Zusammenhang gleichwohl verwenden: da er formal eine Entwicklung (logisch) voraussetzt, eignet er sich durchaus für die Analyse exotistischer Praxis. Angesichts der irreversiblen Etablierung des Weltmarktes befinden sich die exotischen Zonen ja tatsächlich in einem vergleichsweise zurückgebliebenen, unterentwickelten Stadium gegenüber den Metropolenländern. Auch ohne Industrialisierung und Zivilisierung naiv gleichsetzen zu wollen, kann daher im Falle des Exotisten von Regression gesprochen werden, insofern dieser die entfalteten Warengesellschaften flieht, um sich in weniger entwickelten, 'exotischen' Umständen niederzulassen. Damit ist freilich noch lange nicht gesagt, daß er die begehrte 'Einfachheit', ja 'Ursprünglichkeit' wirklich vorfindet, eine Vorstellung, die ja auch noch von der Ideologie eines vermeintlich harmonischen Naturzustandes zehrt. Je ernster es dem Exotisten mit der kulturellen Konversion ist, desto komplexer wird sich ihm die vermeintlich 'primitive' Kultur seiner Wahl mit der Zeit ausnehmen, wobei ohnehin fraglich bleibt, ob eine solche Konversion überhaupt gelingen kann, und ob der Zivilisationsflüchtige nicht schließlich doch nur als 'verwilderter Weißer' zu enden verurteilt ist.

Was schließlich das Begriffspaar Uniformität/Außergewöhnlichkeit betrifft, sei zunächst an die vielfältige Uniformierung erinnert, die eine technisch geprägte Lebenswelt notwendig mit sich führt. Die Serienproduktion von Gütern, die allgemeine 'Standardisierung', die Vereinheitlichung der

1 Kohl, Verlangen..., a.a.O., S. 141.

Landschaftsbilder, dies und vieles andere trägt zum beklemmenden Gefühl der Uniformität bei, dem der Exotist zu entkommen sucht. Mit der Projektion einer exotischen Sphäre, wo das Außergewöhnliche, Geheimnisvolle noch möglich scheint, reagiert der Exotist auf das, was Max Weber die "Entzauberung der Welt" [1] genannt hat.
Die exotistische Raumprojektion kritisiert implizit oder explizit einen Gesellschaftstyp, dessen szientifisch begründete Erfolge in der Naturaneignung keineswegs von einer Verbesserung der individuellen Entfaltungsmöglichkeiten begleitet werden. Wer das Abenteuer (d.h. aber auch: das Unkalkulierbare) sucht, ist in einer Welt schlecht aufgehoben, deren spezifische Rationalität alles dem quantifizierenden Kalkül (Verwertungsinteresse) unterwirft und unbeschadet seiner jeweiligen Qualität kompatibel macht.

Der "Zivilisationshaß" ist demnach "nicht nur eine irrationale Projektion persönlicher psychologischer Schwierigkeiten auf die Welt (wie er in einigen psychoanalytischen Schriften interpretiert wird)"[2], er bezieht vielmehr sein Anschauungsmaterial aus der vorgefundenen Wirklichkeit; deren Beschaffenheit aber läßt den Gedanken an Flucht einigermaßen verständlich erscheinen. Gleichwohl kommt auch der

1 "Die zunehmende Intellektualisierung und Rationalisierung bedeutet (...), daß es (...) prinzipiell keine geheimnisvollen unberechenbaren Mächte gebe (...), daß man vielmehr alle Dinge - im Prinzip - durch *Berechnen beherrschen* könne. Das aber bedeutet: die Entzauberung der Welt." Max Weber: Vom inneren Beruf zur Wissenschaft. In: ders.: Soziologie. Universalgeschichtliche Analysen. Politik. Stuttgart 1973, S. 317.

2 Max Horkheimer: Zur Kritik der instrumentellen Vernunft. Aus den Vorträgen und Aufzeichnungen seit Kriegsende. Hrsg. v. Alfred Schmidt. Frankfurt/M. 1974, S. 109.

Exotist von dieser Realität nicht los, sondern bleibt negativ auf sie fixiert. Claude Lévi-Strauss bringt dessen unausweichliches Dilemma auf den Begriff, wenn er bemerkt:

> Der Wert, den er exotischen Gesellschaften bemißt - und der desto höher zu sein scheint, je exotischer sie sind -, hat keine eigene Grundlage; er ist Funktion der Verachtung und zuweilen der Feindschaft, die ihm die in seiner eigenen Umwelt geltenden Sitten einflößen. (TT, 377)

Zuverlässig betrübend

> ...die leidenschaftliche Jugendzeit verbringt man mit ´nem Harten in der Hose und den Kopf benebelt von ´Ideen´!
>
> (L.-F. Céline, Gespräche mit Professor Y)

Einen Sonderfall des Zivilisationsflüchtigen stellt der jugendliche Aussteiger dar. Um ihn angemessen zu verstehen, gilt es sich kurz die Besonderheit seiner Situation vor Augen zu halten: Die tyrannischen Aspekte der Zivilisation erfährt schon das Kind, der Heranwachsende. Dieser findet sich in Abhängigkeiten verstrickt, die er sich auch beim besten Willen nicht als selbstgewählte zurechtlegen kann, wie dies die Erwachsenen oft bis zur Virtuosität beherrschen. Zu den vorgefundenen Zwängen zählt die bürgerliche Kleinfamilie ebenso wie die diversen staatlichen Erziehungsinstitutionen, die der Jugendliche zu durchlaufen hat, ehe er die

Mündigkeit erlangt, d.h. zum Vollmitglied der Gesellschaft avanciert. Gründe zur Flucht liefert man ihm hier en gros:

> Eltern und Lehrer verstehen zuverlässig, zu betrüben. Das Leid in der Schule kann widerlicher sein als später irgendein anderes, das als Gefangener ausgenommen. Daher der dem Gefangenen verwandte Wunsch, auszubrechen; da das Draußen noch undeutlich ist, wird es wunderlich.[1]

Elterliche wie staatliche Autorität sind am Erziehungsideal der Realitätstüchtigkeit ausgerichtet, an welchem die pubertären Wünsche von individueller Wunscherfüllung rasch zuschanden gemacht werden; eine Dressur, die dann als gelungen gilt, wenn das Erziehungsobjekt die gesellschaftlichen Reglements internalisiert und zu den seinen gemacht hat, d.h. der Fremdzwang erfolgreich in einen Selbstzwang verwandelt worden ist. Zuvor jedoch müssen sich die Wünsche und Forderungen des Jugendlichen an der Prosa der bürgerlichen Verhältnisse schmerzvoll abarbeiten. Es sind dies die "Lehrjahre" des Individuums, deren Ende gewöhnlich darin besteht, daß "sich das Subjekt die Hörner abläuft, mit seinem Wünschen und Meinen sich in die bestehenden Verhältnisse und die Vernünftigkeit derselben hineinbildet"; so jedenfalls beschreibt Hegel die Verlaufsform der jugendlichen Revolte. Ironisch schildert er die "Jünglinge" als diese "neuen Ritter" (Anspielung auf Don Quijote), die es "für ein Unglück halten, daß es überhaupt Familie, bürgerliche Gesellschaft, Staat, Gesetze, Berufsgeschäfte usf. gibt."[2] Stellt man die für Hegel unstrittig gegebene 'Vernünftigkeit' der bürgerlichen Verhältnisse in Frage, so erscheint

1 Bloch, Prinzip Hoffnung..., a.a.O., S. 23.

2 G.W.F. Hegel: Vorlesungen über die Ästhetik II. In: ders.: Werke in zwanzig Bänden. Bd. 14, Frankfurt/M. 1973, S. 219f.

das Ende solcher 'Lehrjahre' jedoch in einem anderen Licht: als Niederlage des Einzelnen nämlich, der sich dem vorgefundenen gesellschaftlichen Zwangszusammenhang letztendlich fügt und sich damit betrügt, innerhalb der ihm aufgeherrschten Schranken wie in einer von ihm selbst gewählten Sphäre der Freiheit zu agieren:

> Das *bürgerliche* Subjekt (...) akkomodiert seinen Geist wie seine Taten den praktischen Beschränkungen, die sein Interesse mit seinen Gegenständen vorfindet (...) das Individuum anerkennt die bürgerlichen Verhältnisse in dem, was es *darf*. Es legt sich die ihm aufgehalsten Schwierigkeiten so zurecht, daß es dem Gesichtspunkt anhängt, immerhin zu dem befugt zu sein, was nicht verboten ist.[1]

Wie aber, wenn dies nicht geschieht? Welche Wege bleiben dem, der sich eben nicht akkomodieren will, obschon er die Illusion des individuellen Ausbruchs durchlebt und anschließend preisgegeben hat?

1 Marxistische Gruppe: Die Psychologie des bürgerlichen Individuums. München 1981, S. 17.

Europaextrakt

Fliehen nützt nichts. Ich bleibe.
Wenn ich mich schlage, wird die Angst
weichen.
Zur Hälfte bin ich schon gerettet.

(Paul Nizan)

Die "Marxisten von heute", so bemerkt J.-P. Sartre an einer Stelle seiner "Critique de la raison dialectique" (1960), kümmerten sich "nur um die Erwachsenen", sie hätten "ihre eigene Kindheit vergessen" und täten so, "als verspürten die Menschen ihre Selbstentfremdung und Versachlichung erstmals bei ihrer eigentlichen Berufsarbeit."[1] Den kommunistischen Schriftsteller Paul Nizan (1905-1940) trifft dieser Vorwurf nicht:

> Ich war zwanzig. Niemand soll sagen, das sei die schönste Zeit des Lebens. - Alles droht einen zu vernichten: die Liebe, die Ideen, der Verlust der Familie, der Eintritt in die Welt der Erwachsenen. Es ist schwer, seinen Part in der Welt zu lernen.[2]

Mit diesen Worten eröffnet Nizan sein grimmiges Pamphlet "Aden Arabie" (1931), ein Dokument der Desillusion, das einer Generalabrechnung mit der bürgerlichen Gesellschaft gleichkommt. Die Schrift dokumentiert die kritische Verar-

1 Jean-Paul Sartre: Marxismus und Existenzialismus. Versuch einer Methodik. (= 'Questions de méthode' in 'Critique de la raison dialectique'). Reinbek b. Hamburg 1964, S. 52.

2 Paul Nizan: Aden. Die Wachhunde. Zwei Pamphlete. (Vorwort von J.-P. Sartre.) Hrsg. v. Traugott König (abgek. AA). Reinbek b. Hamburg 1978, S. 43.

beitung einer autobiographischen Erfahrung des Autors: 1926 hatte der junge Nizan der Pariser Elitezuchtanstalt École Normale Superieure abrupt den Rücken gekehrt, sich nach Aden, der britischen Kolonie am Roten Meer, eingeschifft und sich dort schließlich als Hauslehrer verdingt. Ein Jahr später, zurück in Paris, trat er der kommunistischen Partei bei.
In seinem emphatischen Vorwort zu "Aden"[1] deutet Sartre, Freund und Studienkollege des Autors, dessen Reise als Nizans "letzten Versuch, einen individuellen Ausweg zu finden (...) seine letzte Flucht." (AA, 33)
In der Tat wollte dieser den anschließenden Eintritt ins vermeintlich revolutionäre Kollektiv (der KPF[2]) als Ausdruck der Einsicht gewertet wissen, daß die vermeintlich individuellen Probleme und Krisen sozialer Natur seien und daher nur durch eine umwälzende gesellschaftliche Praxis gelöst werden könnten. Nizan, der Sohn eines verbürgerlichten

1 Sartres Vorwort (AA, 7-44), geschrieben 1960, beschreibt Nizan als Häretiker und 'Gauchisten', obgleich dieser erst 1939 aus Protest gegen den Hitler-Stalin-Pakt die KPF verlassen hatte. Vgl. auch Correspondances d'Aden, in: Paul Nizan. Intellectuel Communiste 1926-1940. (Bd. 1) Paris 1970, S. 86-113.

2 Am stalinistischen Charakter der damaligen KPF kann ebensowenig gezweifelt werden, wie an der 'Linientreue' Nizans, der ihr jahrelang als Publizist diente. Ob man ihm deshalb schon eine "stalinist mentality" unterstellen darf, wie Michael Scriven: Paul Nizan, Communist Novelist, London 1989, dies tut, muß bezweifelt werden. Vgl. auch W.D. Redfern: Paul Nizan. Committed Literature in a Conspiratorial World. Princeton 1972, S. 78-118. Der amerikanische Literaturwissenschaftler faßt Nizans Rolle folgendermaßen zusammen: "Within the Communist Party, Nizan was not (and could hardly have survived for so long if he had been) the odd man out. Rather, he was the odd man in." (a.a.O., S. 6).

Arbeiters,[1] richtete sein Pamphlet an die Adresse der eigenen Generation, die Söhne des Bürgertums zumal, die er für die Sache des Kommunismus zu gewinnen hofft.
Von der 'Angst' zum 'Haß' - so ließe sich der Weg beschreiben, den Nizan gegangen ist, jene Wandlung, die sich in Aden vollzogen hat. Seine Schmähschrift endet mit Sätzen wie diesen: "Wir dürfen uns nicht mehr scheuen zu hassen. Wir dürfen uns nicht mehr schämen, fanatisch zu sein. Ich schulde ihnen Böses, sie hätten mich beinahe zur Strekke gebracht." (AA, 117) Nizan erklärt der bürgerlichen Gesellschaft und ihren Agenten den Krieg, diese nämlich hätte ihn beinahe 'ums Leben gebracht'. 'Leben', emphatisch verstanden, wird von diesem System verhindert: Nizan zufolge *ist* die bürgerliche Existenz der Tod, sie ist abstrakt und leblos. Über die Bürger heißt es:

> Die Gegenstände ihres Willens existierten nicht, es waren Abstrakta, die man nicht personifizieren konnte: Bilanz, Kredit, Kapitalzirkulation, kommerzieller Erfolg, berufliche Verpflichtung. Kann man mit dem Kapital ins Bett gehen? Diese Abstrakta waren das einzige, was sie beschäftigte, die Minuten ausfüllte und ihnen die ganze Zeit stahl (...). Um wirklich leben zu können, hätten sie ihre schlechten Gewohnheiten, ihre Verdauung, ihre Atmung, ihre Ehen, ihre Art, zu schreiben und zu sprechen, aufgeben und sich von Grund auf wandeln müssen. Aber diese Besessenen starben lieber bei kleiner Flamme im Dienste anonymer Kapitalien. (AA, 87)

Solches Leben ist bloßes Überleben, daraus befreien kann sich nur, wer von der 'Angst' zum 'Haß', von der Defensive zur Offensive, zur zielgerichteten Aggression übergeht.

1 Vgl. Nizans autobiographisch gefärbten Roman "Antoine Bloyé" (1933), der unter dem Titel "Das Leben des Antoine B." 1974 in deutscher Übersetzung erschienen ist. Vgl. dazu Redfern: Paul Nizan, a.a.O., S. 47-77.

Zu den Motiven der Flucht heißt es: "Meine Abreise war ein Kind der Angst (...). Die erste Regung der Angst ist die Flucht." (AA, 63) Geflohen vor der Schrumpfexistenz des bürgerlichen Erwachsenen, die bereits den Horizont des Jugendlichen verdüstert:

> Wenn man uns sagt, wir lebten in einer Epoche des 'unglücklichen Bewußtseins', so kann das unsere Angst um unser Leben, unsere Angst vor den Verstümmelungen, die uns bevorstehen, nicht nehmen. Wir wissen ja, wie unsere Eltern leben (...). Eines wissen wir: die Menschen leben nicht so, wie ein Mensch leben müßte. Aber wie wirkliches Leben aussehen müßte, wissen wir noch gar nicht (...). Wir sind schon im voraus unzufrieden mit den Berufen, für die man uns mit dem Versprechen auf magere Gehälter abrichtet. Wir haben Angst vor dem, was uns erwartet. Die schöne Jugend! (...) Wir werden in ein Gefängnis kommen, dessen Regeln wir uns nicht in allen Einzelheiten vorstellen können (...). Aber wir ahnen genug, daß es uns den Atem verschlägt (...). Beschränkungen und Zwänge drohen von allen Seiten (...). Ihr wollt uns glauben machen, es handele sich um Reife und Pubertät. Umsonst. Mit solchen Wörtern könnt ihr uns nicht mehr abspeisen. (AA, 51)

Nizan gibt diesen bösen Ahnungen recht, macht sich zu deren Sprachrohr. Es sind Realängste, der 'gesunde' Reflex jener, die noch nicht zum "*homo oeconomicus*" (AA, 112), d.h. zur bloßen 'Charaktermaske' verkommen sind.
An Auswegen scheint zunächst kein Mangel zu herrschen, im Gegenteil: "Es gab eine Fülle von Fluchtmöglichkeiten", doch Nizan setzt hinzu: "überall Türen, die nirgendwohin führen." (AA, 54) Der Autor ist einem Betrug auf der Spur, einer Verführung, die den Verführten das Nächstliegende vergessen läßt: "Fliehen bedeutete, man verzichtete darauf, sich die Welt, aus der man floh, allzu genau anzusehen und an dem Tag, an dem man begriffen hatte, Rechenschaft zu verlangen." (AA, 98) Doch an die Stelle der notwendigen

Abrechnung tritt die Illusion, das Imaginäre, welches dem Bedrängten, Verängstigten Versprechungen macht; die Illusion der Reise, die Vorspiegelung einer wunderbaren Ferne ist eine von ihnen:

> Was klang nicht alles bei dem Wort 'Reisen' an? Was barg diese Büchse der Pandora?
> Freiheit, Ungebundenheit, Abenteuer, Ausgefülltsein - alles, was so vielen Unglücklichen fehlte und nur im Raum zugänglich war (...). Man dachte an die berühmten Beispiele Stevenson, Gauguin, Rimbaud (...). Sie träumten von Reisen, wie die Franzosen des 18. Jahrhunderts vom Landleben oder von glücklichen Inseln geträumt hatten und nach Ermenonville gepilgert waren, um die Schriften von Rousseau zu lesen. (AA, 57f.)

Solche Illusionen sind kein Privileg des Bürgertums und seiner Intellektuellen, denn die Anziehungskraft des Exotischen verfehlt ihre Wirkung auch auf die anderen Klassen nicht:

> Es waren nicht alles Intellektuelle, die sich den Wonnen ihrer abstrakten Spekulationen überlassen hatten, oder beschäftigungslose Reiseliebhaber, die sich für ruinöse Kreuzfahrten auf Passagierschiffen begeisterten, oder anonyme Kaufleute. Diese Fluchtversuche waren ebenso natürlich wie Verbrechen, Hochzeiten und Selbstmorde (...). Die Herrschenden kannten diese Gelüste sehr gut und benutzten sie für ihre finsteren Zwecke: die Anwerbung von Matrosen und Berufssoldaten, den blutigen Frieden ihrer kolonialen Unternehmungen. Die Werbeplakate an den Türen der Gendarmerien, Kasernen und Rathäuser (...) beuteten mit plumpen Mitteln das Verlangen von Bauern, Arbeitern und Angestellten aus, die ihre alte Haut ablegen wollten. Sie versprachen nicht nur sichere Nahrung und Unterkunft, sondern auch tropische Genüsse, schwarze Frauen (...). (AA, 59)

Die zynische Wahrheit hinter all diesen bunten, exotischen Bildern sieht freilich anders aus:

> Die Paradiese werden zu Handelsunternehmungen für Kobalt, Erdnüsse, Kautschuk und Kopra; die tugendhaften Wilden werden zu Kunden und Sklaven (...) So werden diejenigen, von denen sich unsere Väter Geheimnisse versprachen, zum Schweigen gebracht. (AA, 59)

Die exotischen Zonen unterliegen demnach einer doppelten Ausbeutung: nicht genug damit, daß man sie ökonomisch zur Ader läßt, geben sie auch noch die

> Modelle für die imaginären Welten (ab), die sich die Menschen (in Europa - d. Verf.) nachts ausdachten, um die Wahrheit ihres Fegefeuers zu vergessen und ihre Armseligkeit und Erschöpfung mit Illusionen zu verklären. (AA, 57)

Der junge Nizan ist nicht klüger als all die anderen, es bedarf der Erfahrung von 6 Monaten Aden, damit er begreift, daß "eine Bewegung in der unermeßlichen anonymen Materie nicht jene Krisen heilt, die mit ihren Dimensionen nichts zu tun hat: die geographische Weite vergrösserte jene nur noch." (AA, 70) Denn was Nizan in Aden vorfindet, ist eben nicht der Orient der Imagination, wie ihn sich die europäische Phantasie über Generationen hinweg zurechtgelegt hatte. Europa, das Kapital, sie haben sich längst hier niedergelassen. Gerade die Kleinheit und Überschaubarkeit der Kolonie lassen "die Grundlagen des westlichen Lebens" offen zutagetreten, "die Menschen waren nackt wie anatomische Modelle" (AA, 85) - grotesk und bis zur Kenntlichkeit verzerrt:

> Aden war ein stark verkleinerter Abklatsch unserer Mutter Europa, ein Europaextrakt. Einige Hundert Europäer, die auf einem Raum von fünf Meilen Länge und drei Meilen Breite wie in einer Strafkolonie zusammengepfercht waren, reproduzierten mit außerordentlicher Präzision das Muster, aus dem sich in größe-

> rem Maßstab die Linien und Beziehungen in den westlichen Ländern zusammensetzten. Der Osten reproduziert und kommentiert den Westen. (AA. 82)
> Jede Sekunde steht unter dem Druck des Weltmarkts. Überall stehen die Menschen unter diesem Druck, der ihr ganzes Leben bestimmt, aber weil er durch so viele Kanäle und Rohre geleitet wird, in denen er sich wie Dampf zu verflüchtigen scheint, bewahren und vermitteln sie die Illusion der Unabhängigkeit und Selbständigkeit. In Aden war dieser Druck unmittelbarer zu spüren, das Leben war frei von allen falschen Verzierungen, mit denen es sich in Europa durch die vergangenen Jahrhunderte einer geistigen Zivilisation, die aus dem Bedürfnis nach Illusionen entstandenen Ideen und die scheinheiligen Verbrämungen der sozialen Kämpfe versehen worden war. (AA, 84)

Aden hat dem jungen Nizan die Augen geöffnet, er glaubt die Illusion durchschaut zu haben, die darin besteht, "seinen Ausbruch mit seinen eigenen Mitteln sichern" zu wollen, anstatt nach "Verbündete(n)" für seine "Revolte" Ausschau zu halten, "draußen auf dem Land und in den Mietskasernen von Billancourt" (AA, 54). Er wähnt sich sicher, "die Feinde des Menschen" (AA, 117) ausgemacht zu haben. Melodramatisch verkündet er die Notwendigkeit des Hassens, auch wenn dies die eigenen Züge entstellte: "Der Haß wird noch größer werden, wenn wir erkennen, daß er eine Verarmung ist, ein Sohn der Not." (Ebd.) Eine Alternative zum revolutionären Kampf gibt es nicht, "nur die Liebe ist auch ein Akt der Revolte." (Ebd.)

Experiment mißglückt

...denn das Pfeifen der Kugeln kam mir wie
eine Musik aus höheren Sphären vor.

(Ernst Jünger, Afrikanische Spiele)

Auch den jungen Ernst Jünger trieb das Fernweh um, das Verlangen nach einem Dasein jenseits bürgerlichen Kalküls. In seinem Fall war es das 'dunkelste Afrika', das als Modell für eine imaginäre Welt diente, - galt dieser Kontinent dem Halbwüchsigen doch als "Inbegriff des Wilden und Ursprünglichen" (AH I, 48). Urwaldträume - genährt durch die Lektüre von Abenteuerromanen und Reisebeschreibungen - beherrschten zunehmend seine Phantasie, bis er es schließlich nicht mehr aushielt und die praktische Verwirklichung seiner Träume in Angriff nahm: Der Unterprimaner entfloh dem bürgerlich-akademischen Elternhaus und ließ sich von der französischen Fremdenlegion anwerben, um so seinem Traumziel näher zu kommen; eine Rechnung, die freilich nur geographisch aufging, denn was folgte, war reichlich enttäuschend: man verschickte den knapp Siebzehnjährigen zur Grundausbildung nach Algerien, wo rasch eine große Ernüchterung eintrat. Der stupide Drill und die Tristesse des Kasernenlebens entsprachen in keiner Weise den hochgesteckten Erwartungen, die der junge Mann an den 'sagenhaften' Kontinent geknüpft hatte. Ein Fluchtversuch, mit der Absicht, jenem Afrika seiner Imagination doch noch zu begegnen, scheiterte, und schließlich holte der Vater den flüchtigen Sohn - per Auswärtigem Amt - heim.

> Es scheint fast, als ob im Leben ein gewisser Abschnitt unumgänglich sei, in dem man die Verhältnisse, in die man hineingeboren ist, als abgestanden und verstaubt empfindet, und in seinen Vätern und Erziehern die natürlichen Feinde erblickt. (AS/N, 223)

Diese Bemerkung findet sich im Nachwort zur Originalausgabe[1] der stark autobiographisch gefärbten Erzählung "Afrikanische Spiele" (1936) - von Wolfgang Reif dem "exotistischen Roman" zugerechnet[2] -, in der Ernst Jünger seine afrikanische Jugendepisode erstmals umfassend literarisch bearbeitete, nachdem er sie zuvor schon in einer kurzen Passage des "Abenteuerlichen Herzens" (1929) erwähnt und mit viel Einfühlung geschildert hatte. Anschaulich beschreibt er hier den "Zustand der Heimatlosigkeit inmitten einer engen, durch mancherlei Stoffblenden künstlich verspannten Welt" (AH I, 64), der in ihm den Wunsch nach Zonen wachgerufen habe, wo es durchaus anders, nämlich abenteuerlich und ursprünglich zuging. Aus der Banalität der heimischen Bürgerwelt träumte er sich in eine Urwaldkulisse ohne Verbotstafeln und Gesetzesparagraphen. Ekel und Langeweile ergriffen ihn angesichts einer Lebenswelt, die nur mit spannungslosen Karrieren aufzuwarten wußte:

> Auf der anderen Seite drang die Langeweile jeden Tag stärker wie ein tödliches Gift in mich ein. Es schien mit ganz unmöglich, etwas 'werden' zu können; schon das Wort war mir zuwider, und von den tausend Anstellungen, die die Zivilisation zu vergeben hat, schien mir nicht eine für mich gemacht (...) Eine ge-

1 In: Ernst Jünger: Afrikanische Spiele. Hamburg 1936, S. 220-225 (abgek.: AS/N). In den späteren Werkausgaben fehlt das Nachwort.

2 Reif, Zivilisationsflucht (...), a.a.O., S. 31.

heime Abneigung gegen alles Nützliche verdichtete sich von Tag zu Tag. Lesen und Träumen waren die Gegengifte (...) (AS, 81)

Der anti-zivilisatorische Affekt des jungen Mannes richtete sich dabei gleichermaßen gegen die technisch bewerkstelligten Fortschritte in der Naturaneignung wie gegen die bürgerliche Verfaßtheit der Ökonomie:

Es gab da Dinge, die ich vor allem verabscheute, zu ihnen gehörte die Eisenbahn, dann aber auch die Straßen, das bestellte Land und jeder gebahnte Weg überhaupt. Afrika war demgegenüber der Inbegriff der wilden, ungebahnten und unwegsamen Natur, und damit ein Gebiet, in dem die Begegnung mit dem Ausserordentlichen und Unerwarteten noch am ehesten wahrscheinlich war.
Zu dieser Abneigung gegen den gebahnten Weg gesellte sich eine zweite und nicht minder heftige gegen die wirtschaftliche Ordnung der bewohnten Welt. In diesem Sinne galt Afrika mir als das glückselige Land, in dem man vom Erwerb, und im besonderen vom Gelderwerb, unabhängig war. (AS, 90)

Der eingangs von uns entwickelte Kompensations- und Projektionscharakter exotistischen Wunschproduktion läßt sich an Jüngers Ausführungen deutlich genug ablesen. Das Faszinosum 'Afrika' begründet sich zuallererst negativ, durch die Abwesenheit wesentlicher Aspekte der bürgerlichen Ordnung. Afrika bedeutet den "Schritt aus der Ordnung in das Ungeordnete", in jene Sphäre, wo "das Wunderbare" noch existiert, ein "Reich der sagenhaften Zufälle und Verwicklungen" (AS, 79), wo man sich unter Abenteurern und Draufgängern, jenseits von Recht und Moral ausleben konnte:

Ich vermutete mit Recht (!), daß man den natürlichen Söhnen des Lebens nur begegnen könne, indem man seinen legitimen Ordnungen den Rücken kehrt. Freilich waren meine Vorbilder nach den Maßen eines Sechzehnjährigen geformt, der den Unterschied zwischen Helden und Abenteurern noch nicht kennt (...) Gesund-

> heit aber besaß ich insofern, als ich das Außerordentliche jenseits der sozialen und moralischen Sphäre vermutete, die mich umschloß (...) Mich zog (...) eine Zone an, in der der Kampf der natürlichen Gewalten rein und zwecklos zum Ausdruck kam.
> Eine solche Zone hielt ich für wirklich; ich verlegte sie in die tropische Welt, deren bunter Gürtel die blauen Eiskappen der Pole umkreist. (AS, 81f.)

Diese deutlich darwinistisch inspirierte Vorstellung einer Wildnis, in der die Natur (das Faustrecht!) regiert, korrespondiert mit dem Bild des Abenteurers als eines Typus, der nur dem eigenen Willen gehorcht, der also eine idealisierte Version des bürgerlichen Individuums verkörpert, das jenseits staatsbürgerlicher Pflichten selbst Recht setzt. Während der normale Bewohner der kapitalistischen Welt - zur Aufspaltung in Bourgeois und Citoyen gezwungen - seine aparten, egoistischen Interessen nur verfolgen kann, wenn er zugleich auch von diesen abstrahiert und sich der Staatsmacht unterwirft, die die Geschäftsgrundlage der Konkurrenzgesellschaft garantiert, kann der imaginierte Abenteurer - dieser 'Sohn des natürlichen Lebens' - frei schalten und walten. Der Abscheu vor den Reglementierungen einer als nivellierend empfundenen 'Massengesellschaft', die die Gleichheit aller vor dem staatlichen Gesetz mit sich bringt, verknüpft sich dergestalt auf engste mit dem Traum einer schrankenlosen Herrenexistenz, die auf humanitäre Phrasen getrost verzichten kann:

> Afrika sollten sie in Ruhe lassen. Denn irgendein Land mußte doch noch auf der Welt bleiben, in dem man sich bewegen konnte, ohne bei jedem Schritt auf eine steinerne Kaserne und eine Verbotstafel zu stoßen, und in dem noch Herren möglich waren, die über sich selbst und über alle Attribute der Macht ungeteilt verfügen konnten. Daß aber die Einführung der Technik in ein solches Gebiet zugleich die Einführung der modernen Hu-

manität und damit die Einebnung der unerbittlichen Rangordnung des natürlichen Lebens bedeutete, das war mir gefühlsmäßig klar (...) (AH I, 49)

Die Symbole der Staatsmacht ("Kaserne", "Verbotstafel") haben in dieser Raumprojektion nichts zu suchen, denn nur so - ohne jeden Herren über sich - kann der imaginierte 'Freibeuter' seiner selbst inne werden. Mehr noch: nicht allein "über sich selbst" soll dieser - "ungeteilt (!)" - verfügen können, sondern auch "über alle Attribute der Macht"; Genaueres erfährt der Leser nicht, doch die Phrase von der "Einebnung der unerbittlichen Rangordnung des natürlichen Lebens" (sozialdarwinistisch!) durch eine (negativ konnotierte) "moderne Humanität" läßt immerhin einiges ahnen, wobei festzuhalten bleibt, daß der Autor des "Abenteuerlichen Herzens" diesen "gefühlsmäßigen" Einsichten seines jugendlichen Selbst Recht gibt und darin "entzückt" einen "instinktiven Protest gegen die Mechanik der Zeit" (AH I, 43) erkennen will.

Die sieben Jahre später entstandene Erzählung "Afrikanische Spiele" unterscheidet sich schon dadurch von der erwähnten Passage im "Abenteuerlichen Herzen", als hier das Scheitern selbst thematisiert, das enttäuschende Ende der Flucht nicht verschwiegen wird: "Das Experiment war mißglückt, ich hatte die Zahl der empfindsamen Reisen um eine letzte vermehrt. Ich mußte zurück, mußte leben wie die anderen auch." (AS, 241)
Und im abschließenden Satz der Erzählung heißt es: "'Willkürlich leben kann jeder', lautet ein bekanntes Wort; richtiger ist, daß willkürlich niemand leben kann." (AS, 244)
Der Ausbruch ist mithin gescheitert, die Herrenphantasien fürs erste zerstoben; die tröstliche Versicherung des Autors,

"wir" (d.h. die Menschen) würden eben "ein wenig wild geboren" und heilten "die gärenden Fieber durch Tränke von bitterer Art" (AS, 245), klingt ebenso 'realistisch' wie konventionell; konventionell deshalb, weil sie dem üblichen Schema von ' jugendlicher Gärung' und ' notwendiger Reifung' (d.h. Anpassung) entspricht und im Begriff steht, die eigenen Jugendträume von Freiheit zu verraten, an denen der Autor des "Abenteuerlichen Herzens" wenigstens insofern noch festgehalten hatte, als er dem ursprünglichen Impuls der anti-bürgerlichen Revolte Recht hab, freilich nicht ohne ihn sogleich für die anti-humanistischen Ideen des (erwachsenen) Verfassers einzuspannen.

Was die Sekundärliteratur angeht, ist in Hinsicht auf die "Afrikanischen Spiele" ein allgemeines Wohlwollen festzustellen. Selbst Wolfgang Kaempfer, dessen Werk-Monographie alles andere als apologetisch genannt zu werden verdient, gelangt zu dem Fazit, durch "die Anlehnung an die wirkliche Erfahrung" sei es dem Autor hier gelungen, "den bis dahin unangefochtenen Traum von einem heroisch-abenteuerlichen Leben erstmals kritisch zu durchleuchten."[1] Der Interpret versäumt dabei nicht, auf den Zeitpunkt der Veröffentlichung (1936) hinzuweisen, als Jünger "einer der gefeiertsten Kriegsbuchautoren in Nazi-Deutschland war" und man eigentlich 'markigere' Töne von ihm erwartet hätte (angesichts der Tatsache, daß die von ihm propagierte 'Totale Mobilmachung' nun wirklich voll in Schwung kam): "Keineswegs wies er allein den staatlich propagierten Heroismus von sich", so Kaempfer, "er relativierte ebenso den eigenen. Gleichsam suchte er ihn - wie auch immer verschlüsselt und zudem wesentlich vergeblich - vor dem per-

1 Wolfgang Kaempfer: Ernst Jünger. Stuttgart 1981, S. 29.

manenten Mißbrauch seitens der staatlichen Autorität zu retten."[1] An dieser Einschätzung ist immerhin soviel richtig, daß der unprätentiöse, schlichte Stil der Erzählung dem mit dem Frühwerk Vertrauten in der Tat angenehm 'unheroisch' erscheinen muß. Kaempfer ist obendrein vorsichtig genug, von der Relativierung und nicht von der Verabschiedung des Heroischen durch Jünger zu sprechen. Von einer solchen kann denn auch keine Rede sein, soll doch die Lehre dieser afrikanischen Eskapade darin bestanden haben, "daß man die Kraft nicht an jedem beliebigen Punkt ansetzen kann" (AS/N, 220), daß individuelle Willkür scheitern muß. Anders sieht es freilich aus, wenn "das besondere Wagnis in das Strombett des Staates ein(fließt)", dann sind Abenteuer wieder möglich - sogar "Weltabenteuer" (AS/N, 224), wie das Nachwort verspricht.

Übertritt in die Sphäre der Macht

Ohne bereits jetzt auf den "Arbeiter" und das ihm zugrundeliegende Konzept der 'Totalen Mobilmachung' eingehen zu wollen, scheint es an dieser Stelle doch angebracht, zumindest jenen mit "Der Einbruch der elementaren Kräfte in den romantischen Raum" (A, 52-63) betitelten Abschnitt dieser Schrift heranzuziehen, in dem sich Jünger kritisch mit dem "romantischen Protest" (A, 61) auseinandersetzt. Da seine Ausführungen im Nachwort zu den "Afrikanischen Spielen" (AS/N, 220-225) die einschlägigen Thesen des "Arbeiters"

1 Ebd., S. 31.

bestätigen und in Richtung 'Exotismus' sogar noch vertiefen, seien sie im folgenden gleichfalls berücksichtigt.
Jüngers Kritik gilt in den fraglichen Passagen der romantischen Fluchtbewegung, die er als einen untauglichen Versuch definiert, sich der "bürgerlichen Welt" und ihren minderen Wertungen zu entziehen; untauglich deshalb, weil der "romantische Raum" lediglich eine Verteidigungsstellung" (A, 57) bezeichne, in einem historischen Moment, wo gerade alles darauf ankomme, "vom romantischen Protest zur Aktion" (A, 61) überzugehen. Wegen ihres Defensivcharakters bleibe die romantische Haltung jedoch auf die untergehende Welt des Bürgers fixiert - wenngleich negativ. Anschaulich beschreibt Jünger den Projektionscharakter, der solchem Eskapismus eigen ist:

> Dem romantischen Raume ist ein eigenes Zentrum nicht gegeben; er besteht lediglich in der Projektion. Er liegt im Schatten der bürgerlichen Welt, deren Lichtquelle nicht nur seine Ausdehnung bestimmt, sondern die ihn auch überall und jederzeit mit Leichtigkeit aufzulösen vermag. (A, 57)

Zu den vielfältigen Formen des eskapistischen Aussteigens zählt Jünger neben der "Entfernung aus der zeitlichen Gegenwart" (A, 57), d.h. der Romantisierung bestimmter Abschnitte der Vergangenheit, auch die Flucht in die Ferne. Der Autor, gewohnt in 'Haltungen' zu denken, denen er wiederum Attribute wie stark/schwach, überlegen/unterlegen zuordnet, bestimmt solchen Exotismus als ein aussichtsloses Fluchtmanöver, das als ein Zeichen der Unterlegenheit zu werten sei:

> Die Entfernung von der örtlichen Gegenwart stellt sich dar als die Flucht aus einem durchaus gesicherten und vom Bewußtsein durchdrungenen Raum, und daher schmilzt im gleichen Verhältnis mit dem Siegeszuge der Technik als des schärfsten Mittels des

> Bewußtseins die Zahl der romantischen Landschaften ein. Gestern noch lagen sie vielleicht 'weit in der Türkei' (...) heute noch in dem Urwaldgürtel um den Äquator (...), aber morgen werden die letzten weißen Flecke dieser wunderlichen Landkarte der menschlichen Sehnsucht verschwunden sein.
> Für uns gilt es zu wissen, daß das Wunderbare in jenem Sinne, der so liebevoll den Duft exotischer Blüten herbeizuzaubern versteht, zu den Ausflüchten der Unterlegenen gehört. (A, 57f.)

Der Fortschritt der technischen Zivilisation läßt das Unterfangen des Exotisten zunehmend als sinnlos erscheinen. Im Wettlauf zwischen Sehnsucht und Technik siegt unweigerlich letztere. Die (auf den ersten Blick) unerfreulichen Folgeerscheinungen dieser Entwicklung stellt Jünger keineswegs in Abrede - immerhin hatte er selbst als Jugendlicher darunter gelitten -, das Gefühl zunehmender Uniformität hat durchaus seine Berechtigung, doch Klagen ändern nichts am Unvermeidlichen:

> Mit den Lichtern der bürgerlichen Welt sind auch die Illusionen ihrer farbigen Ränder verblaßt. Der einzelne lebt heute unter veränderten Bedingungen (...) im Koordinatensystem der Totalen Mobilmachung (...). Aber auch davon abgesehen, ist es ohne Zweifel ein Zeichen der Schwäche, wenn der Geist sich über die wachsende Monotonie und Uniformierung der Anschauung, die nicht zu leugnen ist, beklagt (...). Es gibt (...) Unternehmungen, denen der Mißerfolg das einzig angemessene ist, wenn man nicht zur immer noch beliebten romantischen Täuschung seine Zuflucht zu nehmen gedenkt. Dies gilt im besonderen für jedes Bestreben, das sich der Kälte der heraufziehenden technischen Ordnungen zu entwinden gedenkt (...). Auch der Exotismus zählt zu den romantischen Ausflüchten. (AS/N, 220-222)

Jünger begnügt sich jedoch nicht damit, den Kollaps der romantischen Illusionen angesichts des Unvermeidlichen zu diagnostizieren und sie als schwächlich zu verwerfen, er fordert vielmehr zu einem "heroischen Realismus" (A, 41) auf, der sich dem Vorgefundenen anbequemt; im Angesicht der heraufziehenden 'Totalen Mobilmachung' gelte nur eines: "das Neue zu sehen und sich zu beteiligen." (A, 61) Das "elementare Leben" (A, 54) kehrt zurück und mit ihm jene Erlebnisweisen, von deren Existenz die Romantiker immerhin eine Ahnung besaßen (vgl. A, 58f.), wenngleich sie sich ihnen mit untauglichen Mitteln und zur Unzeit näherten:

> Es gibt Zeiten, in denen jede Beziehung des Menschen zum Elementaren als romantische Begabung zutage tritt, in der die Bruchstelle bereits vorgebildet ist. Es hängt vom Zufall ab, ob dieser Bruch als Untergang in der Ferne, im Rausche, im Wahnsinn, in der Misere oder im Tod sichtbar wird (...) Fast ist es dem Bürger gelungen, das abenteuerliche Herz davon zu überzeugen, daß das Gefährliche gar nicht vorhanden ist und daß ein ökonomisches Gesetz die Welt und ihre Geschichte regiert. Den jungen Leuten, die bei Nacht und Nebel das elterliche Haus verlassen, sagt ihr Gefühl, daß man sich auch der Suche nach der Gefahr sehr weit, über See, nach Amerika, zur Fremdenlegion, in die Länder, in denen der Pfeffer wächst, entfernen muß (...) der Ausbruch des Weltkrieges setzt den breiten, roten Schlußstrich unter diese Zeit. (A 59)

Der Weltkrieg nämlich hat Jünger zufolge bewiesen, daß 'die Gefahr', 'die Gewalt', 'die Macht', d.h. die Kennzeichen des elementaren Lebens, noch existieren, ja daß ihnen die Zukunft gehört. Die Rechnung 'des Bürgers' ist nicht aufgegangen: in Gestalt der modernen Technik, die er für sein Sicherheitsstreben zu instrumentalisieren hoffte, flutet vielmehr 'die Gefahr' ins Leben zurück: die Materialschlachten beweisen es: die Technik ist eine destruktive Potenz ersten Ranges. Abenteuer sind wieder möglich: "- etwa hoch über den nächtlichen Wolken schwebend während des einsamen Absprunges in ein von Grund auf feindliches Reich." (AS/N, 220)

Der "Kulturmensch" habe "für ein Stück Glücksmöglichkeit ein Stück Sicherheit eingetauscht" (Freud IX, 243), hatte Freud im "Unbehagen in der Kultur" geschrieben, nicht ohne im Schlußabsatz der Schrift darauf hinzuweisen, die Menschen hätten es "jetzt in der Beherrschung der Naturkräfte so weit gebracht, daß sie es mit deren Hilfe leicht haben, einander bis auf den letzten Mann auszurotten" (Freud IX, 270). Im Gegensatz zu Freud haben solche Aussichten für Jünger jedoch nichts Erschreckendes, propagiert er doch gerade eine Ordnung, in der die faden Zeiten der Sicherheit der Vergangenheit angehören und das "tiefste Glück des Menschen" darin besteht, "daß er geopfert wird" (A, 78). An Abenteuern werde fortan kein Mangel sein, denn "das Außerordentliche, das Gefährliche, wird nicht nur das Gewöhnliche - es wird auch das Bleibende." (A, 61) Selbst die Urwaldträume des Halbwüchsigen werden nun in veränderter Umgebung Wirklichkeit. Die "Formen der Urzeit, die man nur noch in der Erinnerung oder in den großen Wäldern Südamerikas für lebendig hielt" kehren zurück, "das Gefährliche, das unter den Zeichen der Vergangenheit oder der Ferne erschien, beherrscht jetzt die Gegenwart." (A, 62) Jünger weiß, wovon er spricht; der Weltkrieg hat es ihn gelehrt, daß man den Urwald nach Europa bringen kann. Er erhebt keinerlei Einwände, im Gegenteil. Die Pointe seiner Ausführungen besteht gerade darin, daß nunmehr die Zeit angebrochen sei, wo der "romantische Protest", d.h. das eigentliche Movens der Zivilisationsflucht, "in die Sphäre der Macht" (A, 60) hinübertrete, um sich dort zu bewähren. Unter Zuhilfenahme der modernsten (Vernichtungs-) Technologie kann das 'abenteuerliche Herz' seinen regressiven Impulsen freien Lauf lassen. Indem der Staat kriegerische Gelegenheiten schafft, in denen sich der Rebell (oft genug buchstäblich) auslebt, werden auch die Gründe für den Eskapismus hinfällig.

Tod auf kleiner Flamme

Die afrikanische Eskapade des Gymnasiasten Jünger stellte ebenso wie der Aden-Aufenthalt des Studenten Nizan einen mißglückten Ausbruchsversuch dar. Die rückblickende Verarbeitung solchen Scheiterns verschafft beiden Autoren die Möglichkeit, Lehren zu ziehen und Alternativen zu pointieren: Die Hoffnung, der modernen Gesellschaft zu entkommen, wird notwendig enttäuscht, da das 'Kapital' in Gestalt des 'Weltmarktes' (Nizan) bzw. die 'Zivilisation' in Gestalt der 'Technik' (Jünger) den Planeten bereits total in Beschlag genommen haben. Beide Schriftsteller geben dem antibürgerlichen Affekt, der die Revolte speist, recht, wollen ihn aber unterschiedlich kanalisiert sehen. Während Nizan den revolutionären Kampf zur Abschaffung des Staates favorisiert, will Jünger die rebellischen Energien in den Dienst eben dieser Staatsmacht gestellt wissen:

> Die Art und Weise, in der sich die jungen Leute ruinieren, ist mannigfaltig genug (...) Hierfür gibt auch die Fremdenlegion ein Beispiel ab, denn trotz aller Warnungen und Schreckensbilder hat es den Franzosen (...) nie an Dummen gefehlt, die ihnen ihre Straßen und Grenzplätze ausbauten, und dieses Schauspiel ist ärgerlich genug. Da also die Vernunft nicht genügt, hier Abhilfe zu schaffen, muß man auf andere Mittel sinnen - und das einzig Wirksame scheint mir darin zu bestehen, daß man im eigenen Lande ähnliche Einrichtungen schafft. Freilich sind in dieser Beziehung die imperialen Staaten begünstigter, denn wie erschlossen liegt nicht die Welt für den jungen Europäer da? Hier fließt

das besondere Wagnis in das Strombett des Staates ein, und die Abenteuer der Churchill und Lawrence sind Weltabenteuer im Dienst. (AS/N, 223f.)

So äußert sich Ernst Jünger Mitte der dreißiger Jahre, zu einem Zeitpunkt also, da das Dritte Reich die militärische Erfassung der deutschen Jugend bereits in Angriff genommen hatte, um sie in ein fügsames Instrument für seine imperialen Bestrebungen zu verwandeln.

Der romantisch-abenteuerliche Impuls scheint bei Jünger stärker ausgeprägt als bei Nizan, dem die Technik nicht im mindesten zum Problem wird. Jünger hingegen muß erst seine kulturpessimistisch motivierte Technikfeindschaft überwinden, bevor er den 'Durchbruch nach vorne' propagieren kann. Ausgehend von einem Nietzsche entlehnten Idealbild der Unbürgerlichkeit betreibt er die "Fortbildung des vitalistischen Menschenideals ins Modern-Militante hinein."[1] Angesichts der Irreversibilität von Mechanisierung und Maschinisierung läßt sich das Bild des abenteuerlichen, gefährlich lebenden Mannes nur bewahren, wenn es gelingt, "die Dynamik, die Grundlage der abenteuerlichen Existenz, hineinzutragen in die technisierte Welt, die Maschine gleichsam auf Übertouren zu bringen"[2], um dergestalt die 'Gefahr' ins Leben zurückzuholen. Das Erlebnis der Materialschlachten beweist Jünger zufolge, daß auch die technologisch geprägte Moderne mit Abenteuern aufwarten kann.

Paul Nizan propagiert einen Krieg ganz anderer Natur. Der marxistische Schriftsteller will die Söhne des französischen

1 Walter Hof: Der Weg zum heroischen Realismus. Pessimismus und Nihilismus in der deutschen Literatur von Hamerling bis Benn. Bebenhausen 1974, S. 252.

2 Ebd., S. 251.

Bürgertums zum Frontwechsel bewegen. Anstatt sich wie ihre Väter "bei kleiner Flamme im Dienste anonymer Kapitalien" (AA, 87) zu verzehren, sollten sie dem kapitalistischen System, das auch sie umzubringen droht, den Krieg erklären. Die bürgerliche Gesellschaft erscheint als Feindesland, in dem es von Fallen wimmelt:

> Alles, was um mich herum ist, gehört meinen Feinden. Ich habe nichts, ich erfreue mich an nichts. Überall stoße ich auf die steinernen Beweise ihrer Herrschaft: Kirchen, staatliche Gebäude, Kasernen (...). Es ist Zeit den *homo oeconomicus* zu vernichten, er ist verletzbar wie ein Mensch, der nackt ist. Aber man kann ihn nicht überreden, Er weiß ja nicht, daß er einen zerstört, noch warum er es tut. Das Kapital verlangt einfach, daß er zerstört, er herrscht wie das Gesetz eines Gottes (...). Fliehen nützt nichts. Ich bleibe. Wenn ich mich schlage, wird die Angst weichen. Zur Hälfte bin ich schon gerettet. Jetzt heißt es aufpassen, nichts vergessen. Sie lauern uns in ihren bequemen Löchern auf. (AA, 112-117)

Die revolutionäre Wachsamkeit, die Nizan von sich und seinen Mitstreitern fordert, grenzt an Paranoia:

> Ihr seid allein. Wenn ihr eßt, im Theater, im Kino sitzt, auf dem Bürgersteig geht, mit einer Frau im Bett liegt, dann gebt acht auf Fallen. Das Dekor, in dem ihr lebt, stammt von eurem Feind. Es richtet sich gegen euch. Ihr müßt es zerstören. Vom Aufwachen bis zum Einschlafen (...) lebt ihr unter Feinden (...). Es geht um eine Zerstörung und nicht nur um einen Sieg, bei dem der Feind am Leben bleibt. Es ist ein unerbittlicher Krieg. (AA, 118)

Ihre Auseinandersetzung mit dem Phänomen des Eskapismus verschafft beiden Schriftstellern die Gelegenheit, mit dem verhaßten Antityp des 'Bürgers' abzurechnen, wobei Nizan diesen freilich in erster Linie als gleichsam blinden Funktionsträger, als ökonomische 'Charaktermaske' ins Visier nimmt, während sein deutscher Widerpart das Schwergewicht auf den Umstand legt, daß dem 'Bürger' jedes Verhältnis zum 'Elementaren' abgeht. Obgleich der kommunistische 'Fanatismus' Nizans und die militaristische 'Entschiedenheit' Jüngers einander unversöhnlich gegenüberstehen, scheinen sie doch gewisse Grundannahmen zu teilen: Trotz der augenscheinlichen ideologischen Differenzen gilt der bürgerliche Alltag beiden als 'langweilige', letztlich 'tödliche' Angelegenheit. Beide operieren mit einem emphatischen Begriff von 'Leben' und stellen den 'Untergang' des 'Bürgers' in Aussicht. Im revolutionären Kampf des kommunistischen Militanten und in der abenteuerlichen Existenz des modernen Landsknechts soll das 'Leben' seine Substantialität zurückgewinnen, anstatt sich in sinnlosen Fluchtversuchen abzunutzen.

Die während der Zwischenkriegsjahre verbreitete Krisenstimmung der europäischen Intelligenz findet bei Jünger und Nizan ihren Niederschlag. Angesichts der Obsoletheit 'romantischer' Projektionen, entscheiden sie sich zugunsten zweier Extremismen, die im Faschismus und im Stalinismus eine realpolitische Umsetzung erfuhren, die *so* weder Nizan noch Jünger gewollt hatten. Die verhaßte bürgerliche Ordnung aber, weit davon entfernt unterzugehen, hat beide Systeme überlebt und sorgt weiterhin dafür, daß an Gründen zur Flucht kein Mangel besteht.

Drittes Kapitel

Der Krieg - ein gelungenes Spektakel

When I first met War face to face I brought
no moral judgements with me at all. I have
never been able to regard war - modern war -
as good or bad.
Only supremely stupid. Certainly I understand
that almost all wars are promoted and
directed by knaves, for their unpleasant ends,
at the expence of fools, their cannonfodder.
And certainly knaves are bad men,
very bad men.
But the greatest wickedness of all - if we
must deal in values - is the perpertuation of
foolishness which these carnivals of
mass-murder involve.

(Wyndham Lewis, Blasting and Bombardiering)

Periphere Revolte

Der Dadaist kämpft gegen die Agonie und den Todestaumel dieser Zeit...

(Hugo Ball)

Die Masseneuphorie bei Ausbruch des Ersten Weltkrieges, mehr noch aber der - mit Ausnahme Rußlands - weitgehend 'störungsfreie' Ablauf des sich anschließenden Gemetzels, bedeuteten einen überwältigenden Triumph des Nationalismus, zugleich aber den Kollaps jener sozialistischen Weltanschauung, die sich bis dahin als *die* Alternative zum imperialistischen System ausgegeben hatte. Ihr 'Burgfrieden' mit den staatlichen Gewalten strafte die internationalistische Rhetorik der Arbeiterparteien Lügen und bewies, daß "der Internationalismus sich nicht wie von selbst aus dem Arbeiterleben ergibt."[1] Die Zugehörigkeit der europäischen Proletarier zur gleichen Klasse setzte sich nicht in eine gemeinsame Aktion *gegen* den Krieg um, vielmehr gingen sie wie das Bürgertum ihrer Länder der chauvinistischen Propaganda auf den Leim oder bewiesen doch ihre Bereitschaft, für das Abstraktum 'Nation' ihr Leben zu lassen. Die II. Internationale (!) hatte abgedankt und ein kannibalistisch anmutender Tribalismus beherrschte die europäische Szene. 13 Millionen Tote blieben auf den Schlachtfeldern zurück, weitere Millionen wurden aufs fürchterlichste körperlich wie seelisch verstümmelt, während die internationale Politiker-

1 Cornelius Castoriadis: Sozialismus oder Barbarei. Analysen und Aufrufe zur kulturrevolutionären Veränderung. Berlin 1980, S. 176.

kaste das Ganze als Kreuzzug gegen die Barbarei (der Gegenseite) deklarierte und die Lüge vom Verteidigungscharakter dieses gigantischen Verteilungskampfes von den Völkern bereitwillig geglaubt wurde.[1] Die Zahl derjenigen jedenfalls, die den Krieg ablehnten, ihn gar - wie die darin erfolgreichen Bolschewisten - in einen revolutionären Bürgerkrieg verwandeln wollten, war damit verglichen verschwindend gering. Von vereinzelten - brutal unterdrückten - Meutereien an der Front und kleineren Streikbewegungen im Hinterland abgesehen, bewiesen Zivilbevölkerung wie kämpfende Truppe einen bemerkenswerten 'Durchhaltewillen', der trotz verschärfter Lebensmittelrationierungen und wachsender Leichenberge intakt blieb und nur dort und erst dann in offene Rebellion umschlug, als sich die Niederlage abzeichnete: im Lager der Mittelmächte, deren autokratische Regimes den Krieg denn auch nicht überlebten.
Während Millionen erwachsener Männer auf den Schlachtfeldern Europas verbluteten, sammelte sich in der neutralen Schweiz ein eigenartiges Gemisch aus politischen Emigranten einerseits, Schiebern, Devisenschmugglern und Spionen andererseits. Richard Huelsenbeck (1892-1974) schildert diese Internationale der Kriegsgewinnler drastisch genug:

> In Zürich saßen die internationalen Schieber mit fettem Ranzen und rosigen Backen in den Restaurants, zogen das Messer durchs Maul und schnalzten ein fröhliches Hurra auf das Wohl der Staaten, die sich gegenseitig den Schädel einschlugen.[2]

Ihnen saßen die Kriegsgegner gegenüber - inmitten der "fetten Idylle" (GD, 33) eines Landes, dessen bourgeoise Seku-

1 Vgl. Hans Herzfeld: Der Erste Weltkrieg. München 1985, S. 44.
2 Richard Huelsenbeck: En avant dada. Die Geschichte des Dadaismus. Hamburg 1978 (abgek.: GD), S. 34.

rität in nichts an die Vorgänge jenseits seiner Grenzen erinnerte. Zur Emigration, die sich in Zürich, Genf und Bern massierte, zählten Berufsrevolutionäre wie Lenin und Sinowjew, akademische Außenseiter wie Ernst Bloch und Walter Benjamin, sowie eine ganze Reihe von Schriftstellern und Malern, darunter die bald als Dadaisten bekannt gewordenen Hugo Ball und Richard Huelsenbeck, die Rumänen Tristan Tzara und Marcel Janco, der Karlsbader Walter Serner sowie der Elsässer Jean Arp. Sie alle hatten das Exil gewählt, um sich dem Kriegsdienst, aber auch der forcierten innerstaatlichen Repression zu entziehen, die sie zudem in Gestalt der Zensur ihrer Reproduktionsbasis beraubte.[1]

Wenn auch über die Rolle des Krieges als Voraussetzung des dadaistischen Zusammenschlusses keinerlei Zweifel besteht, so bleibt doch zu fragen, worin genau seine Bedeutung für den Dadaismus bestand und ob es angeht, diesen als "the artistic equivalent of the war"[2] zu apostrophieren, DADA also eng an den geschichtlichen Moment anzubinden, obgleich Hugo Ball (1886-1927) und seine Mitstreiter doch augenscheinlich an die avantgardistischen Anstrengungen der Vorkriegszeit anknüpften (vgl. Kapitel 4). Wie verträgt sich ferner die unterstellte Zeitgebundenheit mit der Tatsache, daß ihre diversen Publikationen und Kabarettprogramme "nur sehr wenige konkrete Hinweise auf die Greuel des

1 Vgl. Corona Hepp: Avantgarde. Moderne Kunst, Kulturkritik und Reformbewegungen nach der Jahrhundertwende. München 1987, S. 150f.

2 Manuell L. Grossman: Dada. Paradox, Mystification, and Ambiguity in European Literature. New York 1971, S. 161.

Krieges"[1] enthielten, das zeitgeschichtliche 'Äquivalent' der Bewegung also von dieser nur selten *unmittelbar* thematisiert wurde? Doch selbst wenn man die Behauptung akzeptiert, der Dadaismus sei "die radikalste Bewegung gegen die Kultur des Ersten Weltkrieges"[2] gewesen, so ist damit noch keineswegs geklärt, warum die dadaistische "Geste" (H. Ball) bis in die jüngste Zeit - im englischen "Punk" etwa[3] - mehr oder weniger bewußte Nachahmer fand, also unter erheblich veränderten zeitgeschichtlichen Umständen. Zunächst ist zu bedenken, daß sich eine ständige explizite Bezugnahme auf den Krieg für die Dadaisten schon deshalb erübrigte, weil dessen überwältigende Gegenwart sich ohnehin jedermann aufdrängte, bildete er doch gleichsam die düstere Kulisse, vor der sich das Züricher Emigrantentreiben, aber eben auch der Alltag der übrigen Zeitgenossen abspielte. Gerade Hugo Balls Tagebuch "Die Flucht aus der Zeit" (1926)[4] veranschaulicht einprägsam, mit welcher Heftigkeit sich "der apokalyptische Umriß des Krieges" (FZ, 60) dem mit Vorstellungskraft Geschlagenen auch ohne unmittelbares Erleben aufdrängte. Balls kurze Notate beschreiben den Krieg als Inferno: "Aus den phantastischen Untergängen lächelt das Gorgohaupt eines maßlosen Schreckens." (FZ, 78) Wenig später, im November 1916, heißt es: "Das Verbrennen der Individuen vor dem schwarzen Hintergrund. Große De-

1 Rudolf E. Kuenzli: Dada gegen den Ersten Weltkrieg. Die Dadaisten in Zürich. In: Dada International. Hrsg. v. W. Paulsen u. H.G. Hermann. Bern/München 1982, S. 91.

2 Ebd., S. 87f.

3 Vgl. Greil Marcus: Lipstick Traces. A Secret History of the Twentieth Century. London 1989, S. 19f.

4 Hugo Ball: Die Flucht aus der Zeit. Luzern 1946 (abgek.: FZ). Das Werk umfaßt neun Jahre einer Entwicklung (1912-1921) in Form von tagebuchartigen Extrakten.

sperationen, Hymnen, Vorhänge aus Feuer und übernatürliche Todesschreie." (FZ, 121) Noch im gleichen Jahr gründete der Verfasser das legendäre "Cabaret Voltaire", die Keimzelle des Züricher Dadaismus (1916-1918). Ein Kabarett 'in der Hölle' also? 'Im Irrenhaus' würde wohl Richard Huelsenbeck geantwortet haben, der den Gruppenkonsens wie folgt beschrieb:

> Wir waren uns darüber einig, daß der Krieg von den einzelnen Regierungen aus den plattesten materialistischen Kabinettsgründen angezettelt worden war (...). Wir hatten alle keinen Sinn für den Mut, der dazu gehört, sich für die Idee einer Nation totschießen zu lassen, die im besten Fall eine Interessengemeinschaft von Fellhändlern und Lederschiebern, im schlechtesten eine kulturelle Vereinigung von Psychopathen ist. (GD, 11)

Die Dadaisten begriffen den Krieg als Massenwahn und große Lektion in Sachen zivilisierte Barbarei, als Bankrott jener selbstgewissen christlich-abendländischen Kultur, deren Gemeingefährlichkeit ihnen jeder weitere Kriegstag von neuem zu bestätigen schien. 'Kultur' und 'Geist', von der allgegenwärtigen Kriegs- und Greuelpropaganda als Zeugen angerufen und begrifflich bis zum Erbrechen ausgereizt, waren endgültig kompromittiert. Ihre anerkannten Repräsentanten jedenfalls hatten nichts gegen die zynische Rationalität jener Warlords einzuwenden, in deren Kalkulationen die Hekatomben von Toten zur bloßen Rechengröße schrumpften, zu 'Menschenmaterial', wie der sich einbürgernde Ausdruck lautete. Der Ablauf des Geschehens, das sich mittlerweile zum "Wirtschaftskrieg auf Leben und Tod" ausgeweitet hatte und "bereits alle Züge des 'totalen Krieges'"[1] aufwies, mithin die Zivilbevölkerung nicht mehr

1 Herzfeld, Der erste Weltkrieg ..., a.a.O., S. 183f.

schonte, belegte den Dadaisten zur Genüge "die Nichtigkeit dessen, was frühere Generationen Humanität genannt" (FZ, 66) und als Privileg europäischer Zivilisation betrachtet hatten. Zugleich aber bewies das allgemeine Völkerschlachten die Naivität eines deterministischen Geschichtsdenkens, dem das 'friedliche Hineinwachsen' in die sozialistische Zukunftsgesellschaft als reine Zeitfrage gegolten hatte. Der Kollaps auch dieser Ideologie war den Dadaisten keineswegs entgangen und trug zu ihrem ausgeprägten Negativismus nur noch mehr bei.

Der alles beherrschende Rhythmus der Zeit hieß 'Mobilmachung' - materiell ebenso wie ideologisch: In diesem mit modernsten Technologien geführten Verschleißkrieg, der in gigantischen Materialschlachten gipfelte, traten ganze Volkswirtschaften gegeneinander an, flankiert von einer Kriegskultur, die im Namen aller nur möglichen Ideale Haß- und Überlegenheitsgefühle predigte. Während die staatliche Zensur mit Kritikern zunehmend rigoroser verfuhr, überschwemmte zugleich eine wahre Sturzflut chauvinistischer Druckereierzeugnisse die imperialistischen Kernländer. Dabei reichte das Spektrum dieses Schrifttums von den flammenden Aufrufen akademischer Autoritäten bis zu den (millionenfachen!) lyrischen Ergüssen patriotisch bewegter Frontsoldaten, deren Produktivität freilich schon nach wenigen Kriegsmonaten spürbar abflaute.[1] Im Wilhelminischen Deutschland waren es in erster Linie "Professoren, Pastoren, Lehrer und Schriftsteller"[2], die das 'sinnstiftende Ereignis' feierten, d.h. die Angehörigen des Bildungsbürgertums, die den Krieg als Chance zur Volksgemeinschaft begriffen, in deren Rahmen sie ihren - ideologisch wie mate-

1 Vgl. Hepp, Avantgarde ..., a.a.O., S. 150.
2 Ebd., S. 149.

riell - bedrohten sozialen Status zu restaurieren hofften, denn Ideologieproduzenten wurden gerade gebraucht.
Die meisten europäischen Intellektuellen erwärmten sich für den Krieg ihrer Staaten, wobei sie noch stets die eigene Nationalkultur ins Treffen führten, deren angebliche Superiorität den Krieg im Nu in einen Kreuzzug verwandelte, in dem für den 'deutschen Geist', den 'westlichen Humanismus', die 'Demokratie', das 'Selbstbestimmungsrecht der Völker' und dergleichen mehr gestritten wurde. Den mehr lebensphilosophisch und ästhetisch gestimmten Geistern schließlich galt Krieg als *das* Instrument moralischer Erneuerung, einer gründlichen Reinigung von Korruption und Dekadenz, wie sie sich in der Vorkriegszeit eingeschlichen hätten. Von Thomas Mann bis Gabriele d'Annunzio, von Scheler bis Bergson gefiel sich die offizielle intellektuelle Elite in diesen und ähnlichen Denkfiguren, während sich die staatlichen Autoritäten der verbliebenen Kritiker mit Hilfe von Zensoren, Zuchthäusern und Himmelfahrtskommandos zu erwehren wußten.
Was tun? DADA, diese kleine Gruppe radikalisierter Künstleremigranten machte seinerseits mobil und beantwortete den kollektiven Wahnsinn, der Europa heimsuchte, mit der clownesken Destruktion dessen, was vom sogenannten abendländischen Kulturgebäude noch übrig geblieben war - so jedenfalls das Selbstverständnis der Gruppe, die sich in eine Art destruktiver Euphorie hineinsteigerte, eine hemmunslose Demontage jenes Kulturgewäschs, an dem man zu ersticken meinte. "Ein undefinierbarer Rausch hat sich aller bemächtigt" (FZ, 72), notierte Ball im Februar 1916 in seinem Tagebuch, selbst noch verwirrt über die eigenartige Dynamik, die sich der Gruppe zu bemächtigen und das leere Zufallswort DADA mit explosiven Inhalt zu füllen begann.

Das dadaistische "Narrenspiel aus dem Nichts" (FZ, 91) verkehrte Bedrohliches in Komisches, Furchtbares in einen fröhlichen Popanz. Angesichts des Bankrotts der Ideen blieb nurmehr "ein Spiel mit den schäbigen Überbleibseln; eine Hinrichtung der posierten Moralität und Fülle." (FZ, 91) Gegenüber einer Kulturpropaganda, die "das Unmögliche möglich zu machen und den Verrat an Leib und Seele der Völker, dies zivilisierte Gemetzel in einen Triumph der europäischen Intelligenz umzulügen" (FZ, 94) versuchte, veranstalteten die Dadaisten einen "Ramschausverkauf der entgötterten Philosophien" (FZ, 92), eine Art Schauprozeß, marginal und machtlos zwar, doch immerhin ... eine Geste:

> Unser Kabarett ist eine Geste. Jedes Wort, das hier gesprochen und gesungen wird, besagt wenigstens das eine, daß es dieser erniedrigenden Zeit nicht gelungen ist, uns Respekt abzunötigen. Was wäre auch respektabel und imponierend an ihr? Ihre Kanonen? Unsere große Trommel übertönt sie. Ihr Idealismus? Er ist längst zum Gelächter geworden, in seiner populären und seiner akademischen Ausgabe. Die grandiosen Schlachtfeste und Heldentaten? Unsere freiwillige Torheit, unsere Begeisterung für Illusion wird sie zuschanden machen. (FZ, 83)

Der dadaistische Aktionismus, der den Klamauk durchaus mit einbegriff, war demnach eine Widerstands-, ja Notwehrhandlung, deren Radikalismus aus dem Extremismus der Umstände erwuchs. Der Internationalismus der Gruppe resultierte aus ihrer entschiedenen Opposition gegen jene staatlichen Zwangsgemeinschaften - "Die Schweiz ist ja auch nur ein Gefängnis" (FZ, 105) -, die unter der Parole der Nation - "kulturelle Vereinigung von Psychopathen" (GD, 11) - zum Sterben aufforderten und die Idee der Nationalkultur zum ideologischen Kampfbegriff umschmiedeten.

Pathogenes Zentrum

> Although in the first world war madness among the troops was most conveniently imputed to the effects of concussion ("shell shock") in the second it was more frankly attributed to fear... The fear of this fear augments as the rank rises: for a colonel to piss his pants under shellfire is much worse than for a private.
>
> (Paul Fussell: Wartime)

Aus der Perspektive des Kriegsfreiwilligen Ernst Jünger nahm sich das Schlachteninferno entschieden anders aus als aus jener der defaitistischen Dadaisten. Voller Verachtung betrachtete der hochdekorierte, gleichsam offiziell beglaubigte Kriegsheld die Emigration als feige Flucht aus einer heroischen "Weltwende" (KE, 1), die mit neuen Werten aufzuwarten wußte, welche im elementaren Erlebnis des Krieges, dieser grandiosen "Wiederentdeckung der Gewalt" (KE, 30), geboren wurden. Hier nämlich, auf leichengedüngten Äckern, in verwanzten Verschlägen und verdreckten Gräben wuchs eine "neue Rasse" (KE, 32), geübt im Umgang mit der modernsten Vernichtungstechnologie und vor nichts zurückschreckend. Den Krieg als Epochenschicksal begreifend, wähnte Jünger sich eins mit dem wahren "Rhythmus des Lebens", während er das Häuflein der Emigranten an die "Peripherie" gedrängt sah, müßige Zuschauer eines "Schauspiels", das ihren Horizont überstieg, schon weil ihnen das Erlebnis abging. Dazu ein Monolog aus Jüngers fragmentarischer Erzählung "Sturm" (1923),[1] in der ein junger Frontoffizier dieses Namens, der unverkennbar Züge des Verfassers trägt, im Beisein zweier befreundeter Jungoffiziere die folgenden Überlegungen anstellt:

> Wir hatten vor dem Kriege doch alle eine Weltanschauung, die irgendwo über das Nationale hinausging (...). Trotzdem war es nicht Zwang, was uns hinter unsere Fahne trieb, als sich die Welt in kämpfenden Verbänden gegeneinander stellte. Du zum Beispiel hättest auf der Rückreise in Genf oder Zürich Halt machen und das Schauspiel aus der Ferne betrachten können, ohne daß sich deine bisherige Lebensform geändert hätte. Wie viele unserer Literaten sitzen in dieser Stunde dort. Aber das ist der große Unterschied zwischen ihnen und uns, daß sie betrachten und schreiben, während wir tätig sind. Sie haben den Anschluß verloren, während in uns der große Rhythmus des Lebens schwingt (...). Auch wir versuchen, unsere Zeit zu überblicken, doch stehen wir im Zentrum, sie an der Peripherie. (STU, 37f.)

Während Jünger oftmals nur jenes aus der übrigen Weltkriegsliteratur bekannte und unschwer nachvollziehbare Ressentiment des Frontsoldaten gegen die Nichtkombattanten variiert (diese hätten vom wirklichen Krieg ja keine Ahnung etc.), gilt seine vergleichsweise zurückhaltende Polemik in der zitierten Passage einer speziellen Gruppe: der literarischen Emigration, die - wie er selbst - die Gegenwart zu deuten suche; ein Anspruch, der seitens der Exilanten zweifellos bestand. Hugo Ball etwa notiert: "So sind unsere Debatten ein brennendes, täglich flagranteres Suchen nach

1 Die Erzählung erschien 1923 in 16 Folgen im "Hannoverschen Kurier". Sie fand keine größere Beachtung. Auch Jüngers Verlag (Mittler&Sohn, Berlin) zeigte sich uninteressiert. Erst 1963 wurde das Prosastück von Jüngers Bibliographen Peter de Coudres wiederentdeckt. Es unterscheidet sich von den anderen Frühschriften durch seinen skeptischen Ton, die fehlende 'Entschiedenheit' auch in der Legitimation des Krieges.

dem spezifischen Rhythmus, nach dem vergrabenen Gesicht dieser Zeit." (FZ, 82) Jünger seinerseits leitet demgegenüber aus dem kriegerischen Erlebnisdefizit dieser "Literaten" den Vorwurf der Ungleichzeitigkeit ab; diese seien gleichsam nur zerebral anwesend, "tätig" im emphatischen Verständnis seien dagegen nur jene, die sich an "klirrende(n) Wiedergeburt des Barbarentums" (KE, 30) beteiligten, sie allein befänden sich im Einklang mit dem "Rhythmus" der Zeit.
Die (positive !) Rede vom "Barbarentum" deutet es bereits an: Jünger begreift den Krieg als "ein uraltes Erlebnis", als "Urnebel psychischer Möglichkeiten" (STU, 27) und "atavistische Springflut" (STU, 18), kurz als großen Vernatürlicher, der den menschlichen Urtrieben zum Durchbruch verhilft und die zivilisatorische Konditionierung aufsprengt, dergestalt den Zugang eröffnend zur archaischen Erbschaft der Gattung, dem "tierische(n) Erbteil" (KE, 8). Der moderne (zugleich aber 'uralte') Krieg figuriert in dieser Vorstellungs- und Erlebnisweise als das 'ganz Andere' einer "späten, an jeden Luxus gewöhnten Kultur" (STU, 18), wie sie die als dekadent bzw. ereignislos empfundene Vorkriegszeit charakterisiert haben soll. Man wird Theweleit zustimmen dürfen, wenn er in dieser Feier der sogenannten Urtriebe ein Reflexionsdefizit ausmacht:

> Gerade das Gesellschaftlichste an ihm, der vom Patriarchalismus/Kapitalismus des 19./20. Jahrhunderts erzeugte Zustand seiner Triebe, erscheint Jünger so als (...) das 'Urmenschliche'. Die Gesellschaft, in der er lebt, tritt ihm als Kultur gegenüber, 'glättend', 'dämpfend' (...). Daß diese Kultur es ist, die ihm auch den 'tierischen' Zustand seiner Triebe beigebracht hat, bleibt ihm verborgen.[1]

1 Theweleit, Männerphantasien, Bd. 2., a.a.O., S. 25

Hugo Balls *moralische Wertung* des Phänomens der Regression ist derjenigen Jüngers diametral entgegengesetzt: ihm ekelt vor den Schlachtfesten. Die unbedachte Rede vom 'Urmenschen' kommt ihm nicht über die Lippen; *daß* jedoch ein Zurückgehen auf primitivere Stufen, wenn nicht der Phylo-, so doch der Ontogenese vorliegt, scheint auch ihm unzweifelhaft zu sein. In diesem Kriege träten "in pathologischer Weise die Triebe und Hintergründe hervor", bemerkt er und fährt mit Blick auf DADA fort: "Da keinerlei Kunst, Politik oder Bekenntnis diesem Dammbruch gewachsen ist, bleibt nur die Blague und die blutige Posse." (FZ, 92) Die "Dammbruch"-Metapher jedenfalls korrespondiert mit dem Jüngerschen Bild von der "atavistischen Springflut", die in die zivilisatorischen Hürden eingebrochen sei.
Die von Ball angesprochene "pathologische" Seite des Krieges findet bei Jünger durchaus Erwähnung, auch wenn dessen angestrengte "heroische Zensur"[1] noch stets sorgsam darüber wacht, daß nur ja nichts allzu Banales, gar Lächerliches die grausig-schönen Schlachtentableaus trübe: Spektakuläre Grausamkeiten jede Menge, ungewollte Darmentleerungen nie. "Anwandlungen von Angst und Panik scheinen dem nacherzählenden Erzähler fremd zu sein"[2], konstatiert Johannes Volmert in seiner Untersuchung der "Stahlgewitter", doch gleiches gilt auch für die anderen Exemplare der "neuen Rasse", die Jüngers Kriegsprosa bei der Arbeit zeigt: "prächtige Raubtiere" sie alle, "Überwinder, Stahlnaturen, eingestellt auf den Kampf in seiner gräßlichsten Form." (KE, 32) Der Autor begnügt sich jedoch nicht mit dem sozialdarwinistischen Allgemeinplatz, Leben sei Kampf,

1 Vgl. Kittsteiner/Lethen, Überlegungen a.a.O., S. 36.
2 Johannes Volmert: Ernst Jünger: "In Stahlgewittern". München 1985, S. 50.

vielmehr singt er das Hohe "Lied vom Leben, das sich selbst verschlingt" - seine Welterfahrung gipfelt in der Erkenntnis: "Leben heißt töten." (KE, 38) Da der Soldat der einzig wahre Mensch ist, heißt richtiges Leben zugleich Morden. Die anfallenden Opfer zu beklagen, fällt ihm nicht ein: "Instead, Jünger parades his belief in Man's 'elementary' instinct to kill other men."[1] Nichts aber wäre zur Illustrierung dieses perversen Glaubenssatzes geeigneter als jene für den Alltag des Stellungskrieges so untypischen Stoßtruppunternehmen, mit denen man stets wieder vergeblich versuchte, die Dominanz des Feuers über die Bewegung zu brechen.[2] In diesen extrem verlustreichen Sturmläufen nämlich bekam man den Feind tatsächlich zu Gesicht, konnte ihm eigenhändig das Bajonett in die Eingeweide treiben, anstatt sich, wie gewöhnlich, gleichsam blind mit einem Geschoßhagel einzudecken. Der Stoßtruppführer Jünger schätzt diese Form soldatischer Tätigkeit um ihrer psychophysischen Intensität willen, die sich dabei austobende Verrohtheit preist er als Ausdruck einer "im tiefsten verwandelte(n) Sittlichkeit" (STU, 27). Der direkte "Zusammenprall" mit dem Feind erscheint ihm deshalb als "Gipfelpunkt des modernen Kampfes", weil solch "mörderische Augenblicke" die "chaotische Leere" (ST, 27), d.h. tödliche Monotonie des Stellungskrieges unterbrächen.

Selbst Kritiker des Autors bescheinigen ihm, seine Nahkampfschilderungen seien im Genre der Kriegserzählung unübertroffen: "In so far as single and isolated warsituations

1 Bruce Chatwin: Ernst Jünger: An Aesthete at War. In: ders.: What Am I Doing Here? London 1989, S. 301.

2 Vgl. Liebchen, Jünger, a.a.O., S. 1588ff., die darauf hinweist, daß die von Jünger zelebrierten Nahkampfszenen nach Ansicht von 'Fachleuten' im Leben der Weltkriegsinfanteristen die Ausnahme waren.

are concerned Jünger's war books are unrivalled"[1] bemerkt etwa der Germanist J.P. Stern, freilich nicht ohne die "defective sensibility" Jüngers zu beklagen, die sich in der "abstract cruelty"[2] seines nacherlebenden Erzählens dokumentiere. Leider unterläßt der Interpret den Hinweis darauf, daß auch unzählige andere Kriegsteilnehmer ähnliche Beschädigungen und emotionale Defekte mit nach Hause brachten, auch wenn sie nicht über Jahre hinweg die "psychische Auf- und Weiterverarbeitung dieses Teils (...) (ihrer) Lebensgeschichte" betrieben, wie dies Ernst Jünger über lange Jahre hinweg praktizierte, ja zum "eigentliche(n) Schlachtfeld seines literarischen Ruhms"[3] machte.

Wie es um die Rückwirkungen des Krieges auf Sinnlichkeit und Sittlichkeit der Beteiligten bestellt war, wird nirgendwo bei Jünger so anschaulich wie in den "Orgien der Wut" (KE, 29) und "Orgie(n) der Vernichtung" (ST, 114), als welche er die Sturmläufe beschreibt, in denen sich die in Entbehrungen aufgestaute, angesichts der fallenden Kameraden noch weiter angeheizte Wut, bis zur Tobsucht gesteigert, mörderisch Luft verschaffte: "Alle Wärme wurde verschlungen von lauernder Unerbittlichkeit rundum." (KE, 13) Hier war "keiner mehr bei klarem Verstande" (ST, 227), vielmehr griff eine "furchtbare Nervenerregung" (ST, 220) unter den Soldaten um sich. Inmitten dieser "Raserei optischer und akustischer Effekte" (ST, 125), in die sich das Schlachtfeld verwandelte, wurden sie selbst "rasend und unberechenbar", angetrieben von "Blutdurst, Wut und Alkoholgenuß", näherte

1 J.P. Stern: The Embattled Style: Ernst Jünger. "In Stahlgewittern". In: The First World War in Ficiton. A Collection of Critical Essays. Ed. by Holger Klein. London 1978, S. 117f.

2 Ebd. S. 118.

3 Volmert, "In Stahlgewittern"..., a.a.O., S. 29.

man sich den feindlichen Linien, und "der übermächtige Wunsch zu töten, beflügelte (...) (die) Schritte." (ST, 227) Szenen wie diese sind bei Jünger Legion. Ungeschminkt beschreiben die frühen Texte die "irrsinnige Wut", die sich der Soldaten während jener Sturm-, besser wohl Amokläufe bemächtigte, angetrieben von einem entfesselten "Vernichtungstrieb" (ST, 229), der sie gegen den Verlust des eigenen Lebens gleichgültig machte. Die schwelgerische Identifikation des voyeuristischen Erzählers mit dem Geschehen steht dabei keinen Augenblick in Zweifel.
Die Vernichtung des Gegners ist Aufgabe des Soldaten und Sinn der ganzen Veranstaltung. Wo dergestalt der Mord zur Voraussetzung des eigenen Überlebens wird, sind die zivilen Standards der Gesellschaft außer Kraft gesetzt. In seiner Schrift "Zeitgemäßes über Krieg und Tod" (1915)[1] bemerkt Sigmund Freud zum Charakter dieser kollektiven Regression:

> Daß die menschlichen Großindividuen, die Völker und Staaten, die sittlichen Beschränkungen gegeneinander fallenließen, wurden ihnen zur begreiflichen Anregung, sich für eine Weile dem bestehenden Drucke der Kultur zu entziehen und ihren zurückgehaltenen Trieben vorübergehend Befriedigung zu gönnen. Dabei geschah ihrer relativen Sittlichkeit innerhalb ihres Volkstums wahrscheinlich kein Abbruch. (Freud IX, 44f.)

Freud sollte sich gründlich getäuscht haben. Viele der heimkehrenden Soldaten waren weder bereit noch wirklich in der Lage, zu den zivilen Standards zurückzukehren bzw. die militärischen Sitten abzulegen - ein Phänomen, das sich noch heute bei den Vietnam- oder Afghanistanveteranen beobach-

1 Sigmund Freud: Zeitgemäßes über Krieg und Tod. In: Studienausgabe Band IX, Frankfurt 1982, S. 33-60.

ten läßt. Diese, wie Ball sie polemisch beschrieb, "Kindsköpfe und seit vier Jahren hochgezüchteten Kriegsrekordschläger, die sich einbilden, nicht geschlagen zu sein, weil sie noch auf zwei Beinen gehen können" (ZK, 234),[1] dachten gar nicht daran, ihre Waffen niederzulegen. Stattdessen begann man sich in sogenannten Wehrverbänden zusammenzutun - man denke an die deutschen 'Freikorps' und die italienischen 'Arditi' -, deren terroristische Praxis einer Fortsetzung des Krieges unter zivilen Bedingungen gleichkam. Der Krieg, so Ball damals, habe "die Soldateska verwildert zurück(gebracht)", und er setzte hinzu, man werde wohl "in kurzer Zeit wieder Heere aufstellen". (ZK, 268) Tatsächlich nahm in diesen Verbänden jene Bewegung ihren Anfang, die schließlich den Zweiten Weltkrieg entfesseln sollte:

> Der Faschismus war unmittelbar aus dem Krieg geboren und in seiner frühesten Erscheinungsform nichts anderes als eine Vereinigung von Kriegsteilnehmern zur Verteidigung des Sinnes *dieses* Krieges gegen eine weitverbreitete Verneinung.[2]

Nirgends aber stellte sich die Frage nach dem Sinn der 'Blutopfer' mehr als im geschlagenen Deutschland, das sich schwertat, sein Debakel einzugestehen und deshalb in weiten Kreisen zur Lüge vom 'Dolchstoß' seine Zuflucht nahm: "Für Deutschland war die Niederlage untragbar, weil sie sinnlos war wie der Krieg und weil sie sinnlos blieb."[3] Nichts lag für die heimkehrende Soldateska näher, als das

1 Hugo Ball: Der Künstler und die Zeitkrankheit. Ausgewählte Schriften. Hrsg. v. H.B. Schlichting. Frankfurt 1984 (abgek.: ZK).

2 Ernst Nolte: Die faschistischen Bewegungen. Die Krise des liberalen Systems und die Entwicklung der Faschismen. München 1984, S. 64.

3 Helmuth Plessner: Die verspätete Nation. Über die politische Verführbarkeit bürgerlichen Geistes. Frankfurt 1974, S. 36.

internalisierte Freund-Feind-Schema auf die eigene Gesellschaft zu übertragen und dem innenpolitischen Gegner in gewohnter militärischer Manier den Garaus zu machen. "Der ungeheure Vernichtungswille, der über der Walstatt lastete, konzentrierte sich in den Hirnen" (ST, 228) hatte Jünger in seinen "Stahlgewittern" geschrieben; nun wollte er nicht mehr aus den Hirnen weichen und tobte sich im 'Weißen Terror', später im braunen, aus.

Spektakel

Wenn die ganze Welt verkehrt ist und es für Irrsinn gilt, zu fragen, weshalb man ermordet werden soll, ist es klar, daß man leicht für einen Irrsinnigen gehalten werden kann.

(L.-F. Céline: Reise ans Ende der Nacht)

In seiner nihilistischen Revue der entleerten Werte, dem Manifest "Letzte Lockerung" (1918),[1] einer rigorosen Abrechnung mit den damals in der europäischen Intelligenz gängigen Ideologien, kommt der Dadaist Walter Serner

1 Walter Serner: Letzte Lockerung. manifest dada. Hannover-Wien-Leipzig-Zürich, o.J. (abgek.: LL). Die Kriegs-Passage des Manifestes stellt eine veränderte Fassung des 1915 in "Der Mistral. Zeitschrift für Literatur und Kunst. Zürich" veröffentlichten Aufsatzes "Die Langeweile und der Krieg" dar. Serner war Herausgeber der Zeitschrift. Der Aufsatz findet sich in: Walter Serner: Hirngeschwuer. Texte und Materialien. Walter Serner und Dada. Hrsg. v. Thomas Milch, Erlangen 1977, S. 14-16.

(1889-1942) auch auf den Krieg zu sprechen, nicht ohne zuvor jene Untiefen ausgelotet zu haben, die dem Begriff des Verbrechens in der bürgerlichen Gesellschaft eignen. Deren Dialektik nämlich will es, daß die politische Gewalt, der Staat, dem Untertanenkollektiv im Kriegsfalle befiehlt, was er dem Individuum bei Strafe untersagt: Raub und Mord. "Er sperrt", nach Serners Worten, "den Dieb ein und köpft den Mörder, da es nicht durchführbar ist, sporadisch zu gestatten, worauf en masse der ganze Schwindel angelegt ist." (LL, 12) Serner pointiert somit den auch von Sigmund Freud konstatierten Sachverhalt, daß "der Staat dem Einzelnen den Gebrauch des Unrechts untersagt hat, nicht weil er es abschaffen will, sondern weil er es monopolisieren will wie Salz und Tabak." (Freud IX, 39) Denn daß moderne Kriege überhaupt veranstaltet werden können, verdankt sich dem staatlichen Gewaltmonopol und ist zugleich dessen deutlichste Bestätigung. Die staatliche Ordnungsmacht erzwingt die Teilnahme ihrer Bürger, während sie abweichende Ansichten verfolgt: "Der Staat fordert das Äußerste an Gehorsam und Aufopferung von seinen Bürgern, entmündigt aber dabei durch ein Übermaß von Verheimlichung und eine Zensur der Meinungsäußerung." (Freud IX, 39)

Der Pessimist Serner freilich begnügt sich nicht mit dem Hinweis auf den Zwangscharakter des Krieges, welcher zu der komfortablen Ansicht verleiten könnte, die Einzelnen täten eben nicht aus freien Stücken mit, sondern beugten sich nur ohnmächtig den staatlichen Gewalten. Walter Serner denunziert vielmehr die Opfer zugleich als Täter, als willige Mitspieler in einem Spektakel, bei dem sie selbst materiell rein gar nichts zu gewinnen haben. Der Krieg offenbart sich aus dieser Perspektive als ein gut organisierter

Schwindel, der mit Wissen aller Beteiligten über die Bühne geht, gleichgültig, ob diese nun Regisseure, Akteure oder Profiteure des Massenschlachtens sind, wobei die zynische Pointe von Serners Ausführungen darin besteht, daß er als eigentlichen Auslöser des Krieges "die Langeweile" benennt:

> Aber das nicht zu bannende Gespenst der Langeweile steilt weiß hinter allem und fängt sich endlich mit einem Griff die ganze Bande: der Staatsmann klingelt, der Vorhang geht auf (...)
> 17° Krieg! C'est la guerre! Nur hereinspaziert, meine Herrschaften! Nur hereinspaziert! (...) Die Leute rennen durcheinander, verwirrt, erschreckt, entsetzt. Wo ist ein Halt? Ein Punkt? Ein Sinn? (...) Sie wissen eben nicht, die lieben Leute, wozu sie da sind, was war und werden soll und selbst die unterstellte Überlegung, daß sie dem Privattreiben einzelner höchster Gauner dienen, vermöchte daran nichts zu ändern; auch nicht das Wissen darum, daß die Regisseure ihres Schlachtfeldtodes dieses Schauspiel lediglich inszenieren, weil auch sie sich langweilen. Die Mehrzahl wird nicht deshalb Schießer, weil sie die Aufmachung nicht durchschaut, sondern weil sie sie als (hoho!) - Sensation benützt. Zudem ist das Arrangement gut. Die Journale schreien hurrah und telephonieren mit den Ministerien wegen der Motivierungsphraseologie. Musik wankt herauf und ersäuft jede Änderung. Großartige Reden werden auskalkuliert, historisch wertvoll gefeilt und in die bereits besoffene Menge geträufelt, Hochämter inseriert und der liebe Gott wird persönlich bemüht, das Schlachten zu protegieren. Und alsbald nach dieser vorzüglichen Reklame platzen die ersten Granaten. Der Bursche in der Loge hat sein Spektakel, die Bevölkerung einen blutigen Zeitvertreib und der stramme Tod, der einzig wirkliche Erfolgreiche, knickst vor der Langeweile, die nach dem ersten Akt Zuschauer und Akteure unweigerlich wieder befällt (...) (LL, 13f.)

Serners irritierende Version der Ereignisse kollidiert mit deren konventioneller Sichtweise, sei diese nun 'linker' oder 'rechter' Provenienz. Wohl deshalb meint ein literaturwissenschaftliches Autorenkollektiv Serner den Vorwurf machen zu müssen, er ästhetisiere den Krieg und verharmlose ihn dergestalt, seinem "Manifest dada" fehle "bei der Beschreibung der kriegführenden (...) Umwelt gänzlich eine sachlich-rationale Begrifflichkeit",[1] weswegen es denn auch zu deren "rationaler Erklärung (...) nichts zu leisten" vermöge; kurzum, das Ganze sei nichts weiter als eine "billige Version von Nihilismus", deren Verfasser "überhaupt zu einer klärenden Darstellung politischer Sachverhalte unfähig" und - so argwöhnt das Kollektiv - wohl "auch nicht willens"[2] sei.

Die Borniertheit der zitierten Kritik ist vielschichtig: Zunächst unterstellt sie eine sachlich-rationale Begrifflichkeit als die einzige dem Gegenstand Krieg angemessene Schreibweise und suggeriert damit, daß sich jenem nur wissenschaftlich genähert werden durfe. Da das Autorenkollektiv den Text vergeblich nach jenen objektiv-abstrakten Wahrheiten absucht, die ihm als allein verbindlich gelten, gelangt es zu dem - angesichts seiner Prämisse - konsequenten Fehlschluß, daß sich die inhaltliche Auseinandersetzung mit Serners Kriegsdarstellung erübrige. Völlig immun gegen den Schwarzen Humor des Manifests, überprüfen sie dieses auf seinen 'seriösen' Gehalt, um es sodann ad acta legen zu können, wobei das Etikett 'billiger Nihilismus' als griffige Formel herhalten muß. (Man geht wohl kaum fehl anzunehmen, daß dem Kollektiv jeder Nihilismus als billig gilt.) Die Kritiker hätten gut daran getan, sich Serners Ausführungen ein wenig genauer anzusehen, denn dann wäre ihnen aufgefallen, daß dessen geschliffene Zynismen mit Erfahrung gesättigt sind.

1 Richard Meyer u.a.: DADA in Zürich und Berlin 1916-1920. Literatur zwischen Revolution und Reaktion. Kronberg/Ts. 1973, S. 133.

2 Ebd., S. 132.

Mag es auf den ersten Blick auch bizarr, ja abgeschmackt erscheinen, wenn Serner den Krieg als ein Produkt menschlicher Langeweile, also innerer Leere ausgibt, so belehrt ein Blick auf den vielfältig dokumentierten Zeitgeist im Vorkriegseuropa, daß sich damals tatsächlich in Kreisen des Bürgertums eine Stimmung ausbreitete, die die Banalität und Langeweile eines als allzu reglementiert empfundenen Alltagslebens beklagte und auf eine wie immer auch geartete 'reinigende' Katastrophe hoffte. Die intellektuelle Jugend zumal verwünschte die Sicherheit des Friedens und wurde zunehmend von einem "Gemütszustand" beherrscht, "in dem die regressive Sehnsucht nach Erlösung vom Bewußtsein, von der Besonderung, von der Rationalität der sozialen Rollenexistenz ebenso (wuchs) wie das Verlangen nach erhöhtem Ichgefühl, starken Erregungen."[1] Schon Jahre vor seinem Ausbruch fieberte man in bestimmten Milieus dem Kriege entgegen:

> In Deutschland 'schrien' Neuromantiker wie Frühexpressionisten, Intellektuelle der gegensätzlichsten Richtungen und Bohemiens der verschiedensten Kreise nach einem imaginären Krieg, der den bürgerlichen Alltag zerstören sollte.[2]

Solche Kriegsbejahung war zumeist

> durchaus unpolitischen Ursprungs, Ausdruck jugendlichen Ausbruchsverlangens (in einem Milieu ohne Abenteuer und Heroismus), romantisch-ästhetischen (...) Widerwillens gegen das wilhelminische Juste-Milieu;

1 Helmut Kreuzer: Die Boheme. Analyse und Dokumentation der intellektuellen Subkultur vom 19. Jahrhundert bis zur Gegenwart. Stuttgart 1971, S. 341.

2 Ebd., S. 342.

man erhoffte sich vom Kriege eine Befreiung von der "'Krankheit' der reflektierten Langeweile."[1] Als es dann endlich soweit war, entschloß sich denn auch nur eine verschwindend kleine Minderheit zur Emigration, während sich die Mehrheit der Intellektuellen nach Serners sarkastischem, aber zutreffendem Befund in Sachen "Motivierungs-Phraseologie" zu schaffen machte; andere widmeten sich dem "blutigen Zeitvertreib" und zogen als "Schießer ins Feld"; "die Mehrzahl (...) nicht deshalb (...) weil sie die Aufmachung nicht durchschaut(e), sondern weil sie sie als (...) Sensation benützt(e)." (LL, 13)
Die Politikwissenschaftlerin Hannah Arendt stützt Serners polemischen Befund, wenn sie mit Blick auf die "Elite (sic!) der Frontgeneration" ausführt, diese habe "der bürgerlichen Welt und der Langeweile der in ihr möglichen Karrieren zu entkommen" versucht und den Krieg daher enthusiastisch begrüßt, ohne doch der "Aufmachung" (LL, 13), d.h. den offiziellen Parolen allzuviel Glauben zu schenken:

> Es waren nicht nur Hitler und die Gescheiterten, die 'Gott auf den Knien dankten', als der Erste Weltkrieg ausbrach. Sie brauchten sich nicht einmal vorzuwerfen, einer chauvinistischen Propaganda über den Verteidigungscharakter des Krieges leichtgläubig auf den Leim gegangen zu sein. Die Elite zog 1914 in der jubelnden Hoffnung in den Krieg, daß die ganze Welt und Zivilisation, wie sie sie gekannt hatte, in 'Stahlgewittern' (Ernst Jünger) untergehen werde, und ihre Gedichte galten, wie Thomas Mann als erster bemerkte, nicht den Siegen ihrer Vaterländer, sondern dem Krieg, dem 'Reiniger' und 'Erlöser' als solchem.[2]

1 Ebd., S. 343.

2 Hannah Arendt: Elemente und Ursprünge totalitärer Herrschaft. Bd. 3: Totale Herrschaft. Frankfurt 1975, S. 64.

Der Sernersche Pessimismus sieht sich durch die zeitgeschichtlichen Vorgänge bestätigt, ja rührt erst von diesen her.[1] Wie die Philosophie Arthur Schopenhauers, der die "Letzte Lockerung" ohnehin einiges verdankt,[2] beharrt er auf der "Sinnlosigkeit geschichtlicher Anstrengung"[3] und identifiziert die menschliche Gemeinheit als Triebkraft allerersten Ranges. Doch ist dies kein Pessimismus, der sich zur Apologie der Repression eignete oder sich gar im Entsetzen ästhetisch einzurichten wüßte, wie dies bei Jünger der Fall ist. Dieser 'billige Nihilismus' pflegt die Tugend des Zweifels und will sich bei *keinem* Wahn beruhigen, auch dem 'aufgeklärtesten' nicht. Mit bösartiger Schärfe legt er die Nachtseite der modernen Psyche und die der Gesellschaft offen, wobei er - in welch zynischer Verkleidung auch immer - um Material nicht verlegen ist. Das gilt auch

1 Vgl. Thomas Milch: Walter Serner. In: Das Tempo dieser Zeit ist keine Kleinigkeit. Zur Literarur um 1918. Hrsg. v. J. Drews. München 1981, S. 61-73.

2 Das betrifft gewisse Denkfiguren ebenso wie einzelne Formulierungen. Eine kurze Gegenüberstellung mag letzteres belegen: Schopenhauer: "Jedoch ist es für ein denkendes Wesen eine mißliche Lage, auf eine jener zahllosen im grenzenlosen Raum frei schwebenden Kugeln zu stehen, ohne zu wissen woher noch wozu, und nur eines zu sein von unzählbaren ähnlichen Wesen, die sich drängen, treiben, quälen, rastlos und schnell entstehend und vergehend, in anfangs- und endlose Zeit." (Die Welt als Wille und Vorstellung II, Leipzig o.J., S. 1)
Serner: "Was dürfte das erste Gehirn, das auf den Globus geriet, getan haben? Wahrscheinlich staunte es über seine Anwesenheit." (LL, 3) "Die Leute rennen durcheinander, verwirrt, erschreckt, entsetzt. Wo ist ein Halt? Ein Punkt? Ein Zweck? Ein Sinn? (...) Sie wissen eben nicht, die lieben Leute, wozu sie eigentlich da sind, was war und werden soll." (LL, 13)

3 Max Horkheimer: Schopenhauer und die Gesellschaft. In: M. Horkheimer/Th.W. Adorno: Sociologica II. Reden und Vorträge, Frankfurt/M. 1962, S. 116.

für seine 'Version' jener Masseneuphorie, die die Europäer bei Kriegsausbruch heimsuchte. Ein Geschichtswissenschaftler etwa bemerkt zu den Vorgängen, die Völker seien damals in dies 'Armageddon' "in einem an ekstatische Erregung grenzenden Zustand eingetreten", der "so sehr zu den grundlegenden Tatsachen dieses Wendepunktes der Geschichte" gehöre, daß "ohne das Verständnis dieser Welle von Enthusiasmus und Opferbereitschaft das geschichtliche Wesen der Katastrophe schlechthin unbegreiflich"[1] sei. Der Sernersche Nihilismus ist der radikale Protest gegen solche kollektive Regression, wie sie im Jüngerschen Frühwerk ihre ideologische Rechtfertigung und ästhetische Überhöhung erfahren hat. Serners Zynismen stellen eine Verarbeitungsform dar; verarbeitet wird das traumatisierende Erlebnis eines umfassenden Wertezerfalls, wie er sich im Kriege nur mit letzter Deutlichkeit manifestiert hatte. Serners Zynismus reagiert auf den heillosen Zustand einer Welt, die vom Inferno kaum noch unterscheidbar ist. Dieser bekehrte Dadaist ist ein verzweifelter Aufklärer, der angesichts der "Unmöglichkeit, aus der Vernunft ein grundsätzliches Argument gegen den Mord vorzubringen" (Adorno/Horkheimer)[2], d.h. aber aus intellektueller Aufrichtigkeit heraus, zum Nihilismus überläuft. Dabei verrät er stets wieder jene "Freude noch an den fraglichsten Formen der Fronde" (FZ, 92), die nach Hugo Balls Worten den Dadaisten auszeichnet.
"Das Grauen dieser Zeit, der paralysierende Hintergrund der Dinge" (FZ, 91) war sichtbar geworden und Serner & Co. setzten sich, so gut es ging, zur Wehr. Der finstere Humor

1 Herzfeld, Der Erste Weltkrieg ..., a.a.O., S. 45.
2 Horkheimer/Adorno, Dialektik ..., a.a.O., S. 127.

der "Letzten Lockerung" funktioniert als Mittel zur Selbstbehauptung und Schmerzersparnis. Erinnert sei in diesem Zusammenhang an eine Bemerkung Freuds, die Breton in seiner "Anthologie des Schwarzen Humors" zitiert, und in der es heißt, das "Großartige und Erhebende" des Humors liege

> offenbar im Triumph des Narzißmus, in der siegreich behaupteten Unverletzlichkeit des Ichs. Das Ich verweigert es, sich durch die Veranlassungen aus der Realität kränken, zum Leiden nötigen zu lassen, es beharrt dabei, daß ihm die Traumen der Außenwelt nicht nahe gehen können, ja es zeigt, daß sie ihm nur Anlässe zum Lustgewinn sind.[1]

Angesichts der gigantischen, todtraurigen Farce, als welche Serner den Krieg auffaßt, wirft er alle konventionelle Begrifflichkeit über Bord. Respektlos spricht er von "jener Pleite, die da jüngst Mitteleuropa das Antlitz deformierte" (LL, 11), ein Entsetzen überspielend, das in seiner früheren Prosa immerhin noch anklang. Noch 1915/16 hatte der promovierte Jurist sich folgendermaßen geäußert:

> Der fürchterlichste Beweis für die Antimoralität der Strafrechts ist der Krieg. Einige wollen noch mehr Geld und Millionen werden auf Befehl derer, die das Strafrecht zum Schutze der Lebenden vor dem Mörder schufen, gemordet; die es in Wahrheit nur schufen, damit die, welche gemordet werden sollen, um Kapitalinteressen zu unterstützen, nicht aus anderen Gründen gemordet werden.[2]

Die schnoddrig wirkenden, gleichwohl höchst elaborierten Formulierungen der "Letzten Lockerung" (1918) signalisieren

1 Sigmund Freud, zit. nach André Breton: Anthologie des Schwarzen Humors. München 1972, S. 18.
2 Serner, Hirngeschwuer ..., a.a.O., S. 23.

demgegenüber eine Radikalisierung.[1] Der frühere Hinweis auf die "Antimoralität" des Krieges unterbleibt nun ebenso wie der auf jene handfesten "Kapitalinteressen", die dabei mit im Spiel sind; stattdessen spricht Serner von einem "Schwindel", der "dem Privattreiben einzelner höchster Gauner" (LL, 13) diene, ganz so als ob es sich um eine Episode aus dem Verbrechermilieu handelte. Das von Ernst Jünger stets wieder beschworene "Schauspiel" des Krieges präsentiert der Karlsbader Dadaist als Vorstellung in einem Schmierentheater: "der Staatsmann klingelt, der Vorhang geht auf (...) Nur hereinspaziert, meine Herrschaften! Nur hereinspaziert!" (LL, 13) Da keine moralische Instanz existiert, an die noch zu appellieren wäre, adaptiert der Autor eine immoralistische, bewußt provokative Sprechweise, die von jeglicher humanistischen Phraseologie gereinigt ist. Serners Pessimismus, sein argwöhnisches Bewußtsein gilt der menschlichen Gattung und deren Fähigkeit, zu einer vernünftigen Regelung ihrer Angelegenheiten zu gelangen. Die betrogenen Massen sind ihm zufolge nicht nur Opfer, sie betätigen sich vielmehr zugleich als Agenten ihrer eigenen Unterdrückung. Es gehe daher auch nicht länger an, "von Tyrannei zu plaudern" (LL, 10), wo doch die Herrschaft in die Massen selbst eingewandert sei, diese der Manipulation gar nicht mehr notwendig bedürften, sondern freiwillig mittäten - wider ihre eigentlichen Interessen. Selbst das, was man Revolution genannt habe, sei bislang nichts als "die sehnsüchtige Empörung nach einer geliebteren Faust (eromasoch)" (LL, 10) und somit selbst noch Ausdruck eines knechtischen Bewußtseins gewesen. Serners zynischer Ratschlag an die Mitwelt lautet denn auch, es sei "gegenwärtig in jeder Hinsicht empfehlenswert, auszusterben." (LL, 29)

1 Vgl. T. Milch, Walter Serner..., a.a.O., S. 63f.

Gelegentliche Ernüchterung

Sachliches in die Rippen!
Sehr Sachliches !!! ...

(W. Serner: Letzte Lockerung)

Die Kriegseuphorie von 1914 hielt nicht allzu lange vor, schon gar nicht an der Front selbst, die rasch in der mörderischen Routine des Stellungskrieges erstarrte. Während in Teilen der Mannschaft die Begeisterung bald verflog, man wieder 'materialistisch' wurde, es an 'Draufgängertum' mangeln ließ und über die Verpflegung fluchte, blieb Ernst Jüngers Kriegsbejahung ungebrochen, allerdings nicht ohne eine signifikante Veränderung durchlaufen zu haben. Die Urlaubsstimmung der Augusttage, die den Krieg als großes Abenteuer begrüßt hatte, wich bei ihm einer sich als heroisch verstehenden Haltung, die die Entbehrungen des Kriegsalltags willig auf sich nahm, um sich an den 'blutigen Festen' des Nahkampfes schadlos zu halten: "Da entschädigte sich der wahre Mensch in rauschender Orgie für alles Versäumte." (KE, 3)
Der Krieg, diese verordnete Regression, findet Jüngers ungeteilte Zustimmung schon wegen der Intensität der psychophysischen Entladungen, die das Massenschlachten abwirft. Seine Apologetik findet ihre entscheidende emotionale

Stütze in der paradoxen, gleichwohl authentischen Empfindung eines gesteigerten Lebens angesichts allgegenwärtiger Todesnähe. Die unablässige Feier des Krieges als eines "Leben(s) im Katarakt" (KE, 50) hindert ihn jedoch nicht daran, gelegentlich höchst ernüchternde Beobachtungen zu machen. So konstatiert er beispielsweise die vorangetriebene Entsubjektivierung, "die Sklavenhalterei des modernen Staates" (STU, 16), die Verwandlung des Menschen in bloßes *Material* außerhalb ihrer liegender Zwecke, die schwindende Bedeutung des Einzelnen, dessen "Funktionen" analog zu denen des Fabrikarbeiters "immer rücksichtsloser auf die einer spezialisierten Zelle beschränkt" (STU, 15) würden und ihn zum Anhängsel des kriegstechnischen Ensembles degradierten - war es doch zunehmend die technische Apparatur, welche das Erscheinungsbild des Krieges prägte:

> Eines hebt sich indes immer klarer aus der Flut der Erscheinungen: Die überragende Bedeutung der Materie. Der Krieg gipfelte in der Materialschlacht; Maschinen, Eisen und Sprengstoff waren seine Faktoren. Selbst der Mensch wurde als Material gewertet. (ST, VII)

Nur selten artikuliert Jünger sein Unbehagen über die Bedeutungslosigkeit des Einzelnen inmitten der kriegerischen Landschaft, da dies mit dem von ihm andernorts vermittelten Bild souverän agierender "Stahlnaturen" (KE, 32) kollidieren würde. Bisweilen jedoch tritt der herrische Gestus zurück, und Jünger gestattet seinen Helden Regungen der Niedergeschlagenheit angesichts

> diese(r) taumelnde(n) Bewegung durch Zeit und Raum, die jeden Augenblick in die Vernichtung versinken konnte. Dieses Gefühl, Werte zu bergen und doch nicht mehr zu sein als eine Ameise, die der achtlose Tritt eines Riesen am Straßenrande zertrat. (STU, 45)

An Stellen wie dieser spricht sich das objektiv begründete Gefühl des Ausgeliefertseins offen aus - es ist die Ohnmacht des Individuums in einer Lage, in der das Überleben zu einer Frage der Statistik wird.
Bei der überragenden Rolle der technischen Destruktivkräfte und der strengen Hierarchie innerhalb der Armee, konnte zudem von einem freien, abenteuerlichen und naturnahen Dasein - wie von vielen erträumt - ebensowenig die Rede sein wie von einer Aufhebung der gesellschaftlichen Klassenteilung, wie sie die Phrase von der 'Frontgemeinschaft' suggerierte:

> Heute standen sich in dem gehirnpotenzierten Kriegsakademiker und dem als Ersatzreservisten eingezogenen Fabrikarbeiter zwei Welten gegenüber. Schon der schnell beförderte Student und der Mann des Volkes standen sich sehr fern. (STU, 28)

Die massenhafte Sehnsucht nach freiem Aufatmen und Einsatz der *ganzen* Person mußte unter solchen Umständen enttäuscht werden. Wenngleich modifiziert, reproduzierte der Kriegsapparat nur die Bestimmungen der kapitalistischen Arbeitsteilung; das gilt auch für die Tendenz zur "universalen Bürokratisierung"[1], die Max Weber als eines der Charakteristika kapitalistischer Modernisierung begriffen wissen wollte:

> Auch das moderne Massenheer ist ein bürokratisches Heer, der Offizier eine Sonderkategorie des Beamten im Gegensatz zum Ritter, Condottiere, Häuptling oder homerischen Helden.[2]

1 Max Weber: Parlament und Regierung im neugeordneten Deutschland, I-III (1917/18). In: ders., Rationalisierung und entzauberte Welt. Schriften zu Geschichte und Soziologie. Leipzig 1989, S. 281.
2 Ebd., S. 269.

Vor derartigen Einsichten schreckt Jünger zurück, denn, obwohl er gelegentlich nicht umhinkommt, die forcierte Entsubjektivierung der Soldaten zur Kenntnis zu nehmen, propagiert er gewöhnlich jene heroische Weltauffassung, deren aggressiver Idealismus von solchen Fakten nichts wissen will. Jüngers 'heroischer Realismus' geht entschieden auf Kosten des Realismus. Seine heroische Rhetorik wirkt auch deshalb so hohl, weil ihr die Legitimation durch die Tatsachen versagt ist: Gerade die Materialschlachten des Ersten Weltkrieges hatten drastisch vor Augen geführt, daß der moderne Krieg der von Jünger erträumten abenteuerlichen Existenzform in allen ihren überlieferten Variationen endgültig den Boden entzog; ein Dilemma über das auch das ideologische Konstrukt eines 'heroischen Realismus' nicht hinwegtäuschen kann, das die Materialschlacht als totale Herausforderung grenzüberschreitenden Standhaltenkönnens begreifen will.

Der Schiesser mit dem Logenplatz

Man stirbt als Held oder als Idiot, was auf dasselbe herauskommt. Das einzige Wort, das mehr als Tageswert hat, ist das Wort Tod. Ihr liebt den Tod, den die anderen sterben.

(Francis Picabia: Manifest Cannibale Dada)

Das ideologische Konstrukt eines 'heroischen Realismus' stellt eine nachträgliche Rationalisierung des Jüngerschen

Kriegserlebnisses dar. Daß die in vieler Hinsicht so ernüchternde Erfahrung militärischen Alltags ihn nicht 'zur Vernunft' bringt, liegt an dem ästhetischen Gewinn, den er aus diesem 'Schauspiel' zu ziehen weiß. Nicht umsonst sucht er immer wieder den Vergleich mit einem Drama auf der Weltbühne, dessen optische und akustische Effekte er ebenso enthusiastisch beschreibt wie die sinnlichen Sensationen, die die kämpfenden Akteure am eigenen Leibe erleben. Die manifeste Unvernunft des Geschehens kann Jünger nichts anhaben, weil er seinen Sensationalismus vollauf befriedigt weiß angesichts des ungeheuren Zuwachses an ästhetischer Wahrnehmung, den diese gleichsam apokalyptische Szenerie abwirft. Gewiß, so konzediert er, "eine Generation, eine Welle im Meer, nannte es Un-Sinn", was auf den Schlachtfeldern geschah, "weil sie darüber zugrunde ging", doch, so wendet er sofort ein, "mit den Sinnen wurde heute stärker gelebt." (STU, 25f.) Dieser "Mechanismus der Substitution von Sinn durch Sinnlichkeit"[1] ist für Jüngers Frühwerk von zentraler Bedeutung. Seine eigentliche Leidenschaft gilt dem Krieg als sinnlich-ästhetischem Phänomen, als Gesamtkunstwerk.

Die wenigsten ideologiekritischen Untersuchungen zu Jünger unterlassen es, auf die Geschmacklosigkeit eines Ästhetizismus hinzuweisen, dessen fehlgeleiteter Schönheitssinn ausgerechnet im Krieg auf seine Kosten kommt. Dabei wird jedoch allzu leicht übersehen, daß sich kaum ein *sinnlich eindrucksvolleres Schauspiel* denken läßt, als die buchstäblich schockierende Kulisse der Materialschlacht. Wir zitieren hierzu aus der bislang noch unübersetzten Autobiographie

1 Richard Rutschky: Ein Essay über die siebziger Jahre. Köln 1980, S. 184.

des englischen Modernisten Wyndham Lewis (1882-1957) "Blasting and Bombardiering"[1]:

> Arrival at 'the Front' for us was not unlike arrival at a big Boxing Match, or at a Blackshirt Rally at the Olympia. The same sinister expectancy, but more sinister and more electric, the same restless taciturnity of stern-faced persons assembling for a sensational and bloody event (...) We arrived at railhead at night and a battle was in progress (...) There was no moon or stars - all lights had been turned down for the performance. Only the unseen orchestra thundered away, before an unseen stage. We had to imagine the actors which we knew were there, crouching in their sticky labyrinths (...) It is commonly remarked that 'there is no romance in modern war'. That ist absurd, I am sorry to have to say (...) The truth ist, of course, that it is not what you *see*, at all, that makes an event romantic to you, but what you *feel*. And in war, as you might expect, you feel with considerable intensity (...) You only have to think a moment: the dark night, with the fearful flashing of a monstrous cannonade - all the things that do not come into the picture, which *are not seen*, in other words, but which are suggested in its darkest shadows - what could be more technically 'romantic' than that, if it is romance that we must talk about? (...) it is not so much the grandeur of the spectacle of destruction, or the chivalrous splendour of the appointments, as the agitation in the mental field within, of the organism marked down to be destroyed, that ist impressive (...) Of course it would be impossible to overstate the contribution of the guns to these great romantic effects. Even in such an essentially romantic context as war, they are startlingly 'romantic' accessories, and help to heighten the effect. - It is they who provide the orchestral accompaniment. It is they who plough up the ground till it looks literally 'like nothing on earth'. It is they who transform a smart little modern township, inside an hour, into a romantic ruin, worthy (...) of Claude Lorrain. They are likewise the purveyors of 'shell-

1 Wyndham Lewis: Blasting and Bombardiering. An Autobiography (1914-1926). London 1982 (abgek.: BaB). Zum Autor vgl. Frederic Jameson: Fables of Aggression. Wyndham Lewis, the Modernist as Fascist. Univ. of California Press 1979.

> shock'? that most dramatic of ailments. And lastly they give the most romantic and spectacular wounds of all - a bullett-wound, even a dum-dum, is child's play to a wound inflicted by a shell-splinter. (BaB, 113ff.)

Was Lewis hier auf wenigen Druckseiten *sarkastisch* abhandelt, zelebriert Jüngers gesamtes Frühwerk: die Theaterseite des Krieges ("sensational event", "performance", "orchestra", "stage", "actors", "spectacle", "romantic effects", "romantic accessories") auf der einen, die psychophysischen Sensationen ("you feel with considerable intensity", "agitation in the mental field within"), das, was man seine Rauschseite nennen könnte, auf der anderen Seite.
Jünger brilliert in der Komposition schaurig-schöner Schlachtengemälde, die dem kriegerischen Drama auf der Weltbühne ästhetischen Glanz verleihen. Was Serner polemisch als Aufführung in einem Schmierentheater darstellt, beschreibt er als ein gigantisches Feuerwerk mit ausgesuchten Effekten:

> Minen ziehen ihre perlenden Funkenbögen über uns und zerschellen in vulkanischen Explosionen. Weiße Leuchtbälle überschwemmen das blitzende Gewölk von Rauch, Gasen und Staub, das als kochender See über dem Gefilde brodelt, mit grellem Licht. Bunte Raketen hängen über den Gräben, in Sternchen zersprühend und plötzlich erlöschend wie farbige Signale eines riesigen Rangierbahnhofs. (KE, 76)

Mit gleicher Beredsamkeit schildert Jünger die Wirkungen, die solche grandiosen Schauspiele auf Psyche und Physiologie der Akteure haben: das unmittelbare Erlebnis einer Grenzsituation, die "allen Äußerungen des Lebens eine nicht zu beschreibende Intensität" (ST, 60) verleiht. Unablässig feiert er den Krieg als eine Kette rauschhafter Augenblicke. Die Schlacht wirke "wie ein berauschendes Opium" (ST, 187) versichert der süchtige Autor, der sich zu jenen zählt, "die von der Leidenschaft besessen sind, sich zuweilen auf Flügeln des Rausches über ihre Hemmungen hinauszuschwingen." (STU, 54). Für solche Menschen, bedeutet er dem Leser,

> besteht zwischen dem Sturmlauf eines Angriffs und der Erregung inmitten einer trunkenen Tafelrunde kein großer Unterschied. Die Steigerung des Lebens, der jagende Kreislauf des Blutes, der jähe Wechsel der Empfindungen, des Explodierens von Gedanken im Hirn, das ist die Form des Seins, die sich in ihnen manifestiert. (STU, 54)

Die "Enthirnungsmaschine" (Jacques Vaché) Krieg als Narkotikum - wer wollte nach den Opfern fragen? Daß Trinkgelage gemeinhin *ohne* Tote abzulaufen pflegen, übergeht der Erlebnisfetischist Jünger geflissentlich. Eine solche Gleichsetzung verrät einiges über Jüngers persönliche Disposition. "Im Grunde", so konstatiert er einmal, erlebe "jeder seinen eigenen Krieg" (STU, 31). Wohl wahr: Nicht in jedem "schrie (es) nach Entladung, nach einfacher und wilder Tat" (STU, 67); nur wenige, so steht zu vermuten, entwickelten auch eine derartige intellektuelle Freude an der Regression, wie sie Jünger wortreich bekundet und öffentlich zur Schau trägt. Ihm gilt die orgiastische Entladung auf dem Schlachtfeld als zentrale Erlebnismöglichkeit jenseits einer für zweckrational gehaltenen bürgerlichen Ordnung, obgleich es doch eben dieselbe Ordnung ist, die den Krieg aus sich heraussetzt und die Spielregeln dieses "blutigen Zeitvertreibs" (LL, 14) festlegt. Um diesen Charakter des Krieges wußten die zutiefst ernüchterten Dadaisten bestens Bescheid, und selbst der französische Surrealismus verstieg sich bei seiner Apologie des Rausches nie zur Feier von dessen blutigster Variante. Vielmehr "verurteilte" er "den Krieg

im Namen jener Energie, welche dieser freizusetzen behauptet, er prangerte seinen irregeleiteten Überschwang an und warf ihm vor, die niedrigen Erregungen statt der starken Gefühle zu wählen."[1]
Ob "niedrig" oder nicht: Jüngers "Erregungen" verraten eine sado-masochistische Disposition. Der reichlich verfehlte Vergleich des soldatischen Zweikampfes mit der 'Begegnung' von Mensch und Tier bringt es an den Tag:

> Unvergeßlich sind solche Augenblicke auf nächtlicher Schleiche (...) Der Zusammenprall muß kurz und mörderisch sein. Man zittert unter zwei Sensationen: der gesteigerten Aufregung des Jägers und der Angst des Wildes. Man ist eine Welt für sich, vollgesogen von der dunklen, entsetzlichen Stimmung, die über dem wüsten Gelände lastet. (ST, 62.)

Dieser Sensationalismus ist letztlich *privater* Natur, auch wenn sich der Autor zugleich bemüht zeigt, den Krieg ideologisch zu rechtfertigen. Jünger bleibt "eine Welt für sich", wobei er Akteur und voyeuristischer Zuschauer[2] in einem ist. Um mit Walter Serner zu sprechen: Hier bringt einer das Kunststück fertig, als "Schießer" seinen "Sensationen" nachzulaufen und doch zugleich als "Bursche in seiner Loge" sein "Spektakel" (LL, 14) zu haben, eine in der Tat bemerkenswerte Aufspaltung, die eine der hervorragenden Besonderheiten des Jüngerschen Perspektivismus ausmacht. Wie eigentümlich sich der Jüngersche Privatismus inmitten des Völkerschlachtens ausnimmt, hat Klaus Theweleit prägnant beschrieben:

1 Pascal Bruckner/Alain Finkielkraut: Das Abenteuer um die Ecke. Kleines Handbuch der Alltagsüberlebenskunst. München 1981, S. 25.

2 Vgl. J. Volmert, Ernst Jünger..., a.a.O., S. 48.

> Mitten im Sterben der Menschenmassen, im Krieg der imperialistischen Mächte um koloniale Rohstoffquellen und Vorherrschaft auf den Weltmärkten, verhält er sich völlig privat (...) als isoliertes selbstsüchtiges Einzelwesen auf der Suche nach den Strömen der Lust.[1]

Barbarischer Fond

Den Dadaisten galt der Krieg als eine Auseinandersetzung unter imperialistischen Räubern, und nichts lag ihnen ferner, als für eine der beiden Seiten Partei zu ergreifen. Nicht so Hugo Ball, der sich schon bald von den Aktivitäten der Gruppe zurückzuziehen begann und der Politik zuwandte.[2] Seit 1917 veröffentlichte er in der Berner "Freien Zeitung", zu deren Mitarbeitern damals auch der mit ihm befreundete Ernst Bloch zählte, eine Reihe von Aufsätzen, die er in redigierter Form unter dem Titel "Zur Kritik der deutschen Intelligenz" (1918) herausbrachte.[3] Ball profilierte sich darin

1 Theweleit, Männerphantasien Bd.2..., a.a.O., S. 189.

2 Im September 1917 notiert er in sein Tagebuch, daß er "auf dem Punkt stehe, den Ästheten der Politik aufzuopfern." (FZ, 185) Schon April 1916 freilich hatte Ball geschrieben, "man soll(e) aus einer Laune keine Kunstrichtung machen" (FZ, 84), und damit eine gewisse Distanz zu den Aktivitäten des Züricher Kreises zu erkennen gegeben. Vgl. auch Andeheinz Mösser: Hugo Ball - Die Flucht vor Dada. In: Hugo Ball. Almanach 1979. Hg. v. der Stadt Pirmasens, S. 50-85.

3 Hugo Ball: Zur Kritik der deutschen Intelligenz. Frankfurt 1980 (abgek.: K). Zur damaligen Rezeption der Schrift vgl. H.B. Schlichtings Nachwort in ZK (S.452-469). Ernst Bloch lieferte eine emphatische Besprechung des Buches, das auf Seiten der

als ein erbitterter Kritiker des wilhelminischen Deutschland, dem er die Alleinschuld am Ausbruch des Krieges anlastete, eines Krieges, den er als Kampf der demokratischen Völker des Westens gegen ein preußisch dominiertes, militaristisches und autokratisch regiertes Deutschland betrachtete. Zwar konzedierte er später (1920), in seiner letzten politischen Stellungnahme überhaupt,[1] daß "kapitalistische Gesichtspunkte (...) auf feindlicher Seite gegen die Mitte und gegen das Ende der Kriegsjahre mehr und mehr zur Geltung und zu bestimmendem Einfluß gekommen" (ZK, 273) seien, doch hielt er gleichwohl daran fest, daß der Krieg im wesentlichen einen Kreuzzug für die Demokratie und die Ideale der westlichen Aufklärung vorgestellt habe. In der Tat geht Balls "Kritik" weit über die aktuellen zeitgeschichtlichen Vorgänge hinaus, versteht sie sich doch als eine Polemik gegen die deutsche Mentalität insgesamt - nicht ohne dabei zwischen einem offiziellen und einem inoffiziellen Deutschland zu unterscheiden.[2] Ball geht bis auf Martin Luther zurück, um zu beweisen, daß Deutschland zu seinem eigenen Schaden an der Bewegung der westlichen Aufklärung nicht teilgenommen habe, wobei er Luthertum und Preußentum als die beiden Hauptverderber der Nation

politischen Rechten in Deutschland, wie kaum anders zu erwarten, auf scharfe Ablehnung stieß.

1 Ball zog sich 1920 enttäuscht, d.h. "gründlich geheilt, von der Politik" (FZ, 230) zurück und wandte sich dem katholischen Glauben zu: "Nun suche ich zurück zur Kirche und ein Leben voller Verfehlungen liegt dazwischen." (FZ, 263)

2 Vgl. Ball, Zeitkrankheit ..., a.a.O., S. 266ff.

anprangert. Balls Pamphlet, das polemisch-moralisierend verfährt und Wissenschaftlichkeit nicht beanspruchen kann, weist gleichwohl auffallend starke Gemeinsamkeiten mit einigen Thesen des Philosophen Helmuth Plessner auf, der in seiner ideengeschichtlichen Studie "Die verspätete Nation" (1959/69) zu vergleichbaren Schlüssen gelangt, wenn er beispielsweise feststellt, "auf lutherischem Boden" habe sich "eine Aufklärungskultur jedenfalls nicht entwickeln können." [1] Auch Plessners Charakterisierung des preußisch dominierten "neuen Reiches" Bismarckscher Prägung als eines "Machtstaat(es) ohne humanistisches Rechtfertigungsbedürfnis"[2] dürfte Balls Zustimmung gefunden haben. Ihm galt Preußen als "Landplage" (K, 109), die "Deutschland das Rückgrat gebrochen" (ZK, 268), d.h. seine politische Emanzipation verhindert habe, und dem es darum seinerseits das Rückgrat zu brechen gelte. Im Zentrum seiner Kritik stand dabei die Tradition des preußischen Militarismus:

> Die aristokratisch-sporthafte Auffassung des Soldentums, worin sie sich seit dem friderizianischen Zeitalter dem um Hab und Gut besorgten Zivilisten und der sogenannten Nützlichkeitsmoral überlegen fühlten; ihr Idealismus und Heroismus sozusagen, eine bäurisch dandyhafte Philosophie von der Nichtsnutzigkeit des Privatmannes und der Wertlosigkeit des Lebens, der in der Politik ein ebenso dreister wie grober Macchiavellismus entspricht. (K 217)

1 Plessner, Die verspätete Nation ..., a.a.O., S. 58. Vgl. dazu auch Volker Knüffermann. Deutsche Kulturgeschichtsschreibung von Ball zu Plessner. Betrachtungen zweier Unzeitgemäßer. In: Hugo Ball. Almanach 1985/86. Hg. v. der Stadt Pirmasens, S. 275-294.

2 Plessner, Die verspätete Nation ..., a.a.O., S. 42.

Ein Blick in die Schriften des frühen Jünger, der sich stets zum Preußentum bekannte, verrät, was Ball gemeint haben könnte. Jüngers Verachtung des Zivilisten ist notorisch, während er dem ebenbürtigen Feind, dem echten 'Krieger' eine "sportsmäßige Achtung" (ST, 46) bezeugt, weil dieser fern von allem Materialismus seinem blutigen Handwerk nachgehe, getrieben von dem Willen, "so vergängliche Werte wie Leben und Eigentum zu opfern, wenn es gilt, die Größe des Volkes und seiner Idee zu verwirklichen." (W, IX) Wem solcher Idealismus abgehe, so Jünger, der müsse "bis zum Stumpfsinn gehorchen lernen." (ST, 260) In unzähligen vergleichbaren Passagen gibt sich der preußische Leutnant als Kind einer Gesellschaft zu erkennen, in welcher Offiziere einem "an Sozialprestige privilegierten Stand" angehörten und einen "Leitbildcharakter"[1] besaßen. Dieses soziale Vorurteil zugunsten des Militärs war durch die Bismarcksche Reichsgründung, die sich ja einem militärischen Siege verdankte, nur noch weiter zementiert worden und hatte zur Ausbildung eines politischen "Macchiavellismus" (Ball) beigetragen, der sich nicht einmal zu Lippenbekenntnissen für Demokratie und Völkerrecht hinreißen ließ. Es war dies ein Herrschaftsstil, der nahezu ausschließlich in Kategorien militärischer Machbarkeit dachte und sich bei Gelegenheit über gewisse internationale Konventionen - man denke an die brutale Verletzung der belgischen Neutralität - rücksichtslos hinwegsetzte. Ernst Jünger hingegen war sich über die "Notwendigkeit" derartiger Taten "als preußischer Offizier natürlich keinen Augenblick im Zweifel", denn: "Kriegführen heißt, den Gegner durch rücksichtslose Kraftentfaltung zu vernichten suchen." (ST, 115)

1 Helmut Heiber: Die Republik von Weimar. München 1966, S. 75.

In solcher Dominanz des militaristischen Geistes reflektiert sich Hugo Ball zufolge der unheilvolle Tatbestand, daß Deutschland historisch keinen Anschluß an die westeuropäische Aufklärung und die Ideen der französischen Revolution gefunden habe: "Die große Bewegung der französischen Revolution brach hier nicht durch. Die vox humana der Nachbarländer fand nur den spärlichsten Nachklang." (K, 16) Im Weltkrieg erkennt Ball daher eine "Rebellion der Völker gegen den Teutonismus" (ZK, 274) das gewaltige Ringen zweier "'Weltanschauungen', die gegeneinander kämpfen: Freiheit, Gleichheit, Brüderlichkeit, die alten Prinzipien von 1789, geläutert in einem neuen Demokratiebegriff, gegen den prusso-germanischen Luziferkult." (ZK, 223) - Was dem einen als Not, gilt dem anderen als Tugend: Jünger nämlich deutet die mangelnde Aufnahme der Aufklärung in Deutschland gerade als Ausdruck der Stärke deutschen Wesens, dessen spirituelle Tiefe dem flachen, materialistischen Kultus der Vernunft widerstanden habe.[1] In einer späteren Schrift, dem "Arbeiter" (1932), heißt es dazu:

> Nein, der Deutsche war kein guter Bürger, und er war es dort am wenigsten, wo er am stärksten war. Überall, wo am tiefsten und kühnsten gedacht, am lebendigsten gefühlt, am unerbittlichsten geschlagen wurde, ist der Aufruhr gegen die Werte unverkennbar, die die große Unabhängigkeitserklärung der Vernunft auf ihren Schild erhob. (A, 17)

Jünger bestätigt auch bereitwillig die Klage Balls, die Begriffe "Aufklärung", "Humanität und Menschenrechte" seien "dem Bewußtsein der Nation entschwunden" (K, 217), wenn er befriedigt konstatiert, "der Deutsche" habe "von jener Freiheit, die (...) in der Verkündigung der allgemeinen Men-

1 Vgl. Plessner, Die verspätete Nation, a.a.O., S. 40f.

schenrechte ihre Setzung erfuhr, gar keinen Gebrauch zu machen" (A, 18) gewußt, da sich ihm im Gehorsam das tiefste Geheimnis der Freiheit offenbarte. - Von einer demokratischen Öffentlichkeit im Stile der westlichen Demokratien konnte im wilhelminischen Deutschland wahrlich nicht die Rede sein, darin hatten *beide* recht. Max Weber bemerkte hierzu 1917/18 rückblickend:

> Bismarcks *politisches Erbe?* Er hinterließ eine Nation *ohne alle und jede politische Erziehung* (...) daran *gewöhnt*, unter der Firma der 'monarchischen Regierung' fatalistisch *über sich ergehen zu lassen*, was man über sie beschloß (...) (sowie) ein *völlig machtloses Parlament*.[1]

Jünger wie Ball interpretieren den Krieg übereinstimmend als einen Kollaps der Vernunft, unterscheiden sich jedoch kraß in der Wertung des Phänomens: Der skeptische Aufklärer Ball, der an keine immanente Vernunft der Geschichte glauben mag, ruft zur allgemeinen Revolte gegen eine zum "Aufkläricht" (K, 137) verkommene Rationalität auf, weil nur so Vernunft in die gesellschaftlichen Angelegenheiten der Menschen kommen könne:

> Jede wahrhaft selbstbewußte Stellungnahme zur bestehenden Welt ist aber notwendig eine Revolte und nur die Rebellion gegen das Bestehende, die Revolte der Vernunft gegen das Erreichte (...) darf sich das Recht zumessen, Vernunft in die Geschichte zu tragen. Das aber heißt die Geschichte revidieren, denn eine Vernunft der Geschichte oder des Weltprozesses an sich gibt es nicht. Wir, die wir heute leben und zu sagen haben, wie wir leben wollen, existieren nur, indem wir uns zur Geltung bringen, indem wir Rebellen sind gegen die Unvernunft, die die Geschichte uns überliefert hat, und Befürworter jener wenigen Momente von Vernunft, die wir als uns verwandt empfinden. (K, 135)

1 Weber, Parlament und Regierung ..., a.a.O., S. 268.

Ernst Jünger bekennt sich demgegenüber als rabiater Gegenaufklärer, der die Wirkkraft von Glauben und Gefühl in den Dienst eines unduldsamen Patriotismus gestellt wissen möchte. In seiner Schrift "Das Wäldchen 125. Eine Chronik aus den Grabenkämpfen 1918" (1925) denunziert er die "Toleranz" als eine "negative Eigenschaft" (W, 184), die sich der Deutsche angesichts der bösartigen Hetze der Feindländer nicht leisten könne. Mit dem Pathos des Repräsentanten einer Märtyrergeneration verkündet er unmißverständlich, wie er sich Gegenaufklärung in der Praxis vorstellt, d.h. aber auch, wie mit dem internationalen Emigrantengelumpe zu verfahren sei, das sich den großen Zeiten so schnöde entzogen hatte:

> Den Deserteuren scheint sich in sicherer Entfernung ein geistiges Zuhältertum und geschäftsmäßiges Literatenpack zuzugesellen, für das sofort wieder die Prügelstrafe eingeführt werden müßte (...) Leider besitzen wie weniger barbarischen Fond, als die Welt von uns glauben machen möchte (...) Die Zeiten der Aufklärung sind vorbei, der Krieg vollendet ihren Untergang, er wirft uns mit Notwendigkeit auf das Gefühl zurück (...) Der behördlich wohlgeregelte Patriotismus ebensowohl wie die Kräfte, die sich ihm gegenüberstellen, müssen von einem dämonischen aus allen Schichten auflodernden Glauben an Volk und Vaterland verschlungen, jeder anders Fühlende mit dem Brandmal des Ketzers behaftet und ausgerottet werden. Wir können gar nicht national, ja nationalistisch *genug* sein. (W, 184f.)

So also äußert sich Jünger im Jahre 1925, nicht ohne im Vorwort darauf hinzuweisen, er sei nicht mehr imstande gewesen, "die Eindrücke der Nachkriegszeit von denen des Krieges scharf zu trennen." (W, XII) Im Hinblick auf den Ersten Weltkrieg läßt sich dazu immerhin bemerken, daß sich die Herrschaftspraxis der dritten Obersten Heeresleitung (OHL) unter Hindenburg und Ludendorff jenem von

Jünger propagierten "dämonischen" Nationalismus, der mit Unbotmäßigen wie mit "Ketzern" umsprang, bereits zügig annäherte. Auch der "geistige Zuhälter" und "geschäftsmäßige Literat" Hugo Ball bestätigt dies aus "sicherer Entfernung", wenn er in einem "Propaganda hier und dort" (31.8.1919) überschriebenen Artikel in der "Freien Zeitung" feststellt:

> Im Gegensatz zu(m) (...) politischen Freisinn in England hat sich in Deutschland der kirchliche Propagandabegriff des Mittelalters in eine Staatsdoktrin der Neuzeit verwandelt, und der militärische Absolutismus brachte eine moralische Entmündigung mit sich, die an die finstersten Zeiten des Mittelalters gemahnt. Im Mittelalter war die Politik Mittel der geistlichen Macht. Im heutigen Deutschland ist die Religion zum Mittel der politischen Gewalt herabgesunken. Protestanten gegen dieses System sind ebensosehr der Verfolgung ausgesetzt, wie im Mittelalter die Ketzer. Die Tyrannei der Militärgewalt duldet keine Proteste mehr. (ZK, 225)

Vehement attackiert Ball die wilhelminische Kriegspropaganda, von der es heißt, sie habe einen "Heroismus" ausgespielt, "vor dessen hochtrabender auf Schrauben ruhender Pose die übrige Welt in Gelächter" (K, 11) ausgebrochen sei. Jünger selbst scheint diesen Befund des Emigranten zu bestätigen, wenn er gelegentlich seinen Überdruß an der offiziellen Phraseologie laut werden läßt:

> Heute hatte man Worte wie 'durchhalten' und 'Heldentod' so rastlos gehetzt, daß sie - wenigstens dort, wo wirklich gekämpft wurde - längst einen witzigen Beigeschmack bekommen hatten (...) Das war sicher ein Gutes am Kriege, daß er die ganze Phrasenherrlichkeit zusammenschmiß, Begriffe, die fleischlos im Leeren hingen, wurden in ein Gelächter zerstürmt. (STU, 29f.)

Doch lasse man sich nicht täuschen: Jünger stellt keineswegs den Heroismus als solchen in Frage, schließlich zelebriert er ihn ja unablässig, er moniert vielmehr dessen mangelhafte, weil in den Augen des abgebrühten 'Frontschweins' unglaubwürdige propagandistische Vermittlung.

Freedom & Democracy

> Der Krieg (...) brachte auch das kaum begreifliche Phänomen zum Vorscheine, daß (...) eine der großen Kulturnationen so allgemein mißliebig ist, daß der Versuch gewagt werden kann, sie als "barbarisch" von der Kulturgemeinschaft auszuschließen (...)
>
> (Sigmund Freud, 1915)

Im Gegensatz zur Züricher Restgruppe engagierte sich Hugo Ball politisch und ergriff Partei *für* die Entente und *gegen* die Mittelmächte, Deutschland vor allem. Die Folge davon war eine reichlich getrübte Optik, die sich bis zu der Behauptung verstieg, die deutsche "Niederlage" sei der "moralischen Überlegenheit der Gegner" (ZK, 273) zu verdanken gewesen. Ball ging so weit zu behaupten, "nie in der Weltgeschichte" sei eine "so böswillige Unwahrheitspropaganda für denkbar gehalten worden" (ZK, 226), wie die von deutscher Seite praktizierte. Der Ex- Dadaist übersah, daß die Propaganda der Gegenseite sich ebenso schamloser Lügen bediente und noch für jede der beteiligten Nationen eine

Kriegspsychose nachgewiesen werden kann. Huelsenbeck etwa bemerkt:

> Arp hatte als Elsässer den Kriegsanfang und die ganze nationalistische Hetze in Paris mitgemacht und brachte ein unendliches Degout vor den kleinlichen Schikanen und der jammervollen Veränderung einer Stadt und eines Volkes mit, an das wir vor dem Kriege unsere Liebe verschwendeten. (GD, 11)

Nicht besser sah es in Großbritannien aus, wo es zu einer regelrechten Germanophobie kam, die sich in einer Art nationaler Vendetta austobte.[1]
In den Vereinigten Staaten wurde "Sauerkraut (...) in 'Freiheitskohl' umgetauft, die Röteln nannte man nicht mehr 'German Measles' sondern 'Liberty Measles'. Kurz, das amerikanische Volk erwies sich als geradeso anfällig für Kriegspsychosen wie andere Völker auch."[2]

Durch sein berechtigtes Insistieren auf der Verantwortung des Reiches für den *Ausbruch* der Kämpfe verletzte Ball ein nationales Tabu, "Kriegsschuldlüge" genannt,[3] das sich noch in der "Fischer-Kontroverse"[4] der 60er Jahre als virulent

1 Guardian, 5.8.1989: "This lynch-mob style encouraged the most widespread riots in 20th-century British history. Something terrible buzzed in the spring air in 1915. It would be no exaggeration to say that nearly every German shop in the country had its windows smashed."
2 Erich Angermann: Die Vereinigten Staaten von Amerika seit 1917. München 1987, S. 34.
3 Vgl. Heiber, Die Republik von Weimar, a.a.O., S. 56f.
4 Das Buch des westdeutschen Historikers Fritz Fischer: Griff nach der Weltmacht (Düsseldorf 1961) löste in der bundesrepublikanischen Geschichtswissenschaft eine heftige Kontroverse aus. Fischer hatte darin die These entwickelt, die annexionisti-

erwies und dem nie heimgekehrten Emigranten Ball den "Ruf des publizistischen Landesverrats"[1] einbrachte. Der mutige Kritiker verkannte jedoch, daß Deutschland den Krieg zwar *ausgelöst,* doch keineswegs alleine zu verantworten hatte. Angesichts der fieberhaften Rüstung im Vorkriegseuropa wußten alle beteiligten Staaten "nur zu genau, daß jenseits einer gewissen Grenze der Konfliktsteigerung der kalte in den heißen Krieg umschlagen würde."[2] Auch setzte Ball allzuviel Vertrauen in die Aufgeklärtheit der Westmächte und die Aufrichtigkeit ihrer humanitären Parolen, wenn er emphatisch verkündete:

> Deutschland ist schuldig und muß seine Schuld bekennen, soll sich der Aufbau Europas vollziehen. Die Proklamation neuer Menschen- und Nationalitätenrechte beendet den Krieg (...). In den Köpfen der Staatsmänner (...) lebt schon der Grundriß, auf dem sich das neue Gebäude der Menschheit erheben soll. Was bisher Fragment war und nur in wenigen Köpfen utopischen Ausdruck fand, wird gebunden werden und sich organisch entfalten. Mit Tod, Bankrott und Verderben rückt für Deutschland das erste politische Freiheitserlebnis umfassenden Sinnes heran (...). (K, 17)

Solche Hoffnungen sollten sich schon bald angesichts des Versailler Friedensdiktats blamieren, denn *wie* Europa hier neu aufgeteilt wurde, und *welche* Bedingungen man dem geschlagenen Deutschland aufherrschte, das verriet zur Genüge eine imperialistische Gesinnung, die der des Reiches kaum nachstand und die Rede vom zivilisatorischen Kreuzzug gegen die 'Hunnen' als ebenso verlogen erscheinen ließ

schen Kriegsziele seien nicht nur den Phantasien der sogenannten Alldeutschen entsprungen, sondern Ausdruck eines kontinuierlichen Weltmachtstrebens des deutschen Reiches gewesen, dessen Führung den Krieg bewußt herbeigeführt habe.

1 So H.B. Schlichting, in: Ball, Zeitkrankheit ..., a.a.O., S. 454.

2 Hans-Ulrich Wehler: Das deutsche Kaiserreich 1871-1918. Göt-

wie die vom Heroismus der Deutschen, die sich gegen eine Bande von Händlervölkern zu verteidigen hatten. 'Freedom & Democracy', wie sie nach dem Kriege in Deutschland ausbrachen, erfüllten ebensowenig die Erwartungen, die Hugo Ball in sie gesetzt hatte. Tatsache ist vielmehr, daß

> die Kriegspropaganda der Entente, der Vertrag von Versailles und das Koalitionsspiel der republikanischen Parteien die Begriffe von Freiheit, Demokratie, Selbstbestimmungsrecht der Völker, Fortschritt und Weltfrieden, mit einem Wort das Wertesystem der politischen Humanismus westlicher Prägung bodenlos entwertet.[1]

und so maßgeblich zum Aufstieg des Nationalsozialismus beigetragen haben. Schon bald nach Kriegsende feierte der von Ball attackierte "prusso-germanische Luziferkult" (ZK, 223) fröhliche Urstände, exemplarisch im Frühwerk Ernst Jüngers, dessen 'dämonischer' Nationalismus gar nicht früh genug Revanche nehmen konnte.

tingen 1975, S. 194.

1 Plessner, Die verspätete Nation ..., a.a.O., S. 39f.

Viertes Kapitel

Kulturelle Militanz.
Zum Erbe des italienischen Futurismus

Vergangenheit, alles Vergangenheit, immer
wieder nur das, was gewesen ist: man ist
davon zugeschüttet, von allen Seiten davon
umgeben, und die verstaubten, trockenen,
pulverisierten blassen grauen Wellen schlagen
immerzu in das Empfinden hinein.
(Ist Morgen bereits heute bei soviel
Vergangenheit gestern?)
Dazwischen die aufblitzenden Reklamen.

(Rolf Dieter Brinkmann: Rom, Blicke)

Futuristischer Januskopf/Konstellationen

Der italienische Futurismus war die erste jener Avantgarde-Bewegungen, die in kollektiver, organisierter Form nicht nur den Status quo in den Künsten, sondern auch den der bürgerlichen Gesellschaft ihrer Tage mit großer Entschiedenheit und in öffentlichkeitswirksamer Weise in Frage gestellt haben. Filippo Tommaso Marinetti (1876-1944) und seine jüngeren Mitstreiter etablierten ein Muster der Revolte, das für die nachfolgenden Avantgarden paradigmatisch werden sollte, wie sehr sich deren strategische Ziele auch von denen des Futurismus unterscheiden mochten. Dieser stellte den programmatischen Versuch dar, die Trennung der Künste und deren Abspaltung vom modernen gesellschaftlichen Leben rückgängig zu machen, ein Ziel, für das ihm so ziemlich jedes (Ausdrucks-) Mittel recht war. Man gab sich als Verächter jeglicher Tradition: voraussetzungslos, jung und absolut gegenwartsbezogen. Die soziale Folgenlosigkeit, die sich der bis dahin dominierende Ästhetizismus als Verdienst angerechnet hatte, bezeichnete aus futuristischer Sicht den Bankrott einer Kunstauffassung, deren Hervorbringungen steril und sentimental verkitscht waren, deren Formensprache hoffnungslos veraltet war. Hatte der Ästhetizismus des Fin de siècle die Technik als Hauptagenten moderner Verhäßlichung und Banalisierung gemieden, so erhob sie der Futurismus im Gegenzug zum zentralen Objekt seiner künstlerischen Emphase. Statt sich elitär abzusondern, wie noch die Poeten der europäischen 'Décadence', suchte die italienische Avantgarde den hautnahen Kontakt zu den großstädtischen Massen. Die kalkulierte Ausgestaltung dieser Kontaktaufnahme mit der Öffentlichkeit bildete sogar einen entscheidenden Bestandteil des gesamten futu-

ristischen Projekts, dem eben nicht an bloßen Zuhörern und Zuschauern gelegen war, sondern das vielmehr rastlos Feinde aufstöbern und Mitkämpfer gewinnen wollte.
Dada hat den Futurismus nachweislich beerbt und seine Innovationen den eigenen Ausdrucksbedürfnissen gemäß umfunktioniert. Dem Berliner Dadaisten Raoul Hausmann (1886-1971) zufolge rezipierte man ihn als die "erste neue Kraft-Bewegung des Jahrhunderts" (Hausmann 2, 61)[1] und als Beginn der Experimentalperiode in der Kunst. Geeint fand man sich in dem Selbstverständnis, nicht Repräsentant eines neuen Stils, eines weiteren Ismus zu sein, sondern Aktivist und Propagandist einer veränderten Lebenshaltung, eines neuen "Epoche-Gefühls" (Marinetti). Trotz des militanten Gestus, der beiden Richtungen eigen ist, unterscheiden sie sich grundlegend. Die militante Ironie der Dadaisten verrät ein gänzlich anders geartetes Lebensgefühl als das militaristische Pathos der Futuristen. Dadas Skepsis läßt den Fortschrittsoptimismus der Italiener hinter sich. Genauso schlecht verträgt sich der dadaistische Internationalismus mit dem extremen Chauvinismus der Mailänder Bewegung, die Italien in ein imperialistisches Gesamtkunstwerk verwandeln wollte, lange bevor der Faschismus mit derartigen Plänen Ernst machte. Am krassesten dokumentiert sich die angedeutete Differenz in der Frage des Krieges, den schon das futuristische Gründungsmanifest (1909) als die "einzige Hygiene der Welt" (GdF, 26)[2] apostrophiert und herbeigewünscht hatte. In der Folgezeit profilierte man sich gar als

1 Raoul Hausmann: Sieg Triumph Tabak mit Bohnen. Texte bis 1933. Bd. 2. Frankfurt/M. 1982 (= Hausmann 2).

2 Christa Baumgarth: Geschichte des Futurismus. Reinbek bei Hamburg 1965 (abgek.: GdF). Der umfangreiche Text- und Dokumententeil des Buches enthält einige der wichtigsten futuristischen Texte.

eigenständige politische Kraft, die den Kriegseintritt Italiens (1915) erzwingen half. Den Dadaisten hingegen galt der Krieg bekanntlich als totaler Bankrott der bourgeoisen Zivilisation Europas, deren bornierte Rationalität in den Delirien eines kollektiven Blutrausches ihre letzten, perversen Triumphe feierte. Während es Marinetti und die Seinen an die Front zog, wo einige von ihnen umkamen, wählten die Dadaisten das Exil, um dem sinnlosen Gemetzel zu entgehen. So sehr Dada den Futurismus auch im formexperimentellen Bereich beerbte, so wenig konnte doch von einer ideologischen Affinität beider die Rede sein.

Anders Ernst Jünger. Für eine Futurismus-Rezeption seinerseits gibt es keinerlei Belege. Trotzdem entfalten die Frühschriften eine Reihe von Motiven und Denkfiguren, die in den Manifesten und sonstigen Texten des frühen Futurismus vorgebildet sind. Eine erste ideologische Affinität zwischen Marinetti und dem deutschen Schriftsteller resultierte aus ihrer gemeinsamen Wertschätzung des Krieges, den sie seiner lebenssteigernden Intensität wegen über alles schätzten. Hier fand Jüngers 'abenteuerliches Herz' die ersehnten Sensationen, jenes schon von Friedrich Nietzsche beschworene 'gefährliche Leben', das die Futuristen später zur Parole ('Vivere pericolosamente!') ihrer Bewegung erklärt hatten. Überdies frönten Marinetti wie Jünger einem Kultus der Gewalt, des Mutes, der Stärke und jugendlichen Maskulinität, der sich zwar in gewissen Nuancen unterschied, ansonsten aber die gleichen Obsessionen und Phantasien verriet. Bis in die Wortwahl hinein reichen die Ähnlichkeiten: Jünger pries eine "neue Rasse" (KE, 32) von rücksichtslos entschlossenen "Stahlnaturen" (KE, 33), Marinetti projektierte eine "Rasse aus Stahl" (GdF, 262). Beide lieferten Versionen einer "gnadenlosen Ästhetik technokratischer

Samurais",[1] wobei allerdings festzuhalten bleibt, daß Jünger sich nur zögernd dem Technizismus verschrieb. Beider Diskurse aber gipfelten in einer Apologie des Krieges um seiner selbst willen, den der moderne Held - halb Techniker, halb Raubtier - auf der Suche nach blutigen Sensationen durchstreift. Sprachmetaphorisch gefiel man sich in einer Prosa, die sexuelle Bilder mit solchen mörderischer Aggressivität koppelt, 'heißes Blut' und 'eiskalten Verstand' im Munde führt, dabei unablässig die Kraft von Intuition und Instinkt feiernd.

Im März 1934 stattete seine Exzellenz F.T. Marinetti, Mitglied der Königlichen Akademie Italiens und nunmehr seit 25 Jahren Führer der Futuristen, der deutschen Reichshauptstadt Berlin seinen Besuch ab. Auf einem Bankett der "Union nationaler Schriftsteller" hielt Gottfried Benn (1886-1956) ihm zu Ehren die Begrüßungsansprache. Seine "Rede auf Marinetti"[2] galt dem Pionier der ästhetischen Moderne, der "das Problem der *Form* aufgeworfen" (BENN, 481) und einer radikalen Lösung zugeführt habe. Zugleich jedoch würdigte Benn in Marinetti auch den politischen Bündnisgenossen, dessen "Futurismus den Faschismus miterschuf" und der darum auch "in den politischen Gesetzen seines Landes unsterblich" (BENN, 480) geworden sei. Der Lyriker pries ferner das "Glück" seines italienischen Berufskollegen, der den "Schritt von der Kunst in den Rausch der Geschichte" (ebd.) soviel früher habe vollziehen dürfen als er, sein deutsches Gegenüber. Nun aber, so versicherte der

1 Gerd-Klaus Kaltenbrunner: Konservative Apokalypse. Wiedergelesen: Ernst Jüngers "Arbeiter". In: FAZ v. 2.9.1977.

2 Gottfried Benn: Rede auf Marinetti. In: Ders.: Gesammelte Werke in vier Bänden. Bd. 1: Essays, Reden, Vorträge. Wiesbaden 1971, S. 478-481 (abgek.: BENN).

Festredner sich und den Anwesenden, werde auch Deutschland unter seinem neuen "Führer, den wir alle ausnahmslos bewundern" (BENN, 478), an jenem "großartig kalten Stil" (BENN, 479) mitarbeiten, in den Europa gegenwärtig hineinwachse.
Benns Rede, vordergründig die Ehrung eines arrivierten Rebellen, kam einer Parteinahme für jene oppositionelle Strömung in der NSDAP gleich, die im Anschluß an die Machtergreifung versuchte, "Teile der künstlerischen Moderne für die Ideologie des Faschismus zu reklamieren."[1] Den kulturpolitischen Hintergrund der Laudatio bildete das Gerangel darüber, wie die deutsche Kunst der Zukunft auszusehen und wen genau sie zu beerben habe, von Ernst Bloch lakonisch als "Spannung Goebbels und Rosenberg, Flachdach und Steildach, Stromlinie und Defreggerkult" (EdZ, 214)[2] charakterisiert. Das Engagement des einstigen Expressionisten Benn galt natürlich dem (auch von Goebbels favorisierten) Expressionismus, dessen Erbe er ins neue Reich einbringen wollte. Zu diesem Zweck versuchte er, sich der politischen Reputation der Italiener zu bedienen; indem er den Expressionismus als deutsche Variante des futuristischen Stils und garantiert reinrassige Angelegenheit präsentierte, wollte er zugleich dessen gesinnungspolitische Verträglichkeit, d.h. Regimetreue, unter Beweis stellen.[3] Das ästhetische Integrationsprojekt scheiterte jedoch, denn schon gegen Ende des gleichen Jahres erneuerte der rabiate Anti-Modernist

1 Martin Jürgens: Faschismus und Moderne. Anmerkungen zum politischen Charakter des italienischen Futurismus. In: Die Dekoration der Gewalt. Kunst und Medien im Faschismus. Hrsg.v. Hinz, Mittig, Schäche, Schönberger. Gießen 1979, S. 205.
2 Ernst Bloch: Erbschaft dieser Zeit (1935). Frankfurt/M. 1975 (abgek.: EdZ).
3 Vgl. G. Benn: Expressionismus. In: BENN, S. 240-256, bes. S. 242f.

Hitler sein Verdammungsurteil aus "Mein Kampf" (1924) und erklärte dem Modernismus in allen seinen Spielarten den Krieg.[1] Das Verdikt über die 'Entartete Kunst' begriff auch die Futuristen mit ein, deren Ausstellungsräume der kunstbewußte Obernazi bei seinen Staatsvisiten in Rom von der Besichtigung demonstrativ ausnahm. Für Benn hatte das Regime ebenfalls keine Verwendung; er verstummte, nachdem er sich zunehmend Anfeindungen ausgesetzt sah.
In Italien hingegen, wo unter "Mussolinis (...) faulem Szepter progressive Architektur, diskutierbare Malerei und Musik unangefochten" (EdZ, 86) blieben, wußte sich der Futurismus wohlgelitten und erfreute sich seit seinem Verzicht auf politische Autonomie (ca. 1922) staatlicher Förderung. Das ritensüchtige Regime machte zahlreiche Anleihen beim futuristischen 'Repertoire', wobei insbesondere Benito Mussolini - Marinetti zufolge selbst "ein fabelhaftes futuristisches Temperament"[2] - sich in der "abgeschmacktesten Vulgarisierung des futuristischen Gestus"[3] gefiel. Zur unangefochtenen offiziellen Staatskunst avancierte der Futurismus gleichwohl nie; Marinettis Gleichung von 1927 "faschistische Kunst = Futurismus" (GdF, 110) blieb der Wunschtraum eines domestizierten Rebellen. Die 'heroische' Frühphase seiner Bewegung war damals längst Vergangenheit, deren anarchistischer Elan verflogen, und der Futurismus war zum

1 Vgl. Hildegard Brenner: Die Kunstpolitik des Nationalsozialismus. Reinbek bei Hamburg 1963, S. 63ff. Zu Hitlers Haltung gegenüber den "kulturbolschewistischen" Avantgarden vgl. Adolf Hitler: Mein Kampf. München 1934, S. 283f.

2 Sinngemäß zitiert nach Judy Rawson: Italian Futurism. In: Modernism 1890-1930. Ed.by M. Bradbury/J. McFarlane. Hammondwort 1976, S. 254.

3 Umberto Silva: Kunst und Ideologie des Faschismus. Frankfurt/M. 1975, S. 174.

ästhetischen Erfüllungsgehilfen Mussolinischer Politik verkommen.

Gegen Ende der zwanziger Jahre verfaßte der sowjetische Avantgarde- Theoretiker Boris Arvatov (1896-1940) einen Aufsatz mit dem Titel "Futurismus als soziales Phänomen",[1] in welchem er die Bedeutung des russischen *und* italienischen Futurismus bei der Umwälzung der Künste im 20. Jahrhundert hervorhebt und beiden Bewegungen einen entscheidenden Anteil bei der Herausbildung einer neuen, postbourgeoisen Kultur zubilligt. Der Kontrast zu Benns Eloge könnte kaum krasser ausfallen, denn anders als dieser, der den Futurismus mitsamt seinem 'Führer' als Künder und Vorreiter der Epoche des Faschismus preist, in welcher Instinkt, Rausch und Heldentum wieder zu Ehren kämen, unternimmt es der Theoretiker der revolutionären Produktionskunst in der Sowjetunion, den Futurismus kunstsoziologisch zu analysieren. Im Mittelpunkt seiner Untersuchung steht die innovatorische Rolle beider Futurismen in Bezug auf künstlerische Verfahrensweisen und deren öffentlichkeitswirksame Vermittlung. Die gerade aus sowjetischer Perspektive brisante Frage nach der politischen Verstrickung der italienischen Bewegung berührt Arvatov nur am Rande, wobei er sich mit dem oberflächlichen Hinweis begnügt, nur ein Teil der dortigen Avantgarde habe sich zur Kollaboration hergegeben und danach prompt "den Antrieb zu einer progressiven Entwicklung" (ARV, 101) verloren. Die Frage aber, ob der Faschismus der Marinettisten nicht schon in deren frühen Manifestationen angelegt war, läßt er damit unbeantwortet, die Genese der fraglichen Allianz bleibt ungeklärt.

1 Boris Arvatov: Kunst und Produktion. Entwurf einer proleta-

Daß der sowjetische Theoretiker und der deutsche Lyriker zwei miteinander unversöhnliche, weil gänzlich konträre ästhetisch-politische Konzepte vertreten, ist evident; bemerkenswerter ist die Tatsache, daß beider Ästhetiken sich auf Errungenschaften der italienischen Avantgarde berufen. Der Eindruck, daß es sich beim Futurismus um ein janusköpfiges Phänomen handelte, verstärkt sich noch, wenn man die eingangs erwähnte Konstellation Dada-Futurismus-Jünger mitreflektiert, die ja vergleichbare Kontraste aufweist. Will man der hierin zum Ausdruck kommenden Ambivalenz des Futurismus auf die Spur kommen, dann verlohnt es durchaus, sich die Debatten seiner 'Erben' anzuschauen.

Wie unversöhnlich diese einander gegenüberstanden, belegt ein Rundfunkvortrag Gottfried Benns aus dem Jahre 1931,[1] der eine Berlin-Visite des sowjetischen Schriftstellers Sergej Tretjakov (1892-1939) zum Anlaß nimmt, mit dem Konzept einer revolutionären Ästhetik abzurechnen, wie es dieser wohl am profiliertesten vertrat. Tretjakov, der sich 1913 der futuristischen Bewegung angeschlossen hatte und in den zwanziger Jahren gemeinsam mit Wladimir Majakowski, Arvatov und anderem der Linken Front der Künste (LEF) angehörte,[2] wird dort von Benn als "literarischer Tschekatyp" abqualifiziert, der in dem "echten literarischen

risch-avantgardistischen Ästhetik (1921-1930). München 1972, S. 97-103 (abgek.: ARV).

1 Die neue literarische Saison. In: BENN, S. 419-430.

2 Der LEF (1923-25) folgten die ebenso kurzlebigen Organisationsversuche Novyi LEF (1927/28) und REF (Revolutionäre Front der Künste, 1929/30). Zur ästhetischen Konzeption der LEF vgl. Heinz Brüggemann: Aspekte einer marxistischen Produktionsästhetik. Versuch über theoretische Beiträge des LEF, Benjamins und Brechts. In: Literaturwissenschaft und Sozialwissenschaft 4. Hrsg. v. Heinz Schlaffer. Stuttgart 1974, S. 109-143.

und weltanschaulichen Kampf (...) zwischen der kollektivistischen und artistischen Kunst" (BENN, 422) die kollektivistische, zutiefst kunstfeindliche Strömung verkörpere. Der deutsche Lyriker unterstellt seinem Widerpart, mitsamt dessen deutschem Anhang, einen simplifizierten, vulgären Materialismus, ein oberflächliches, ökonomistisches Denken, welches das Wesen der Kunst ebenso verfehle wie das des Menschen, der doch "in allen Wirtschaftssystemen das tragische Wesen" (BENN, 426) bleiben werde, das er von Anbeginn an war. Dem bolschewistischen Antipoden hält Benn - "altmodisch und abendländisch", wie es da nicht ohne Koketterie heißt - die "These" entgegen,

> daß durch Organisation seiner Wohnungs- und Nahrungsverhältnisse der Mensch in seinen entscheidenden, daß heißt nicht nur kunst-, sondern auch lebensproduktiven Schichten nicht bestimmend verändert wird. Mit 'bestimmend' meine ich: erbmäßig formändernd, anlagemäßig wesenhaft nicht verändert. (BENN, 425f.)

Benn, den es immer wieder in die Urzeit zurückzieht, der Paläozoikum und Aktuellstes gleichermaßen zu bemühen pflegt, beschwört das Ewig-Menschliche: "Der uralte, der ewige Mensch! Das Menschengeschlecht!" (BENN, 429) Aus solcher Perspektive, die in Jahrtausenden zu denken gewohnt ist, schrumpft die (von Benn) ungeliebte Gegenwart zur bloßen Episode, die russische Revolution miteinbegriffen, da doch auch sie kaum mehr als einen Wechsel der Wirtschaftsweise anzeige. Die sozialrevolutionären Hoffnungen, die sich mit dem Ereignis verknüpften, sowie utopisches Denken überhaupt gelten ihm als leerer Wahn, "alle

Gedanken an Änderung, Besserung als Oberflächlichkeit",[1] wie sein Interpret Dieter Wellershoff bemerkt. Nicht weniger vehement fällt Benns Absage an die avantgardistische Intention aus, Kunst in Lebenspraxis aufzuheben. Apodiktisch verkündet er: "Wer das Leben organisieren will, wird nie Kunst machen, der darf sich auch nicht zu ihr rechnen." (BENN, 426) Dichtung gilt ihm vielmehr als letzte metaphysische Tätigkeit in einem Zeitalter fortschreitender Zerebralisierung, in dem es dem Künstler obliege, als Organon des archaischen Phantasiegrundes den Kontakt mit dem Absoluten nicht abbrechen zu lassen.
Aus der Perspektive Tretjakovs wahrgenommen, verbreitet Benns Dichtungstheorie eben jenen "Nebel des 'Ewigen, Absoluten, Prophetischen'" (TRE I, 30),[2] den der frühe Futurismus und die sowjetischen Produktionskünstler in seiner Nachfolge gerade auflösen wollten, getragen von der Überzeugung, "die Künstler (müßten) aufhören, das Leben zu dekorieren (...) und beginnen, es zu gestalten." (ARV, 27)
Während Gottfried Benn für den italienischen Futurismus enthusiastische Worte findet, behandelt er sein sowjetisches Pendant, dessen Aktivisten die anti-traditionalistische Formensprache des frühen Futurismus in den Dienst einer revolutionären Umgestaltung ihres Landes stellten, als Feind im Kulturkampf. Benns ästhetische Option hat eben vornehmlich weltanschauliche Gründe, die ihn darüber hinwegsehen lassen, daß der von ihm geschätzte Marinetti einst selbst mit der Absicht angetreten war, die Kunst ins Leben zu-

1 Dieter Wellershoff: Gottfried Benn. Phänotyp dieser Stunde. München 1976, S. 58.

2 Sergej Tretjakov: Die Arbeit des Schriftstellers. Aufsätze, Reportagen, Porträts. Hrsg.v. H. Boehnke. Reinbek bei Hamburg 1972 (abgek.: TRE I).

rückzuführen. Das Hauptinteresse jedenfalls, das Tretjakov zufolge beide Futurismen verband, blieb Benn fremd.

> Was Marinetti und den italienischen Futurismus angeht, so ist das Gemeinsame zwischen ihm und dem russischen Futurismus (...), daß der *Hauptinteressenkreis* beider als Gegengewicht zum Passéismus - der Bewahrung jeder Art von Altertümern und Traditionen - *fixiert ist auf die industrielle Produktion* unserer Epoche. (TRE I, 29).

Benns Verhältnis zur modernen Zivilisation ist zwiespältig und verrät eine Gebrochenheit, die vom technizistischen Fortschrittsoptimismus eines Marinetti ebenso weit entfernt ist wie vom "scientifischen Aufbau- Pathos der sowjetischen Intelligenz, das schon früh zur unkritischen Feier instrumenteller Vernunft und technologischer Sachlichkeit tendierte", wenngleich zunächst noch "weitgehend vermittelt (...) mit dem emanzipativen Anspruch der proletarischen Revolution." [1] Der 'reaktionäre Modernist' Benn hingegen empfindet die Epoche der Moderne als eine "der Banalisierung des Lebens", ist aber "zugleich fasziniert von den Reizen der Modernität."[2] In seiner poetischen Produktion zeigt er sich Formexperimenten gegenüber durchaus aufgeschlossen, seine Lyrik scheut Dissonanzen nicht, vom ästhetizistischen Autonomiekonzept will er gleichwohl nicht ablassen. Judy Ryan bemerkt hierzu in einem Vergleich mit Ezra Pound (1885-1972):

> Obgleich er (Benn - d. Verf.) manche formale Traditionen verwirft, rüttelt er nicht an der Vorstellung der künstlerischen Au-

1 Heinz Brüggemann. Literarische Technik und soziale Revolution. Versuche über das das Verhältnis von Kunstproduktion, Marxismus und literarischer Tradition in den theoretischen Schriften Bertolt Brechts. Reinbek bei Hamburg 1973, S. 145.

2 Wellershoff, Benn..., a.a.O., S. 90.

> tonomie, die sich um die Jahrhundertwende eingebürgert hatte. Pound fordert dagegen eine neue Offenheit der Dichtung dem Leben gegenüber, um so die den Futuristen nicht gelungene Überführung in die Praxis zu verwirklichen.[1]

Benns Umarmung des italienischen Futurismus ist demnach primär politisch, nicht ästhetisch motiviert; ihre werkgeschichtliche Relevanz ist insofern begrenzt, als sie nur für einen Abschnitt des Bennschen Denkens steht, dessen "optimistische Phase (1930-34)",[2] in deren Verlauf der Zivilisationskritiker sich in einen Apologeten der Barbarei bzw. des totalen Staates verwandelte. Er, dem noch zuvor alle Historie als sinnloses Schauspiel erschienen war, bekannte sich nun zur heroischen Geschichtsauffassung der Faschisten. Hatte er soeben noch den Kollektivismus der Tretjakov & Co. samt ihrer Utopie vom 'Neuen Menschen' als bloße Schimäre verhöhnt, so begann er sich nun auf seine Weise mit den Massen anzufreunden. Man brauchte die Dinge nur 'tief' auffassen und schon waren die Konnotationen vertauscht. Benn entdeckt das 'mythische' Kollektiv, das ihm dem oberflächlich-ökonomischen bei weitem überlegen scheint. In seinem Rundfunkvortrag "Der neue Staat und die Intellektuellen" (1933)[3] verhöhnt er die 'abgehalfterten' (Links-) Intellektuellen und attestiert ihnen ein geistiges und moralisches Defizit, da sie unfähig seien, in dem "großen Gefühl für Opferbereitschaft und Verlust des Ich an das Totale, den Staat, die Rasse (...) das anthropologisch Tiefere

1 Judith Ryan: Ezra Pound und Gottfried Benn: Avantgarde, Faschismus und ästhetische Autonomie. In: R. Grimm/J. Hermand (Hg.): Faschismus und Avantgarde. Königstein/Ts. 1980, S. 20-34, a.a.O., S. 27.

2 Vgl. Oskar Sahlberg: Gottfried Benns Phantasiewelt. "Wo Lust und Leiche winkt." München 1977, S. 107-138.

3 In: BENN, S. 440-449.

zu sehen." (BENN, 440) Die Geschichte ist nun nicht länger sinnlos, sie erscheint vielmehr als Elementarkraft, die 'Typen' vorschickt, um nach dem Rechten zu sehen:

> Die Geschichte verfährt nicht demokratisch, sondern elementar, an ihren Wendepunkten immer elementar. Sie läßt nicht abstimmen, sondern sie schickt den neuen biologischen Typ vor. (BENN, 444).

In diesem Typus glaubte Benn des 'Neuen Menschen' ansichtig geworden zu sein, obgleich er derlei Visionen bis dato noch als Hirngespinste von Kulturbolschewisten belächelt hatte. Der Autor selbst allerdings hätte sich einer solchen Parallelisierung widersetzt und auf den gleichzeitig 'archaischen' Charakter dieses Typs hingewiesen, der sich da heroisch der Zerebralisierung entgegenstemmte, wie ja überhaupt die Beschwörung mythischer Vorzeit schon früher zu Benns 'Repertoire' gehört hatte.
"Benn", so lautet der Titel eines kurzen Textes, den Bertolt Brecht (1898-1956) um 1928 verfaßte. Brecht, später Schüler und Freund Sergej Tretjakovs, hat schon früh die künstliche Archaik in Benns poetischer Produktion ridikülisiert, ohne dabei die fatalen Konsequenzen von dessen Denken zu übersehen, den drohenden Umschlag des Nihilismus in Faschismus:

> Dieser Schleim legt Wert darauf, mindestens eine halbe Million Jahre alt zu sein. Während dieser Zeit ist er immer von neuem geworden, mehrmals vergangen, leider immer von neuem geworden. Ein Schleim von höchstem Adel.
> Die Völker sind nicht dazu da, Glück zu genießen, die Bergleute, die schweißüberzogenen, einen Bohrer vor dem Bauch, ins Gestein kriechen, sind also Schlemmer, wenn sie genug haben? (...) Alles ist sinnlos, darauf besteht der Pfaffe mit umgekehrten Vorzeichen (...). Man forscht, man strengt sich an, man findet einiges, aber jetzt nur nicht schlappmachen, unbedingt weiterma-

> chen, bis es sinnlos wird, bis wieder das Nichtverstehen da ist, erreicht ist (...) Ein paar Besitzer von Erzgruben mieten einige hunderttausend gescheiterte Existenzen, an ihnen gescheitert, drücken ihnen Stahlruten in die Hand und lassen sie, von einer Berufstruppe geschützt, auf die Arbeiter los - und der neue Typ ist da, die entscheidende Physiognomie![1]

Die Schlußpassage spielt auf Italien an, wo unter dem faschistischen Symbol des Rutenbündels die Organisationen der Arbeiterklasse zunächst terrorisiert und schließlich mundtot gemacht wurden. In der ersten, der heißen Phase dieses Terrorfeldzuges gegen die Linke profilierten sich auch die Futuristen, die nicht nur an der Gründung der faschistischen Kampfbünde (Fasci italiani di combattimento) beteiligt waren, sondern auch die berüchtigten 'Strafexpeditionen' mitmachten, die das italienische Proletariat in Schrecken versetzten. Ein Feldzug[2] übrigens, der *vor* der faschistischen Machtergreifung stattfand, jedoch mit Duldung und gelegentlicher Hilfe von Armee und Polizei, d.h. jenen, die Brecht als "Berufstruppe" tituliert. - Der Festredner Benn bevorzugt die heroische Version und bekundet seine Begeisterung über den terroristischen Elan der Schwarzhemden und das futuristische Inventar ihrer Aufmärsche:

> Wir haben von hier aus verfolgt, wie ihr Futurismus den Faschismus miterschuf (...) Wir haben mit äußerster Spannung wahrgenommen, wie aus ihrem futuristischen Gedankenkreis, seinem Willen, seinen Kampfstaffeln drei grundlegende Werte (sic!) des Faschismus: das Schwarzhemd in der Farbe des Schreckens und des Todes (sic!), der Kampfruf "a noi" und Schlachtenlied, die Giovinezza... (BENN, 480)

1 Bertolt Brecht: Gesammelte Werke. Bd. 18: Schriften zu Literatur und Kunst I. Frankfurt/M. 1967, S. 62.

2 Vgl. Angelo Tasca: Glauben gehorchen kämpfen. Aufstieg des Faschismus. Wien-Frankfurt-Zürich 1969.

Innovationen

Es ist verführerisch, den Futurismus von seinem - unrühmlichen - Ende her zu begreifen, als die 'Bewegung' keine mehr vorstellte, sich vielmehr in eine Unterabteilung der "Duce-Fabrik"[1] verwandelt hatte. Dem frühen, anarchischen Futurismus aber wird man nicht gerecht, wenn man ihn als bloßen Stichwortgeber des späteren Regimes auffaßt, statt sich zuvor seiner ursprünglichen Intentionen vergewissert zu haben.

Die Geburt des Futurismus fand bezeichnenderweise in aller Öffentlichkeit statt, wobei der mediengewandte Marinetti nichts dem Zufall überließ: Am 20. Februar 1909 veröffentlichte der Pariser "Figaro" das Gründungsmanifest des Futurismus, in dem sich eine Gruppe italienischer Künstler in aggressiver Manier dem metropolitanen Europa vorstellte. Paris als dessen intellektuelles Zentrum schien Marinetti, der das Manifest in Wahrheit allein verfaßt hatte, der geeignete Ort, um sich international Gehör zu verschaffen. Dies war jedoch nur der Beginn einer regelrechten Kampagne, die in der Folgezeit losbrach, denn an futuristischen Manifesten sollte fortan kein Mangel mehr herrschen. In dichtem Abstand veröffentlichte Marinetti nun gemeinsam mit Schriftstellern (Palazzeschi, Soffici), Malern (Boccioni, Carra, Balla, Severini), Musikern (Russolo) und Architekten

1 Vgl. Jens Petersen: Mussolini: Wirklichkeit und Mythos eines Diktators. In: Mythos und Moderne. Begriff und Bild einer Rekonstruktion. Hrsg. v. K.H. Bohrer. Frankfurt/M. 1983, S. 242-260, a.a.O., S. 246. Der Begriff bezieht sich auf die gezielte Instrumentalisierung des Mussolinibildes zu Herrschaftszwecken.

(Sant'Elia) Manifeste, in denen man programmatisch eine "futuristische" Neugestaltung der Künste und deren Vernetzung in der ästhetischen Aktion forderte. Obgleich um internationale Breitenwirkung bemüht, trug man dabei einen aggressiven Patriotismus zur Schau, galt doch das Hauptaugenmerk der Mailänder Kerngruppe der umfassenden Modernisierung Italiens, dessen rasante Industrialisierung den eigentlichen Ausgangspunkt ihrer Interventionen bildete. Der vergleichsweise abrupt erfolgte Einbruch der Moderne in Oberitalien nämlich, dieser gleichsam im Zeitraffer erlebte technologische Schub, schärfte das Bewußtsein der Futuristen für die Wahrnehmungszumutungen der Moderne und befähigte sie, "schneller als andere europäische Intellektuellenkreise die neuen Erfahrungen auszuwerten",[1] die sich aus der instrumentell vermittelten Emanzipation von den Restriktionen der organischen Natur ergaben. Es ist dieses Erlebnis einer "Epoche der Geschwindigkeit und Simultaneität" (Boccioni), das die "futuristische Sensibilität" (Marinetti) freisetzte. In einem Manifest aus dem Jahre 1913 führt Marinetti dazu näher aus:

> Der Futurismus beruht auf einer vollständigen Erneuerung der menschlichen Sensibilität, die eine Folge der großen wissenschaftlichen Entdeckungen ist. Wer heute den Fernschreiber, das Telephon, das Grammophon, den Zug, das Fahrrad, das Motorrad, das Auto, den Überseedampfer, den Zeppelin, das Flugzeug, das Kino, die große Tageszeitung (Synthese eines Tages der Welt) benutzt, denkt nicht daran, daß diese verschiedenen Arten der Kommunikation, des Transportes und der Information auf seine Psyche einen entscheidenden Einfluß haben. (GdF, 130)

1 Reyner Banham: Die Revolution der Architektur. Theorie und Gestaltung im Ersten Maschinenzeitalter. Reinbek bei Hamburg 1964, S. 82.

Den eigenen Avantgardeanspruch leiteten die Futuristen aus ihrem gesteigerten Empfinden für die neuen Erlebnismöglichkeiten ab, deren poetische und künstlerische Erforschung bislang ausgeblieben sei. Man proklamierte, "das heutige Leben, das die siegreiche Naturwissenschaft unaufhörlich und stürmisch verwandelt, wiedergeben und verherrlichen" (GdF, 51) zu wollen, um dem zurückgebliebenen Bewußtsein der Zeitgenossen nachzuhelfen, die sich nicht auf der Höhe ihrer technischen Möglichkeiten bewegten, vielmehr nach wie vor in der 'passatistischen' Vorstellungswelt des 19. Jahrhunderts befangen seien. Hierfür aber trügen die Künste in ihrer gegenwärtigen, gleichfalls 'passatistischen' Gestalt ein gerüttelt Maß an Schuld, indem sie hoffnungslos sentimentale und harmonistisch verkitschte Gefühls- und Verhaltensmuster anböten, die jeden Elan abtöteten.
Der Futurismus war zuallererst Kampfansage an die Tradition und den Alptraum der Geschichte. Er projektierte nicht weniger als eine kulturelle Tabula rasa, die mit sämtlichen ungleichzeitigen Denk- und Gefühlsinhalten aufräumen und Körper wie Geist befreien sollte. Als eigentliche Antriebskraft erwies sich dabei der 'Haß': "Ganz einfach ausgedrückt bedeutet *Futurismus:* Haß auf die Vergangenheit." (GdF, 37) Tretjakov bestätigt Marinettis Urteil, wenn er mit Blick auf den 1913 entstandenen russischen Futurismus[1] bemerkt:

> Der Futurismus (...) war eine sozio-ästhetische Tendenz, das Streben einer Gruppe von Menschen, deren wichtigster Berührungspunkt nicht einmal positive Aufgabenstellungen waren, nicht die klare Vergegenwärtigung des 'Morgen', sondern der

1 Sergej Tretjakov: Woher und Wohin? Perspektiven des Futurismus (1923). In: Ästhetik und Kommunikation. 1971, H. 4, S. 84-89 (abgek.: TRE II).

Haß auf das 'Gestern und Heute', ein rastloser und unerbittlicher Haß. (TRE II, 84)

Im Gegenzug verherrlichte man die als befreiend empfundene Dynamik der technischen Entwicklung, vor der sich die bürgerliche Kultur hoffnunslos blamierte, weil sie für die Sensationen der Moderne blind blieb; diese ästhetisch zugänglich zu machen aber, war der Ehrgeiz der Futuristen. Dabei ging es freilich um mehr als nur eine Erweiterung des künstlerischen Bildraumes, nicht nur um neue Sujets also. Die ästhetische Adaption von Formen und Rhythmen der technischen Dingwelt, die Erschließung neuer Bild- und Klangwelten stellte vielmehr nur ein Etappenziel dar. Die in ihrer Formensprache revolutionierten Einzelkünste - fortan den Modifikationen des Raum- und Zeiterlebens durch die Geschwindigkeit sowie den veränderten Seh- und Hörweisen Rechnung tragend - sollten zu einer multimedialen Überwältigungskunst verschmolzen werden, die das Publikum aus seiner 'passatistischen' Lethargie aufschreckte, anschließend aber mit der Moderne synchron schaltete, indem es sie für deren Sensationen begeisterte. Soweit jedenfalls die Pläne Marinettis und seiner Gruppe, - die allerdings nur in Ansätzen verwirklicht wurden, denn ihre programmatischen Willenskundgebungen blieben notorisch hinter ihrer ästhetischen Praxis zurück: "Often, and perhaps under pressure from Marinetti, the manifesto was produced before any tangible evidence existed of the innovation it announced."[1] Der hieraus entstehende programmatische Überhang störte die Futuristen jedoch nur unwesentlich, da sie das 'manifestante' Auftreten selbst schon als Teil ästhetischer Praxis auffaßten.

1 Caroline Tisdall/Angelo Bozzola: Futurism. London 1977, S. 12.

Für den Bereich der Dichtung postulierte Marinetti einen assoziativ verfahrenden Telegrammstil, da er diesen für am geeignetsten hielt, den Bedingungen moderner Wahrnehmung einen angemessenen sprachlichen Ausdruck zu verschaffen. Das zeitgenössische Individuum finde sich in einen Strudel technischer Abläufe hineingerissen, wobei sich die Zahl der auf es einstürzenden (Sinnes-) Eindrücke potenziere; der hierdurch bedingten Dynamisierung des Lebensgefühls habe die Dynamisierung der poetischen Metapher zu folgen; die Fesseln der Syntax müßten gelöst, die Worte befreit werden: 'parole in libertà'. Im "Technischen Manifest der futuristischen Literatur" (1912) entwarf Marinetti ein umfangreiches Programm zur Revolutionierung der sprachlichen Ausdrucksformen, das neben der Erweiterung bzw. Erneuerung der Metaphorik auf eine literarische Vermittlung des futuristischen Vitalismus hinauslief, der sich die Sprache zu diesem Zweck zurechthobelte. Zuerst einmal gelte es, "eine ununterbrochene Folge neuer Bilder" zu schaffen: "Um alles zu umfangen und zu erfassen, was es an Flüchtigem und Unfaßbarem in der Materie gibt, muß man engmaschige Netze von Bildern oder Analogien bilden." (GdF, 169f.) Konjugationen, Deklinationen, das attributive Adjektiv, das Adverb sowie die gesamte traditionelle Zeichensetzung sollten kurzerhand abgeschafft und durch die zeitgemäßen mathematischen Zeichen ersetzt werden. Ferner sollten die Möglichkeiten der Typographie experimentell erforscht werden.

Man müsse, so Marinetti weiter, "das 'Ich' in der Literatur zerstören, daß heißt die ganze Psychologie" (GdF, 168), um eine "intuitive Psychologie der Materie" (GdF, 169) an ihre Stelle zu setzen, - eine Forderung, in der sich die futuristische Vorliebe für die Materie ausspricht, die in der Idolatrie der Maschine gipfelt. Boris Arvatov sieht hierin zu Recht ein distinktes Merkmal dieser Bewegung, wenn er anmerkt:

> Das Interesse am Gegenstand, ja, fast der Kult des Gegenstandes, der Materie, des Materials, alles Technischen zieht sich wie ein roter Faden durch die futuristische Evolution und trennt die Futuristen scharf von aller vorangegangenen, d.h. der klassisch bürgerlichen Kunst. (ARV, 98)

Sie erklärten sich darum auch zu "*Technikern* der Kunst" und sahen ihre Aufgabe in der "positiven Bearbeitung des Materials", was eine entschiedene Ablehnung des "metaphysischen Priestertums der kanonisierten bürgerlichen Künstler" (ARV, 98) implizierte. Solch provokative Absetzung von der Tradition wurde allerdings von Marinetti wieder unterlaufen, wenn er das intuitive Erfassen der Materie dem "seherischen Dichter" (GdF, 169) vorbehalten sah, mithin ästhetische Produktion doch wieder als geniehafte Schöpfung und eben nicht als Konstruktion begriff. Was die futuristische Intuition dabei tatsächlich zutage förderte, konnte seinen Projektionscharakter kaum leugnen. Marinetti erschien sein ideologischer Dynamismus als Eigenschaft der Materie selbst, wenn er dieser "ein bewundernswertes stetiges Streben nach Bewegung" unterstellte und "Mut, Wille und absolute Kraft" als ihr "Wesen" (GdF, 169) behauptete.

Der Hang zur Verdinglichung, der sich in diesem Vorgehen ankündigt, schmälert jedoch nicht die Bedeutung, die dem Futurismus als derjenigen Bewegung zukommt, die als erste bewußt industriell-urbanistisch ausgerichtet war und die modernen "Erlebnisqualitäten (...) ästhetisch vereinnahmt und einem neuen Schönheitsideal zugeordnet"[1] hat. Der

1 Felix Philipp Ingold: Literatur und Aviatik. Europäische Flugdichtung 1909-1927. Frankfurt/M. 1980, S. 303f.

futuristische Kult des Modernen ('modernolatria') suchte die klassische Schönheit zu übertrumpfen, indem es ihr die mechanische und geometrische Schönheit der technischen Zweckformen entgegenhielt. Der unterdessen selbst schon 'klassisch' gewordene - weil eine neue Tradition stiftende - Bildvergleich im Gründungsmanifest hatte gelautet:

> Ein Rennwagen, dessen Karosserie große Rohre schmücken, die Schlangen mit explosivem Atem gleichen (...) ein aufheulendes Auto, das auf Kartätschen zu laufen scheint, ist schöner als die Nike von Samothrake. (GdF, 26)

Die Entscheidung der Futuristen, in die "Schule des modernen Lebens" (Russolo) zu gehen, gepaart mit ihrer ausgesprochenen Liebe zur "Zweckmäßigkeit",[1] markierten einen historischen Wendepunkt nicht allein in der Sphäre der bildenden Kunst und Literatur, sondern auch in Bezug auf die ästhetische Gestaltung der Gegenstände des alltäglichen Gebrauchs. Man steht hier am Anfang jener Evolution, die letztlich zum "Zusammenbruch einer exklusiv künstlerischen, betont wissenschafts- und fortschrittsfeindlichen Geschmacksdiktatur" führte und durch "die neue Ästhetik einer von Ingenieuren und Designern gemeinsam verwirklichten Produktionskunst abgelöst wurde", die sich dann während der zwanziger Jahre rasch über Europa verbreitete; Marinetti und die Seinen hatten "auch dazu das Signal gegeben."[2]

Der Ästhetizismus des ausgehenden 19.Jahrhunderts hatte den industriellen Fortschritt als barbarisch, als Verhäßli-

1 Marinetti etwa verkündet: "Im Leben ist Futurist: 1. Wer das Leben, die Energie, die Freude, die Freiheit, den Mut, das Neue, die Zweckmäßigkeit und die Geschwindigkeit liebt." (GdF, 155)

2 Ingold, Literatur und Aviatik ..., a.a.O., S. 316f.

chung und Uniformierung empfunden und mit einer Absonderung von der 'Wirklichkeit', der Sakralisierung der Kunst und der Flucht in "künstliche Paradiese" (Baudelaire) beantwortet. Der Ästhetizist schuf seine Werke, zumindest dem eigenen Selbstverständnis nach, als Artist für Artisten, begriff die künstlerische Existenz "unter dem Gesetz der Absonderung vom lebendigem Leben."[1] Diese elitäre Absonderung muß jedoch als eine "Reaktion auf die bewußtgewordene Isolierung des Künstlers" begriffen werden, wie sie "schon in der Zeit der Romantik"[2] zu beobachten ist. Der Ästhetizismus zog demnach nur die Konsequenz aus der Tatsache, daß unterdessen "der Künstler und das Kunstwerk aus dem Lebenszusammenhang durch eine anonym zu nennende Entwicklung ausgegrenzt worden"[3] waren. Wie der Schriftsteller und Philosoph Hermann Broch (1886-1951) in seiner brillanten Hofmannsthal-Studie festgestellt hat, prägte gerade diese bewußt gewordene gesellschaftliche Isolierung der L'art pour l'art-Ästhetik den für sie "typischen Charakterzug (...) der 'Sozialgleichgültigkeit'" auf:

> Weder sucht diese Kunst sich mit sozialen Themen zu befassen, noch sucht sie sich als erfreuendes, belehrendes, erhebendes oder sonstwie verkäufliches Erzeugnis ins Sozialgefüge einzugliedern. Das heißt freilich nicht, daß dem artiste pour l'art der "Erfolg" gleichgültig geworden sei; aber sein Verhältnis zum Publikum hat sich trotzdem geändert (...) mit dem l'art pour l'art hat sich das einvernehmliche Verhältnis in eines der Feindschaft (...) verwandelt.[4]

1 Ralph-Rainer Wuthenow: Muse, Maske, Meduse. Europäischer Ästhetizismus. Frankfurt/M. 1978, S. 117.
2 A.a.O., S. 12.
3 A.a.O., S. 13.
4 Hermann Broch: Hofmannsthal und seine Zeit. Eine Studie. In:

Die Fetischisierung ästhetischer Autonomie erweist sich als Reaktion der Künstler auf die Entstehung einer kommerziell geprägten Massenkultur, in der sich ihre Produkte als Waren zu bewähren hatten, was man als Degradierung empfand. Sozialpsychologisch betrachtet, verrät daher die ostentative Erfolgsverachtung der Kunstproduzenten 'nur' ihre Angst, auf diesem neuen Markt zu versagen. Wenn sich schließlich esoterische Kennerschaft und anonymer Massenbedarf beziehungslos gegenüberstanden, so reflektierte sich darin eine Entwicklung, in deren Verlauf sich das bürgerliche Publikum von einem "kulturräsonierenden" zu einem "kulturkonsumierenden" (Habermas)[1] gewandelt hatte. Dieser Sieg des kapitalistischen Marktes über die aufklärerische Bildungsidee hatte für die Künstler einen unübersehbaren Geltungs- und Wirkungsverlust mit sich gebracht,[2] denn an die Stelle einer emanzipatorisch intendierten Literatur war nun die manipulatorische Praxis einer Massenpresse getreten, die das breite Publikum mit trivialer Dutzendware bediente, während man die 'reine', die 'hohe' Kunst in esoterischen Zirkeln rezipierte und zelebrierte.

Vor diesem Hintergrund betrachtet, gibt sich der futuristische Kunstfeldzug als der erste organisierte Versuch zu einer Reintegration der Künste in den Lebenszusammenhang zu erkennen, als das programmatische Bemühen, den beschriebenen Funktionsverlust rückgängig zu machen und sich mittels einer Propaganda der Tat an die Spitze des Mo-

Ders.: Schriften zur Literatur 1: Kritik. Frankfurt/M. 1975, S. 123f.

1 Jürgen Habermas: Strukturwandel der Öffentlichkeit. Untersuchungen zu einer Kategorie der bürgerlichen Gesellschaft. Neuwied/Berlin 1969, S. 193-210.

2 Vgl. Sebastian Neumeister: Der Dichter als Dandy. Kafka-Baudelaire-Thomas Bernhard. München 1971, S. 40f.

dernisierungsprozesses zu katapultieren. Nur so auch ließ sich jener Aporie entkommen, in welcher sich der Ästhetizismus verfangen hatte, der ja aller Esoterik und Hermetik zum Trotz auf Publikum angewiesen geblieben war. Die zum Repräsentanten von Idee, d.h. zur idealen Kompensation des bürgerlichen Alltags verkümmerte Kunst wollte der Futurismus in Aktion verwandeln und sie auf diese Weise jeder mystifizierenden Aura entkleiden. Einem solchen Vorhaben stand jedoch die noch immer herrschende Innerlichkeitskultur im Wege, die sich in den kunstverwaltenden Institutionen mit ihrer Praxis der Musealisierung von Kulturgütern als geistigem Besitz der Bougeoisie manifestierte. Hier vor allem galt es Tabula rasa zu machen. Im Gründungsmanifest hieß es dazu unzweideutig:

> Museen: Friedhöfe! (...) Museen: öffentliche Schlafsäle (...) Ein altes Bild bewundern, heißt unsere Sensibilität in eine Aschenurne schütten, anstatt sie weit und kräftig ausstrahlen zu lassen in Schöpfung und Tat. Wollt ihr denn eure besten Kräfte in dieser ewigen und unnützen Bewunderung der Vergangenheit vergeuden, aus der ihr schließlich erschöpft, ärmer und geschlagen hervorgehen werdet? (...) Aber wir wollen von der Vergangenheit nichts wissen, wir jungen und starken *Futuristen!*
> Mögen also die lustigen Brandstifter mit ihren verkohlten Fingern kommen! Hier! Da sind sie! (...) Drauf! legt Feuer an die Regale der Bibliotheken! (...) Leitet den Lauf der Kanäle ab, um die Museen zu überschwemmen! (...) Ergreift die Spitzhacken, die Äxte und Hämmer und reißt nieder, reißt ohne Erbarmen die ehrwürdigen Städte nieder! (GdF, 27f.)

Die polemische, haßerfüllte Schärfe solcher Ausführungen wird erst voll begreiflich, wenn man sich die spezielle Situation in Italien vor Augen hält, das sich mit seiner Unzahl von historischen Stätten und Kunstdenkmälern wie ein "gigantisches Pompeji" (Boccioni) ausnahm. Heere von Tou-

risten, Fremdenführern, Archäologen und Antiquaren überfluteten das Land, das von seiner Vergangenheit förmlich aufgefressen und zu einem intellektuellen Rentnertum verurteilt wurde, gegenüber dem sich der futuristische Radikalismus als "notwendiges Reagieren"[1] begreifen und rechtfertigen läßt.
Neben dem Haß auf den Alptraum der archivierten, stillgelegten Vergangenheit erwies sich das antithetische Verhältnis zur unmittelbar vorangegangenen Epoche der 'Décadence' als für den Futurismus konstitutiv. Mit sämtlichen Relikten einer im Sinne des 19. Jahrhunderts gefärbten Empfindung wollte man aufräumen, um stattdessen der Leidenschaft für die Modernität der maschinellen Ära ästhetisch Ausdruck zu verleihen. So entstand nach den Worten des tschechischen Avantgardetheoretikers und Surrealisten Karel Teige (1900-1951) "eine Poesie, die sich vom dekadenten Subjektivismus und Romantizismus loskaufen wollte, indem sie ihre Strophen durch das Leben der Maschinen, Motoren belebte" und die "Apotheose der euro-amerikanischen Zivilisation"[2] betrieb.

Die Futuristen beließen es jedoch nicht bei der poetischen Affirmation der neuen Realitäten, vielmehr wollten sie den Modernisierungsprozeß der Gesellschaft weiter beschleunigen, förmlich auf Übertouren bringen, auf daß die Welt selbst sich in ein ästhetisches Objekt verwandelte, das auch wie ein solches von jedermann genossen werden konnte; dazu aber bedurfte es der Aktivierung der Massen, die intel-

1 Carl Einstein: Die Kunst des 20. Jahrhunderts. Leipzig 1988, S. 177.

2 Karel Teige: Liquidierung der 'Kunst'. Analysen, Manifeste. Frankfurt/M. 1968, S. 26.

lektuell wie sinnlich gereizt und zu spontanen Reaktionen provoziert werden sollten. Mit dem Quietismus der musealen Kultur - der Stille der Bibliotheken und Museen - sollte Schluß gemacht, dem Publikum mußte die Möglichkeit zur Kontemplation verweigert werden. Kollektive Euphorie und rauschhafter Optimismus hießen vielmehr die Ziele, auf die sich der futuristische Aktivismus richtete:

> Die Kunst darf kein Balsam, sie muß Alkohol sein (...) ein Alkohol, der zum Optimismus anregt (...) Dieser intellektuelle Kunst-Alkohol muß allen eingeflößt werden. So werden wir die schaffenden Künstler vervielfachen (...) Unser Verdienst ist es, daß die Zeit kommen wird (...) in der das Leben *Kunstwerk-Leben* sein wird (...) Die Menschen werden in lyrischer Inspiration, Originalität, musikalischer Eleganz, Überraschung, Fröhlichkeit und geistiger Elastizität wetteifern. (GdF, 160)

Der russische Futurismus scheint diese utopische Vision geteilt zu haben, liest man doch bei Tretjakov, schon die ersten öffentlichen Auftritte der Gruppe hätten darauf abgezielt, "die Psyche der Menschen in Erregung" zu versetzen, sie dabei gleichzeitig "zu größtmöglicher Elastizität" anzuspornen, zum "Bruch mit allen Kanons"; eben hierin habe sich "das Antlitz des Futurismus als eines neuen Weltempfindens" (TRE II, 84) offenbart.
Schon daß die Futuristen ein Massenpublikum ansprachen, war angesichts des Isolationismus der Autonomieperiode ein Novum. Man ging buchstäblich auf die Straße und wandte sich unter Umgehung der etablierten Distributionsapparate, die bislang für die marktmäßige Vermittlung künstlerischer Produkte verantwortlich gezeichnet hatten, direkt und in aggressiver Manier ans Volk. Boris Arvatov unterstreicht den Pioniercharakter dieser Handlungsstrategie, wenn er schreibt:

> Vor den Futuristen standen Verlage, Aktiengesellschaften, Mäzene zwischem dem Künstler und dem sogenannten (sic!) Publikum. Die Futuristen durchbrachen diese von Geld- und Marktinteressen bestimmte Front (...) und gingen auf die Straße (...) Zum ersten Mal seit vielen Jahrhunderten begann man auf Straßen und Plätzen, auf Massenveranstaltungen usw. Verse zu rezitieren, und die Künstler kamen aus ihren Schreibstuben, Ateliers und Kneipen heraus. (ARV, 99)

Als Adressat galt fortan nicht mehr das traditionelle Publikum der gebildeten Bürger, sondern die als Mitakteure aufgerufenen großstädtischen Massen der Arbeiter und der technischen Intelligenz. Ihre alltägliche Lebens- und Arbeitswelt, - bislang als kunstunwürdig ausgegrenzt, avancierte nun erstmals zum Gegenstand künstlerischer Emphase. Schon das Gründungsmanifest hatte ja verkündet, man werde

> die großen Menschenmengen besingen, die die Arbeit, das Vergnügen oder der Aufruhr erregt (...) die nächtliche, vibrierende Glut der Arsenale und Werften (...) die Fabriken, die mit ihren sich hochwindenden Rauchfäden an den Wolken hängen. (GdF, 26f.)

Systematisch sannen die Futuristen auf Mittel, jene, die als isolierte, passive Zuschauer gekommen waren, in ihren traditionalistisch gefärbten Kunsterwartungen zu enttäuschen und in eine gereizte, erregte, streitsüchtige Menge zu verwandeln, die sich am Geschehen aktiv beteiligte. Zum szenischen Inventar der mit wohlkalkulierten dramatischen Effekten inszenierten Soireen - "a combination of theatre, concert, political assembly and riot"[1] - zählten Provokationen, Exaltationen und Schocks aller Art. Wenn es zu Schlä-

1 Tisdall/Bozolla, Futurism..., a.a.O., S. 12.

gereien kam, so war dies durchaus im Sinne der Veranstalter, schließlich unternahmen die Futuristen selbst sogenannte 'Strafexpeditionen' gegen 'passatistische' Künstlerkollegen, weswegen Marinetti es sich auch als Verdienst anrechnete, "den Faustschlag in den künstlerischen Kampf eingeführt" (GdF, 7) zu haben.

Die futuristische Propaganda bediente sich bevorzugt solcher Ausdrucksmittel, die eine direkte und umgehende Wirkung versprachen: Manifest, Flugblatt, Annonce, Aushang, Plakat. Als für diesen Zweck besonders gut geeignet erwies sich die literarische Form des Manifests, die man aus dem politischen Bereich übernommen hatte. Manifeste ließen sich billig und schnell produzieren, rasch verbreiten und suggerierten zudem bei entsprechender Vielfalt - die Marinettisten brachten es auf nahezu hundert -, man habe es hier mit einer weitverzweigten Organisation zu tun.

Der Futurismus nahm denn auch tatsächlich die Form eines politischen Wahlfeldzuges an, lange bevor er offen in die Politik intervenierte. Schnell verschaffte er sich nationale wie internationale Resonanz, indem er medienwirksame Mittel der öffentlichen Selbstdarstellung entwickelte. Insbesondere das Propagandagenie Marinetti, sich in einem Brief aus dem Jahre 1910 "völlig sicher" wähnend, "innerhalb eines Jahres die gesamte Gruppe der futuristischen Dichter der Aufmerksamkeit der Weltöffentlichkeit aufzuzwingen" (GdF, 40), hatte vollkommen begriffen, daß im modernen Zeitalter der Reklame die ästhetische Vermittlung jedweder 'Botschaft' mindestens ebensoviel Beachtung erfährt wie deren eigentlicher Gehalt. Hatten die Ästhetizisten den Warencharakter der Kunst verleugnen wollen, so stellten ihn die Futuristen nun aggressiv zur Schau, indem sie ihre Produkte wie Warenhausartikel feilboten, zum nicht geringen Entset-

zen jener 'Passatisten', die hierin eine Profanierung der Kunst sahen.
Wenn die Futuristen solchermaßen Kunst und Reklame miteinander koppelten und dabei grell und marktschreierisch auftraten, so entbehrte das angewandte Verfahren gleichwohl nicht der Zweckmäßigkeit. Tretjakov begründet den funktionellen wie expressiven Wert der futuristischen Propaganda wie folgt:

> Man muß sich bewußt sein, daß die Futuristen, die in einem zutiefst passeistischen Milieu, das von der demütigen Achtung der Idole der Vergangenheit durchdrungen ist, wirkten, nicht darauf warten konnten, bis ihre Behauptungen und neuen Formen *von allein*, allmählich und bescheiden Breschen in das Dickicht des Spießerbewußtseins schlagen. Das wäre ein zu langer Weg gewesen. Außerdem ist das 'nachdenkliche und einschmeichelnde' Flüstern (...) ein allzu schlechtes Propagandainstrument für diejenigen, die die Kunst auf die Straßen und Plätze hinausrufen. Es ging nur um die Zweckmäßigkeit (...) Der Anruf wurde gehört. Jetzt die andere Seite der marktschreierischen Reklame - die Beleidigung des Geschmacks (...) Indem sie die eingebürgerten Manieren, Gewohnheiten und Vorstellungen auf den Kopf stellten, indem sie auf Schönheit, Zartheit, das Graziöse und die sonstigen Freuden müßiger Hirne einschlugen, brachten die Futuristen diesen Protest im Namen des kommenden Menschen wahrhaftiger, direkter und starker Prägung, des Menschen mit einfachem und scharfem Urteil, in die Formen der Propaganda ihrer Gruppe (in die Reklame) selbst ein. (TRE I, 26)

Der Erfolg der von Marinetti federführend entwickelten Strategien war unbestreitbar. Dafür sprach nicht allein die "beispiellose Breitenwirkung" dieser "ersten großangelegten Werbekampagne im Bereich der europäischen Kunst", sondern auch die paradigmatische Rolle, die der italienische

Futurismus als "der erste kosmopolitische Kunst-Ismus überhaupt"[1] für die nachfolgenden Avantgarden spielen sollte.

Dadaistische Sabotage

DADAs skandalisierende Schockwirkung gehört der Vergangenheit an; die Destruktionspraktiken seiner Anti-Kunst gelten mittlerweile als auf sublime Art konstruktiv. Kurz: DADA fand einen Platz im *Museum* der Moderne. Der Historisierung unterworfen erscheint diese Bewegung nur mehr als eine Episode der Kunst- bzw. Literaturgeschichte, wenn nicht gar als bloße intellektuelle Mode, deren Irritationskraft sich rasch verbrauchte.

Das dadaistische "Experiment des absoluten und folglich abstrakten Bruchs"[2] mißlang. Sein Negativismus bewahrte den Dadaismus nicht vor der Musealisierung. Gleichwohl wurden seine Destruktionspraktiken und Formexperimente immer wieder aufgegriffen, bis hin zum britischen Punk der siebziger Jahre. Wenn beispielsweise die Punkrock-Gruppe Sex Pistols die eigene Marktstrategie als "Great Rock'n' Roll Swindle" offenlegt und Sid Vicious in dem gleichnamigen Film ins Publikum schießt, so weist das auf jene Reklame- und Aggressionsmittel zurück, die schon DADA gegen die Konsumentenkultur ins Treffen führte, indem es sich

1 Ingold, Literatur und Aviatik..., a.a.O., S. 61f.

2 Jules Francois Dupuis: Der radioaktive Kadaver. Eine Geschichte des Surrealismus. Hamburg 1979, S. 10.

selbst zum Bluff erklärte und die symbolische Hinrichtung des 'Bürgers' (im Parkett) betrieb.

Daß DADA das Repertoire subkultureller Gesten bereichert hat, oder diese doch zumindest unwissentliche Wiederholungen dadaistischer Praktiken darstellen, scheint Raoul Hausmann (1886-1971) bestätigen zu wollen, wenn er rückblikkend bemerkt, die Bewegung habe "noch Jahrzehnte hindurch Nachhall im Bereich nicht nur der Künste, sondern einer gewissen Lebenshaltung" (Hausmann 3, 145)[1] gefunden. Franz Jung (1888-1963) betont demgegenüber in seiner Autobiographie "Der Weg nach unten" die letztlich ephemere Wirkung der Bewegung auf ihre Zeitgenossen. Ohne das provokatorische Potential der Akteure schmälern zu wollen, interpretiert er DADA als ein Verschiebungsphänomen unabgegoltener revolutionärer Ansprüche. Jung, selbst einer der Gründungsväter der Berliner Gruppe, begreift deren Aktivitäten als bloße "Verzierungen", als politisch-ästhetisches Ornament der mißlungenen Revolution von 1918/19:

> Der Trieb zur direkten Aktion, mit der eine Revolution beginnen soll, verlor sehr bald seine motorische Kraft und setzte sich ab in Verzierungen, die geeignet sein sollten, die Gesellschaft auf andere Weise zu treffen. Es entstand eine detaillierte Herausforderung vom einzelnen zunächst an die einzelnen (...) Dada, der eine Zeitlang die intellektuelle Elite, das ist die geistige Oberfläche, zu beschäftigen schien, ist in Wirklichkeit in die Geisteshaltung dieser Schicht nicht sehr tief eingedrungen und hat auch keinerlei Spuren hinterlassen.[2]

1 Raoul Hausmann: Am Anfang war Dada. Gießen 1980 (abgek.: Hausmann 3).

2 Franz Jung: Der Torpedokäfer. (Unveränderte Neuauflage von "Der Weg nach unten".) Neuwied/Berlin 1972, S. 110f.

Der oberflächlichen Rezeption seiner Zeitgenossen zum Trotz, lohnt die Auseinandersetzung mit der 'detaillierten Herausforderung' DADA. K.H. Bohrer betont zurecht, erst heute könne "der einst als schiere Provokation mißverstandene, deshalb auch verbrauchte Gestus der Avantgarde" angemessen begriffen werden: "Erst jetzt können wir solche Texte lesen, indem wir nicht bloß ihre Verfahren rekonstruieren, sondern uns ihres utopischen Charakters exegetisch vergewissern."[1]
Tatsächlich verschlägt eine bloß quantifizierende Rekonstruktion wenig, wenn es nicht zugleich gelingt, sie zu dynamisieren und so einen lebendigen Gegenwartsbezug herzustellen. Dabei hat sich freilich auch zu erweisen, wieviel echte "Modernität"[2] - mithin Reflexion, Kritik, Selbstkritik, Erkenntnis - die fraglichen Manifestationen aufweisen, oder ob sie nicht doch vielmehr nur Kapriolen jenes

1 K.H. Bohrer: Die "Antizipation" beim literarischen Werturteil. Über die analytische Illusion. In: Ders.: Plötzlichkeit. Zum Augenblick des ästhetischen Scheins. Frankfurt/M. 1981, S. 41.

2 Ich übernehme hier die Begriffsbestimmung von Henri Lefebvre: "Wir beginnen damit, in aller Schärfe *Modernismus* und *Modernität* zu unterscheiden. Unter *Modernismus* verstehen wir das Bewußtsein, das die jeweils aufeinander folgenden Epochen, Zeitläufte und Generationen von sich selbst gewinnen; der Modernismus besteht folglich aus Bewußtseinsphänomenen, aus Bildern und Projektionen des Selbst, aus Exaltationen, gemacht aus reichlich Illusionen und ein wenig Klarsicht. Der Modernismus ist ein soziologisches und ideologisches Faktum (...) Unter *Modernität* hingegen verstehen wir die einsetzende Reflexion, den mehr oder weniger weit getriebenen Ansatz einer Kritik und Selbstkritik, das angestrengte Projekt der Erkenntnis. Wir begegnen ihr in einer Serie von Texten und Dokumenten, die, obwohl sie den Stempel ihrer jeweiligen Epoche tragen, über die Aufreizung von Moden und die Erregung der Neuheit hinausweisen." Ders.: Einführung in die Modernität. Zwölf Präludien. Frankfurt/M. 1978, S. 9f.

"aktiven Snobismus" vorstellen, der die Simulationsmaschine des Modernismus in Gang hält. Henri Lefebvre bemerkt zum Funktionsmechanismus dieser 'Maschine':

> Die Versuche, die sich an "vorderster Front" bewegen (oder zu bewegen glauben), spielen sich in einer Art Nebel ab. Dabei sind Übertreibung, Dramatisierung, Propaganda und viel Wille zur Macht am Werk - inszeniert von Individuen für ihresgleichen wie für Gruppen, aber auch von Gruppen für andere Gruppen (...) Die propagandistischen Elemente, die die bildhafte Projektion - in den Artikeln und Reden, in der Presse und Mundpropaganda - enthält, zielen auf Einschüchterung. Wer nicht gleich ja sagt (...), sieht sich schnell aufs Inaktuelle und Unmoderne festgenagelt, ist "abgeschrieben". Der so verallgemeinerte Terrorismus richtet sich nicht nur gegen die Außenstehenden, die eingeschüchtert werden sollen, sondern auch gegen die nicht minder gierigen und dynamischen Konkurrenten in der eigenen sei's vorgeblichen sei's wirklichen Avantgarde. Jeder bangt um sein Prestige und seine stets gefährdete Position. Zugleich formiert sich ein aktiver Snobismus des Modernismus. Allenthalben geht es darum, sich "an die Spitze zu stellen", an die Spitze nun aber nicht des Kampfes oder der 'Kreation', sondern des Spektakels.[1]

So fügt sich die Avantgarde eben jenem kulturindustriellen Spektakel ein, dessen Lügenhaftigkeit und Surrogatcharakter sie ursprünglich denunziert. Indem die Avantgarde zum modernistischen Spektakel verkommt, teilt sich ihr das "verheerende Stigma" der Kulturindustrie mit: die "Nicht-Partizipiation",[2] welche die Massen zu reinen Zuschauern degradiert; dies aber ist gleichbedeutend mit dem Scheitern der avantgardistischen Intention, Kunst in soziale Lebenspraxis zurückzunehmen. Angesichts dieser faktischen Auszehrung seiner Substanz erfährt der Begriff der Avantgarde eine Depravierung und wird zum Synonym für modi-

1 A.a.O., S. 218f.
2 A.a.O., S. 346.

sches Trendsetting, das sich mit seiner Fetischisierung des Neuen der entfalteten Warengesellschaft andient - deren Prinzip die Tradition ohnehin negiert[1] - und zur Perpetuierung des Spektakels beiträgt. Der legitime traditionsfeindliche Impuls, der um das Fiktive und Ausgehöhlte der 'Traditionspflege' weiß, läuft derart Gefahr, im Banne dessen zu verbleiben, was er abstrakt negiert und darum schon überwunden zu haben glaubt. Wenn, wie Th.W. Adorno in den "Minima Moralia" bemerkt, "im Kultus des Neuen und damit in der Idee der Moderne (...) dagegen rebelliert (wird), daß es nichts Neues mehr gebe", weil die "allmächtige Quantifizierung" in der bürgerlichen Gesellschaft "alles Begegnende zum je Dagewesenen"[2] und somit zum austauschbaren Exemplar degradiert, so droht solcher Kultus andererseits doch wieder zum puren Sensationalismus zu verkommen, dem weit mehr am Reizwert als an Inhalten gelegen ist.
Was nun die historischen Avantgardebewegungen (Futurismus, DADA, Surrealismus) betrifft, so können auch sie nicht pauschal von dem Vorwurf befreit werden, an jenem von Lefebvre diagnostizierten "kulturellen Terrorismus" zu partizipieren, der sich propagandistischer Techniken zum Zwecke der Einschüchterung bedient und eine Neigung zu hierarchischen Verfestigungen und Formen des Mandarinats verrät. Eben darauf spielt Walter Benjamin an, wenn er in seinem "Sürrealismus"- Aufsatz bemerkt, es gebe

> in solchen Bewegungen immer einen Augenblick, da die ursprüngliche Spannung des Geheimbundes im sachlichen, profanen Kampf um Macht und Herrschaft explodieren oder als öffentli-

1 Vgl. Th.W. Adorno: Über Tradition. In: Ders.: Ohne Leitbild. Parva Aesthetica. Frankfurt/M. 1967, S. 29-41.

2 Th.W. Adorno: Minima Moralia. Reflexionen aus dem beschädigten Leben. Frankfurt/M. 1975, S. 316f.

> che Manifestationen zerfallen und sich transformieren muß (AN, 201).

DADA - das darf schon hier festgestellt werden - hat es von den genannten Bewegungen am besten verstanden, Verfestigung und Erstarrung zu vermeiden. DADA Zürich und DADA Berlin blieben Momentaufnahmen des jeweiligen geschichtlichen Augenblicks, der ihre politisch-ästhetische Opposition freisetzte, nämlich Krieg und Revolution. DADA, dessen Hervorbringungen bewußt ephemeren Charakter trugen, bewies weit mehr Konsequenz als der italienische Futurismus, der sein im Gründungsmanifest lauthals gegebenes Versprechen, rechtzeitig abzutreten, nicht einhielt und diese Unterlassung mit der Musealisierung zu Lebzeiten büßte: das ironische Schicksal einer Bewegung, die ihren auf die Spitze getriebenen Fetischismus des Neuen, durch das eigene 'Überleben' selbst dementierte. DADA hingegen negierte sich selbst, es wahrte die flüchtige Unterwegsgestalt, institutionalisierte sich nie, sondern blieb zwangloser Korrespondenzclub und absurdistisches Projekt.
Das 1916 in Zürich entstandene Zufallswort "DADA" wurde rasch zum 'Markenzeichen' einer Bewegung, die "ganz und gar antiprogrammatisch" war und wohl gerade wegen dieser scheinbar "absoluten Voraussetzungslosigkeit" (Richter, 33)[1] Entfaltungsmöglichkeiten bot. Rasch erwies sich die Suggestivität dieses Wortes, und seine enormen Reklamemöglichkeiten, die es bald in der Vorstellungswelt der Zeitgenossen etablierten. Dieser Erfolg verdankte sich der Propaganda der Dada-Gruppen, die die zunächst inhaltslosen Silben sugge-

1 Hans Richter: DADA - Kunst und Anti-Kunst. Köln 1964 (abgek.: Richter).

stiv aufzuladen und dem geschichtlichen Augenblick anzupassen verstanden. Der Schriftsteller Otto Flake, ein Beobachter der Züricher Szene, enthüllt den Hintersinn dieser Strategie, wenn er anmerkt:

> Man wollte keine Strömung, sondern nur einen Strudel erzeugen. Eine famose Veranschaulichung dessen, was Projektion ist: man (...) fingiert einen Kristallisationspunkt, der hier nur ein Wort aus zwei Silben war; dadurch daß dieser Punkt durch Energie (hier Reklame und Bluff) den Leuten sugeriert wird, beginnt er zu rotieren und Mittelpunkt für Vorstellungen, die immer heimatlos herumirren und Kristallisation suchen, zu sein (...) Nun enthält allerdings jener Bluff offenbar eine Tiefsinnigkeit. Indem er nämlich die geradezu automatische Entstehung von Ideen vor Augen führte, und zeigte, daß der Mensch so unfehlbar zur Projektion drängt, wie die Kuh den gefressenen Klee in Milch umsetzt (...) und indem er statt eines erhabenen Ideals das pure Nichts zum Kristallisationspunkt machte, traf er die verlogene Göttlichkeit solcher Ideale ins Herz (...).[1]

Der dadaistische Bluff verrät demnach Methode; er bildet den integralen Bestandteil einer Strategie, die die Zersetzung des kulturellen Überbaus der bürgerlichen Gesellschaft forcieren wollte. DADA betrieb seinen "Ramschausverkauf der entgötterten Philosophien" (FZ, 94), indem es sich wie eine "kulturelle Reklamegesellschaft" aufführte, "die selbst nur noch von ihrer Hülle zehrt."[2]

Die Anfänge Dadas waren "nicht die Anfänge einer Kunst, sondern die eines Ekels" (Tzara, 12)[3] vor den Priestern der Kultur, die der Gesellschaft ein Alibi für ihre Barbareien verschafften. Die Dadaisten verbanden "das Bewußtsein

1 Otto Flake: Nein und Ja. München 1982, S. 268f.
2 Hanne Bergius: Der Da-Dandy - Das 'Narrenspiel aus dem Nichts'. In: Tendenzen der Zwanziger Jahre. Berlin 1977, S. 3/23.
3 Tristan Tzara: 7 DADA-Manifeste. Hamburg 1980 (abgek.: Tzara).

vom Abbröckeln der Ideologien" mit dem erklärten Willen, diese "zum Vorteil eines authentischen Lebens"[1] abzuschaffen. Sie waren zuallererst Defaitisten und verstanden sich selbst als eine "internationale, antibourgeoise Bewegung" (Hausmann 2, 41f.), als Sabotagetrupp zur Zerstörung der "abendländischen Profitratenkultur" (Hausmann 1, 164).[2] Dada wollte die Departementalisierung des Geistes beseitigen, denn in "Arbeitsteilungen von der Art der bürgerlichen Wissenschaft, des bürgerlichen Geistes oder der bürgerlichen Kunst" erblickte man nur "blöde und freche Anmaßungen zur Erklärung einer Welt, die über das Begriffsvermögen der bürgerlichen Einstellung weit hinaus(ging)." (Hausmann 1, 113) Die Dadaisten attackierten die mystifizierende Rolle der Kultur im Rahmen der bürgerlichen Gesellschaft. Huelsenbeck begründet diese Wahl des kulturellen Terrains als Schauplatz der dadaistischen Anti-Kunst-Aktion mit den lebensgeschichtlichen Erfahrungen ihrer Protagonisten, die zumeist über Kenntnisse im Kulturbereich verfügten und sich eben deshalb verpflichtet und in der Lage fühlten, die Geheimnisse der 'Geistproduktion' auszuplaudern:

> Dada (...) hat das kulturelle Gebiet nicht aus der Sentimentalität heraus gewählt, die den "geistigen Werten" einen Höchstrang innerhalb der überkommenen Werteklimax zuweist. Die große Mehrzahl der Dadaisten kennt "die Kultur" aus den Berufen des Schriftstellers, Journalisten, des Künstlers. Der Dadaist hat eine eingehende Erfahrung darüber zusammengebracht, wie "Geist" gemacht wird, er kennt die gedrückte Lage der geistigen Produzenten, er hat mit den vielgedruckten Geistschmusern (...) jahrelang an einem Tisch gesessen, die tiefsten Geheimnisse und die Geburtswehen der Kulturen und Moralen hat er sich angesehen.

1 Dupuis, Surrealismus ..., a.a.O., S. 10.

2 Raoul Hausmann: Bilanz der Feierlichkeit. Texte bis 1933. Bd. a. Hrsg. v. M. Erlhoff. München 1982. (abgek.: Hausmann 1).

Dada macht eine Art Anti-Kultur-Propaganda, aus Ehrlichkeit, aus Ekel, aus tiefstem Degout vor dem Erhabenheitsgetue des intellektuell approbierten Bourgeois. (Almanach, 5).[1]

Dada verstand sich als die verkörperte Feindschaft gegen den "Bürger";[2] strikt lehnte es jene Drohnen- und Prostituiertenrolle ab, die man den Geistproduzenten nachsagte, welche mit einer feierlichen Ergänzung der profanen Wirklichkeit des Kapitalismus aufwarteten. Lauthals verweigerte man jede Teilnahme am Geistbetrieb und entwikkelte "eine bewußte Taktik zur ad absurdum-Führung dieses Schwindels." (Hausmann 1, 111) Die "Lügenhaftigkeit des individualistischen Ideals und der daraus entsprungenen tragischen Kultur" (Hausmann 1, 78) hielt man für erwiesen und konfrontierte deshalb den sogenannten Geist ironisch mit der marionettenhaften Determiniertheit und Mechanik der modernen Lebensläufe:

Dada ist die völlige Abwesenheit dessen, was man Geist nennt. Wozu Geist haben in einer Welt, die mechanisch weiterläuft? Was ist der Mensch? Eine bald lustige, bald traurige Angelegenheit, die von ihrer Produktion, von ihrem Milieu gespielt und gesungen wird. (Hausmann 1, 94)

Die Kultur als vermeintlich autonome Sphäre wurde mit bitterem Hohn übergossen. Ebensowenig wie es jemals so etwas wie einen "freien Menschen" oder ein "freies intelligibles Ich" gegeben habe, könne von einer "freien Kunst"

1 Richard Huelsenbeck: Einleitung zum DADA-Almanach. Hamburg 1979, S. 3-9 (abgek.: Almanach).

2 Der Begriff des "Bürgers" wird von den einzelnen Dadaisten nicht immer im soziologischen Sinne gebraucht; so erscheint er bei Hugo Ball oft auch als Synonym für Enge, Leblosigkeit, Dumpfheit, Häßlichkeit. Vgl. dazu auch: Miklavz Prosenc: Die Dadaisten in Zürich. Bonn 1967, S. 92-95.

(Hausmann 1, 110) die Rede sein, vielmehr sei diese stets von der allgemeinen Verfaßtheit der Gesellschaft abhängig gewesen. Der ganze Idealismus der bürgerlichen Kultur sei nichts weiter als ein Projektions- bzw. Kompensationsphänomen, ein "Ventil für die Sehnsucht des Europäers nach dem Leben, wie es nicht war." (Ebd.) In dieser Funktion habe sie ihren Beitrag zur Perpetuierung der Klassengesellschaft geleistet. Durchaus rüde spricht Hausmann von "Geistesbourgeoisie, der mit seinen Ausscheidungen die Besitzperipherie sichert", um polemisch hinzuzusetzen:

> So blieb die Welt eine Kloake der Feierlichkeit. Hier hilft nur Zwangsarbeit mit Peitschenhieben. Wir fordern Disziplin! Gegen die freie Kunst! Gegen den freien Geist!!!! (Hausmann 1, 56)

Zumal gegen den Geist-Begriff entwickelte man ausgesprochene Aversionen. Ball etwa bemerkt in seinem Tagebuch, er werde schon "furibond, wenn man das Wort nur ausspricht." (FZ, 141) Ebenso allergisch reagierte man auf falsches Pathos und Gefühlskitsch in jeder Gestalt, da angesichts der "wirklichen Hölle" (FZ, 114) draußen auf den Schlachtfeldern Sentimentalitäten fehl am Platz seien. In Balls Tagebuch liest man: "Man muß sich die lyrischen Gefühle abgewöhnen. Es ist taktlos, in solcher Zeit mit Empfindungen zu prunken." (FZ, 37) Das Ende der falschen Feierlichkeit destruiert zugleich den 'schönen Schein' der Kunst; mit kontrapathetischen Pathos verkündet man denn auch deren Ende:

> Nein, meine Herren, die Kunst ist nicht in Gefahr - denn die Kunst existiert nicht mehr! (...) Sie war ein schöner Schein, ausgehend von einem sonnig-heiteren Lebensgefühl, und nun erhebt uns nichts mehr, nichts mehr! (Hausmann 1, 83)

Inmitten der herrschenden Kriegsbarbarei werde die Dichtung zu einer "individuellen Eitelkeit". (Hausmann 3, 16) Die Dadaisten zogen daraus die Konsequenz, sich als Kollektiv zu organisieren, um der herrschenden Innerlichkeitskultur, dem gesellschaftlichen Zwangszusammenhang überhaupt mit dem Mittel der Aktion zu begegnen, um so die "Aufrüttelung der allgemeinen Erkenntnis einer unmöglich gewordenen Weltsituation" (Hausmann 3, 144) voranzutreiben. Ihr Aktionismus betreibt die systematische Provokation bürgerlicher Öffentlichkeit, die methodische Irritation des Publikums, das sich nur so aus seiner Lethargie reißen ließ. Die Strategie in ihrer Gesamtheit bezweckt einen anti-kontemplativen, d.h. aber sozialen Effekt,[1] der sich im Skandal (als dem gelungenen Schock) manifestiert.

Dadas Manifestationen verdanken sich nicht schlicht der "Freude am Spektakulären",[2] wie von einigen Interpreten immer wieder behauptet. Man adaptiert vielmehr gewisse Formen öffentlicher Selbstdarstellung, um sich inmitten einer "Gesellschaft des Spektakels" (Guy Debord) Gehör zu verschaffen. Im Anschluß an Marinetti registrierten die Dadaisten die Bedeutung der heraufziehenden Kulturindu-

1 Vgl. dazu die entsprechenden Ausführungen in Benjamins "Kunstwerk"-Aufsatz, wo es u.a. heißt: "Der Versenkung, die in der Entartung des Bürgertums eine Schule asozialen Verhaltens wurde, tritt die Ablenkung als eine Spielart sozialen Verhaltens gegenüber. In der Tat gewährleisten die dadaistischen Kundgebungen eine recht vehemente Ablenkung, indem sie das Kunstwerk zum Mittelpunkt eines Skandals machen. Es hatte vor allem *einer* Forderung Genüge zu leisten: öffentliches Ärgernis zu erregen." Walter Benjamin: Das Kunstwerk im Zeitalter seiner technischen Reproduzierbarkeit. In: Ders.: Illuminationen. Frankfurt/M. 1969, S. 171.

2 Jose Pierre: Futurismus und Dadaismus. Lausanne 1967, S. 53.

strie und ihrer Techniken, auf die zu verzichten, man sich nicht leisten konnte. Im beginnenden 'Zeitalter der Reklame' versprach einzig das Grelle, Schockierende, Markschreierische Wirkung:

> Die Massenpsychologie DADAs war aufgebaut auf der Erkenntnis, daß das 'Wunderbare' der Romantiker im beginnenden Zeitalter der Reklame wirkungslos ward; DADA setzte anstelle der BLAUEN BLUME die Wirkung des Überraschenden und Ungewöhnlichen. (Hausmann 3, 144)

Die bildungsbürgerliche Idiosynkrasie gegenüber Presse, Reklame, Bluff und Sensation teilten die Dadaisten keineswegs, vielmehr durchschauten sie solche Berührungsängste als Ausdruck der Krisenstimmung einer Schicht, die durch die Modernisierung ihre Privilegien gefährdet sah und sich in ihren alten Stellungen verschanzte. Dada hingegen meinte, sich einen solchen Luxus nicht leisten zu können; nicht Boykott der Medien lautete daher seine Parole, sondern deren immanente Destruktion und Sabotage:

> Dada lebt heute (...) Es gestaltet die Welt praktisch nach ihren Gegebenheiten, es benützt alle Formen (...), um die (...) Bürgerwelt mit ihren eigenen Mitteln zu schlagen. (Hausmann 1, 95)

Im souveränen, subversiv gehandhabten Umgang mit den vorhandenen Medien stellte Dada seine Gleichzeitigkeit und Modernität unter Beweis. Irreführung der Presse durch gezielte Falschmeldungen, Reklameannoncen, Flugblatt- und Plakatwerbung bildeten Bestandteile dieser Sabotagetechnik. Die kommerzielle und politische Werbung prägte daher auch nicht unwesentlich den Duktus dadaistischer Verlautbarungen, hinter deren Mimikry allemal der Defaitismus lauerte. Man betrachte nur die folgende Annonce des Berliner 'Zentralamts des Dadaismus', wo mit viel schwarzem Humor kapitalistisches Geschäftsgebaren imitiert wird, um dergestalt verfremdet die Tristesse der gesellschaftlichen Zustände beim Namen zu nennen:

> LEGEN SIE IHR GELD IN DADA AN!
> *dada* ist die einzige Sparkasse, die in der Ewigkeit Zins bezahlt. Der Chines hat sein *tao* und der Inder sein *brama*.
> *Dada* ist mehr als tao und brama. *dada* verdoppelt ihre Einnahmen. *dada* ist der geheime Schleichhandel und schützt gegen Geldentwertung und Unterernährung. *dada* ist die Kriegsanleihe des ewigen Lebens. *dada* ist der Trost im Sterben (...) *dada* ist die einzige Rettung vor der Sklaverei der Entente (...).[1]

Das ganze Elend der unmittelbaren Nachkriegszeit wird hier in spielerischer, scheinbar absurder Manier abgehandelt, ohne daß auch nur ein Wort der Empörung fiele; über dergleichen Sentimentalitäten einer abgebrühten Öffentlichkeit gegenüber war man längst hinaus.
Wie schon zuvor die Futuristen unternahmen die Dadaisten den Versuch, die Darstellungs- und "Wahrnehmungsformen aus dem romantisch- pessimistischen Komplex der Abwehr der Modernisierung herauszulösen, um Formen der *Synchronisierung* zu wagen."[2] Im Gegensatz zu der italienischen Avantgarde verfolgte man dabei jedoch primär subversive Zwecke. Zwar entnahmen sie dem Futurismus "die technischen Erfahrungen und das beginnende know how für die künstlerischen Manipulationen der Form- Zertrümmerung, zur Negation der kompositorischen Regeln und zur Entwertung und Umwertung des ästhetischen Gehalts",[3] doch erst

1 Zit. n. Johannes Baader: Oberdada. Gießen 1977, S. 61.
2 Helmut Lethen: Zwei Barbaren. Über einige Denkmotive von Ernst Jünger und Bertolt Brecht in der Weimarer Republik. In: Anstöße. 1984, H. 1, S. 17-28, S. 19.
3 Eberhard Roters: Mouvement Dada. In: Tendenzen der Zwanziger Jahre ..., S. 3/5.

DADA gab der Worttechnik Marinettis eine gesellschaftskritische, radikal anti- kapitalistische Stoßrichtung, jenen karikierenden Sinn, der ihr zunächst fehlte. Getreu Marinettis Anweisungen brach man die Regeln der Logik wie der Grammatik, freilich nicht um in das Lob des universalen Dynamismus auszubrechen, sondern um dem eigenen, durchaus zwiespältigen, Lebensgefühl Ausdruck zu verschaffen, denn unter der dynamischen Oberfläche spürte DADA zugleich die "Leichenstarre dieser Zeit" (FZ, 67), deren bewußtlose und mörderische Mechanik.

Dynamik und Starre

Der Fortschritt ist ein Standpunkt
und sieht wie eine Bewegung aus.

(Karl Kraus)

Mit seinen Ambivalenzen, seinem Skeptizismus und Nihilismus, hebt sich DADA deutlich vom Futurismus ab, dessen Bekenntnis zur Modernisierung eindeutig ausfällt. Diese Zerrissenheit DADAs manifestiert sich auch in dem Gebrauch, den es von den futuristischen Innovationen macht. Während sich der Futurismus zum Verkünder des Neuen aufschwingt, gibt sich DADA radikal gegenwartsbezogen und weiß sich "als Teil dessen, was es zu negieren gilt."[1]

1 Peter Bürger: Der französische Surrealismus. Studien zum Problem der avantgardistischen Literatur. Frankfurt/M. 1971, S. 41.

So macht es eine stilistische Besonderheit der dadaistischen Manifeste - besser: Anti-Manifeste - aus, daß sie sich in letzter Instanz selbst negieren. DADA ist mithin anti-dadaistisch:

> Dada begreift sich als totale Negation der bürgerlichen Daseins- und Denkweise; aussprechen kann sich jedoch die totale Negation nur, indem sie etwas Bestimmtes verneint; die bestimmte Negation ist aber immer zugleich Affirmation des Gegenteils des Negierten. Um diesem Dilemma zu entkommen, muß Tzara, wo immer das möglich ist, die eigene Aussage wiederum aufzuheben suchen.[1]

Diese selbst-destruktive Tendenz, die den futuristischen Manifesten gänzlich abgeht, findet sich bei DADA allenthalben. Wo, wie bei Serner, buchstäblich alles als Schwindel entlarvt wird, da schreckt die Destruktion auch nicht vor den eigenen Produkten zurück: "Ich würde mich freuen zu hören, daß diese Seiten der *letzte* Mist sind, der geschrieben wurde. Ich würde mich sehr freuen." (LL, 38)
Zweifellos orientierten sich die Dadaisten in ihrer Öffentlichkeitsarbeit am Vorbild des Futurismus, dessen szenisches Repertoire sie übernahmen, um sich spektakulär und massenwirksam ausagieren zu können. Auch sie veranstalteten Soireen, in deren bewegtem Verlauf Manifeste verlesen, Simultangedichte rezitiert und bruitistische Geräuschmusik 'gespielt' wurden.
Die neuartige Form des Simultangedichts entwickelten Tzara und Huelsenbeck in Anlehnung an Marinettis Begriff der Simultaneität. Mit bruitistischer Begleitung (Trillerpfeifen, Paukenschlägen, Knarren etc.) deklamierten hier bis zu zehn Personen simultan verschiedene oft sinnleere und rein

1 Bürger, Surrealismus..., a.a.O., S. 41.

lautmalerische Texte. Raoul Hausmann bemerkt zur expressiven Funktion des Verfahrens: "Diese Art der Dichtung gibt keinerlei bloß poetische Stimmung, sondern sie ist ein Gleichnis der Verworrenheit und Sinnlosigkeit der Realität." (Hausmann 1, 98) Hausmanns Rede von der 'Verworrenheit und Sinnlosigkeit' zeugt bereits von einem veränderten Begriff von Simultaneität, denn während der fortschrittsgläubige Futurismus die Regelmäßigkeit und Kontinuität eines allumfassenden Dynamismus der Materie behauptet, Simultaneität demnach als die gleichzeitige Schilderung linearer, zielgerichteter Ereignisse bzw. Bewegungen aufgefaßt hatte, betonte der dadaistische Simultanismus das chaotische Wesen der modernen Wirklichkeit.
Den Dadaisten erschienen die modernen Zeiten wesenhaft dissonant, "komplett als ungeheuerer Lärm, Spannung in Zusammenbrüchen" (Hausmann 1, 99); sie selbst fühlten sich "zerrissen, zerstückt, zerhackt" (ZK, 43), dem zwar dynamischen doch gleichermaßen zerstörerischen Rhythmus der Moderne ausgesetzt. Auch dieser Aspekt ihres Wirklichkeitsempfindens wird im "Poème simultan" sinnfällig, wie eine Tagebuchnotiz Hugo Balls belegt:

> Der Eigensinn eines Organons kommt in solchem Simultangedichte drastisch zum Ausdruck, und ebenso seine Bedingtheit durch die Begleitung. Die Geräusche (...) haben eine der Menschenstimme an Energie überlegene Existenz (...) Das Gedicht will die Verschlungenheit des Menschen in den mechanistischen Prozeß verdeutlichen. In typischer Verkürzung zeigt es den Widerstreit der vox humana mit einer sie bedrohenden, verstrickenden und zerstörenden Welt, deren Takt und Geräuschablauf unentrinnbar sind. (FZ, 90)

Damit kamen die Dadaisten der von Marinetti erhobenen Forderung nach, den "LÄRM (Manifestation des Dynamismus der Gegenstände)" als "Element in die Dichtung" (GdF, 169) einzuführen - dies jedoch mit völlig anderen Konnotationen: Während sich nämlich die Futuristen von der metropolitanen und industriellen Geräuschkulisse förmlich inspiriert fühlten und voller Inbrunst dem 'Gespräch der Motoren' lauschten, blieb den Dadaisten solcher Technik-Kult fremd. Marinetti ästhetisiert, wenn er "den Lärm (die unproduktive Aktivität der Maschine) als ihre bedeutungsvollste" (AN, 511) behauptet, mithin den Funktionscharakter der Technik ausblendet. Dada hingegen betont die destruktiven Potenzen einer Maschinenwelt, die den einzelnen beherrscht und zerbricht. Für Hugo Ball etwa nehmen sich die Wahrnehmungszumutungen einer modernen Buchdruckerei folgendermaßen aus:

> Wer es an einer solchen Maschine ein Leben lang aushält, muß ein Heros sein oder zerbrochen werden. Von solchen Wesen ist keine spontane Regung mehr zu erwarten. Ein Gang durch das Zuchthaus kann nicht so furchtbar sein wie ein Gang durch den lärmenden Saal einer neuzeitlichen Offizin. Die tierischen Geräusche, die stinkenden Flüssigkeiten. Alle Sinne aufs Bestialische, Ungeheure und gleichwohl Schemenhafte gerichtet. (FZ, 4f.)

Während Ball hier seine argwöhnische Wahrnehmung unter Beweis stellt, goutiert der futuristische Perspektivismus die moderne Geräuschkulisse als gleichsam harmonisches Gesamtkunstwerk. Hören wir dazu den futuristischen 'Geräuschtöner' Luigi Russolo, den es jedoch nicht ins Innere der Fabriken zu ziehen scheint:

> Wenn wir eine moderne Großstadt mit aufmerksameren Ohren als Augen durchqueren, dann werden wir das Glück haben, den Sog des Wassers, der Luft oder des Gases in den Metallröhren, das Brummen der Motoren (...) das Klopfen der Ventile, das Auf

> und Ab der Kolben, das Kreischen der Sägewerke, die Sprünge der Straßenbahnen auf den Schienen (...) zu unterscheiden. Wir haben Spaß daran, (...) die verschiedenen Geräusche der Bahnhöfe, der Spinnereien, der Druckereien, der Elektrizitätswerke und der Untergrundbahnen im Geiste zu orchestrieren. (Futurismus, 25).[1]

Die Dadaisten betonen demgegenüber die Analogie zwischen Maschinen- und Menschenwelt; sie heben dementsprechend das Mechanische des modernen Lebens hervor, seine marionettenhafte Determiniertheit, die die Menschen selbst in Maschinen verwandelt. Der Hinweis auf die Verstricktheit des einzelnen in den "mechanistischen Prozeß" (Ball) ergänzt nur die Hausmannsche Rede von der "Verworrenheit und Sinnlosigkeit der Welt", denn solange die Menschen fraglos, d.h. bewußtlos funktionieren und sich den Gesetzen eines anonymen Mechanismus unterwerfen, solange bleibt auch der einzelne "nichts weiter (...) (als) ein leerlaufender Unsinn." (Hausmann 1, 93)

Der Dadaismus attackierte den "bürgerlichen Schlafwandel" (Hausmann 1, 194), die Marionettenhaftigkeit von Menschen, die "'zwangsläufig' sind (...), die Konjunktur mit dem Leben und ihre Interessen mit dem Schicksal verwechseln" (FZ, 24), mithin bloße Charaktermasken ihrer ökonomischen Funktion vorstellen.

Hatte noch der Futurismus den Menschen als heldenhaften Schöpfer verherrlicht, so findet sich derlei Gigantomanie im Dadaismus ironisch karikiert. Drastisch veranschaulicht dies Hausmanns Skulptur "Mechanischer Kopf. Geist unserer Zeit" (1919), die sinnfällig machen soll, daß "das menschliche Bewußtsein nur aus unbedeutendem Zubehör besteht,

1 Drahtlose Phantasie. Auf- und Ausrufe des Futurismus. Hamburg 1985 (abgek.: Futurismus).

das man ihm äußerlich aufklebt." (Hausmann 3, 20) Freiheit entpuppt sich als idealistische Spielmarke in einer Welt, deren anonyme Mechanismen der Einzelexistenz den Stempel des Sinnlosen aufprägen. Richard Sheppard betont denn auch zu Recht den Abstand, der die beiden Avantgarden in dieser Frage trennt:

> Für die Dadaisten ist der moderne Mensch keineswegs der Herr der Schöpfung, sondern eine Chaplin-Figur, die sich in das Durcheinander eines Prozesses verwickelt sieht, der (,) weit davon entfernt, in etwas Höheres hinauszuführen, (wie es der futuristische Fortschrittsgedanke unterstellt, - d. Verf.) alle Anzeichen der Zwecklosigkeit an sich trägt.[1]

Die Weltauffassung DADAs - vergleichbar der der Slapstick-Comedy - kennt keine Transzendenz; ihre Welt ist eine der totalen Determination voller mechanischer Zwänge. Freiheit? Von einer solchen könne nicht die Rede sein, solange es die Menschen vorzögen, "witterungslos in den Krieg, Frieden, Arbeit, Vergnügen, in alles hineinzuschlafen" (Hausmann 1, 56), gibt Hausmann Bescheid, weshalb er denn auch konsequent von einer "maschinell ablaufenden sogenannten Freiheit" (Hausmann 1, 171) spricht. Walter Serner sekundiert ihm, wenn er die Freiheit als illusionäre Veranstaltung, als "Lunapark" (LL, 10) abtut. Höhnisch dementiert er die bürgerlichen Souveränitätsillusionen und den Mythos von der Willensfreiheit: "Freiheit! Mein Dasein souverän? Konträr: es ist schwerst passiv, von allen Seiten gepackt. Der große Dadadaterich!!!" (LL, 10)

1 Richard Sheppard: Dada und Futurismus. In: Sinn aus Unsinn. Dada International. Hrsg. v. W. Paulsen/H.G. Hermann. Bern/ München 1982, S. 57.

Jene "Verve der rationalistischen Platitüde",[1] die Hermann Broch dem Futurismus kritisch attestierte, blieb den Dadaisten fremd. Während die italienische Avantgarde die Dynamik einer Epoche der Geschwindigkeit pries, dechiffrierte DADA die Moderne als eine Zeit, die durch Dynamik und Sterilität, Tempo und Erstarrung gleichermaßen gekennzeichnet ist. Zwar bemühte sich auch der Dadaismus um die Wiedergabe des modernen Rhythmus und eine Komplexerweiterung der Wahrnehmung, doch von Fortschrittspathos und Technikkult findet sich in den Manifesten keine Spur mehr; Skepsis ist an ihre Stelle getreten. Huelsenbeck bemerkt in diesem Zusammenhang:

> Dada (...) (begreift) sich als ein Phänomen (...), das ein Ausdruck dieser Zeit ist, die ihrer Hauptsache nach einen zivilisatorisch-mechanischen Charakter hat. Es will nicht mehr sein als ein Ausdruck der Zeit, es hat alles Wissen, das ganze atemlose Tempo, den Skeptizismus, aber auch die Müdigkeit, die Verzweiflung an einem Sinn und einer "Wahrheit" in sich aufgenommen. (GD, 39)

Gerade der Weltkrieg, der eigenliche Auslöser der dadaistischen Revolte, hatte zur Genüge offenbart, was es mit der von Marinetti emphatisch beschworenen Dynamik der Moderne, der ständigen Vervollkommnung der technischen Apparate, für eine Bewandnis hatte. An technologischen Fortschritten herrschte tatsächlich kein Mangel, deren militärische Nutzung aber ließ nie lange auf sich warten: Die 'Eroberung des Luftreichs' beispielsweise, der von der europäischen Öffentlichkeit enthusiastisch gefeierte Durchbruch der Fliegerei im Jahre 1909, wurde zum Vorspiel des modernen Luftkrieges. Nur wenige Jahre, nachdem der

1 Hermann Broch: Zolas Vorurteil. In: Ders.: Schriften zur Literatur 1, S. 35.

Franzose Bleriot als erster den Ärmelkanal überflogen hatte, traten die kriegführenden Staaten bereits mit Aufklärungs- und Bombenflugzeugen gegeneinander an. Die ersten Luftschlachten und Bomberraids der Geschichte fanden statt, und innerhalb kurzer Zeit liefen 200.000 Militärflugzeuge von den Bändern. Diese Art von Fortschritt hat man sich vor Augen zu halten, will man Huelsenbecks Bemerkung verstehen, die Dadaisten hätten zwar "Marinettis Weltauffassung realistisch" (GD, 13) gefunden, doch keineswegs geliebt.

Angesichts der gesellschaftlichen Formbestimmtheit der Technik, ihrer kriegerischen wie ihrer friedlichen Nutzung im Rahmen der Produktion, verflüchtigte sich jegliches Fortschrittspathos und machte einer Kritik an der technologischen Nekrophilie Platz, jener pseudo-religiösen Verehrung des maschinellen Perfektionismus, die wie ein roter Faden die Manifestationen des Futurismus durchzog. Nach Paul Scheerbart und neben Karl Kraus war es der Dadaist Hugo Ball, der "als einer der ersten" den "modernen Maschinismus (...) kritisch analysierte"[1] und dessen destruktive Implikationen offenlegte:

> Die moderne Nekrophilie. Der Glaube an die Materie ist ein Glaube an den Tod. Der Triumph dieser Art Religion ist eine entsetzliche Abirrung. Die Maschine verleiht der toten Materie eine Art Scheinleben. Sie bewegt die Materie. Sie ist ein Gespenst. Sie verbindet Materien untereinander und zeigt dabei eine gewisse Vernunft. Also ist sie der systematisch arbeitende Tod, der das Leben vortäuscht. (FZ, 4)

An die Stelle der futuristischen Verherrlichung der Industriezivilisation trat bei DADA eine tiefe Skepsis. Orientiert

1 Ingold, Literatur und Aviatik..., a.a.O., S. 166.

an lebensphilosophischen Ganzheitsvorstellungen von Rhythmik und Kontinuität, begriff man den technisch geprägten Produktionsprozeß als zerstörerisch, vernichte doch die Maschine "in ununterbrochen unterbewußter Einwirkung den menschlichen Rhythmus." (FZ, 4) Angesichts des Weltkrieges aber, der wegen seines mechanisierten Charakters wie eine grausame Parodie auf den Produktionsprozeß wirkte, nahm die Technik geradezu dämonische Züge an. Aus Balls Perspektive erschien der moderne Abendländer nicht länger als heldenhafter Schöpfer und Träger einer emanzipatorisch wirkenden Aufklärung, vielmehr befand er sich in der Rolle des 'Zauberlehrlings', dem die eigenen 'Geschöpfe' über den Kopf wuchsen, dergestalt das vermeintliche Subjekt zum Objekt und Opfer der eigenen rationalistischen 'Hybris' machend. Die Dadaisten glaubten hierin ein Scheitern der ursprünglichen aufklärerischen Intention, die auf die Mündigwerdung des Menschen abzielte, erkennen zu können; sie registrierten die Depravierung des Vernunftbegriffs, in der sich die selbstzerstörerische Herrschaftsbezogenheit der Aufklärung widerspiegelte. Man begriff sich als am Ende einer geistesgeschichtlichen Evolution stehend, einer brisanten Transformation, in deren Verlauf die Vernunft eine fortschreitende Subjektivierung, Formalisierung und Instrumentalisierung erfahren hatte. An die Stelle religiöser Metaphysik war Tatsachengläubigkeit getreten, ein quasi-religiöser Wissenschafts- und Fortschrittskult, der andere Wahrnehmungs- und Wissensformen rigoros abwertete. Unter dieser "absoluten Herrschaft der Logik und Vernünftigkeit" (Richter, 65) wurden alle Erlebnisweisen, Triebregungen und Affekte verdrängt bzw. ausgegrenzt, die sich dem rationalistischen Kalkül nicht fügten. Die Dadaisten versuchten, die destruktiven Konsequenzen dieses zivilisatorischen Prozesses offenzulegen und begriffen die eigenen Aktivitäten als "praktische Selbstentgiftung" (Hausmann 1, 171) und "notwendige Umkehrung" einer fragmentierten, gleichwohl totalitären Rationalität. Der Dadaist Hans Richter (1888-1976) äußert sich in diesem Zusammenhang folgendermaßen:

> Seit Descartes hatte sich der Aberglaube von der All-Erklärbarkeit der Welt durch den Verstand etabliert. Dieser Aberglaube mußte durch eine notwendige Umkehrung ausgeglichen werden. Die Erkenntnis, daß Vernunft und Anti-Vernunft, Sinn und Un-Sinn, Plan und Zufall, Bewußtsein und Un-Bewußtsein zusammengehören und notwendige Teile eines Ganzen darstellen, darin eben hatte Dada seinen Schwerpunkt. (Richter, 65)

Vernunft als herrschsüchtige Theologie

Die Kritik der Dadaisten galt nicht der Vernunft an sich, sondern deren dominierender Variante, dem, was Max Horkheimer die "instrumentelle Vernunft" genannt hat. Auslöser ihrer Kritik war der Krieg, der die monströse Dimension der herrschenden Rationalität, deren letztlich nekrophilen Charakter offenbart zu haben schien. Schließlich wurde hier tagtäglich mit viel Aufwand an Intelligenz und Berechnung der Mord an Zehntausenden geplant, ausgeführt - und gerechtfertigt, indem man "dies zivilisierte Gemetzel in einen Triumph der europäischen Intelligenz umzulügen" (FZ, 94) versuchte. In der wahnhaften nationalistischen Befangenheit der europäischen Völker kündigte sich der endgültige Bankrott des Aufklärungsprozesses an.

Die Aufklärung schien gescheitert zu sein: zwar waren unstrittig technische und ökonomische Fortschritte erzielt worden, das zentrale Anliegen aber, die Befreiung von Herrschaft und Aberglauben, blieb uneingelöst. Die positivistische Reduktion von Vernunft auf technische Rationalität und der sie begleitende Wissenschaftsfetischismus markierten ein Zurückschlagen von Aufklärung in 'schlechte' Mythologie. So verweist Hugo Ball auf die phantasmagorischen Formen dieses modernen Wissenskultes, stellt jedoch zugleich unmißverständlich fest, daß es nicht darum gehen könne, den Intellekt als solchen zu verabschieden, vielmehr müsse man der Aufklärung durch Selbstaufklärung beikommen:

> Die Akademie ist selbst phantastisch und irrational. Ihr Glaube an die 'objektive Wissenschaft' ist der Grund aller Phantasmen. Die Zukunft wird also wohl den Intellekt nicht opfern, sondern ihn dem phantastischen Wissenschaftskult formierend entgegensetzen. (FZ, 103)

"Logik" und "Vernunft" erwiesen sich als "Postulate einer herrschsüchtigen Theologie" (ZK, 41), in der sich der Niedergang der Vernunft-Idee manifestiere. Angesichts der herrschenden Rationalität gelte es daher zunächst "mit dem Vernunftsystem (...) (zu brechen), aus Gründen einer höheren Vernunft." (FZ, 15).
Folgt man der Darstellung Max Horkheimers, so war der Vernunft noch zum Zeitpunkt ihrer ideengeschichtlichen Entstehung weit mehr abverlangt worden, "als bloß das Verhältnis von Mitteln und Zwecken zu regeln; sie wurde als das Instrument betrachtet, die Zwecke zu verstehen, *sie zu bestimmen*."[1] Im weiteren Geschichtsverlauf aber erlebte

1 Horkheimer, Zur Kritik der instrumentellen Vernunft, a.a.O., S. 21.

dieser objektive Vernunftbegriff, der die subjektive Vernunft niemals ausgeschlossen hatte, eine fortschreitende Auszehrung. Die Vernunft liquidierte sich selbst als Medium einer wie auch immer gearteten höheren, sich nicht im rein Instrumentellen erschöpfenden Einsicht: "Bedeutung (...) (wurde) verdrängt durch Funktion oder Effekt in der Welt der Dinge und Ereignisse."[1] So schrumpfte die Vernunft zum Instrument bornierter, d.h. egoistischer Interessen, wie sie die kapitalistische Produktionsweise den einzelnen Gesellschaftsmitgliedern ohnehin vorgab. Neben der 'Idee' des Selbstinteresses verblieb keinerlei rationales Prinzip des gesellschaftlichen Zusammenhalts, wobei freilich, paradox genug, von einem 'Selbst' im Sinne autonomer Subjektivität angesichts der sozialen und ökonomischen Existenzbedingungen ohnehin nicht die Rede sein konnte; eingespannt in das System kapitalistischer Arbeitsteilung nämlich, "schrumpfte (...) (der Einzelne) zum Knotenpunkt konventioneller Reaktionen und Funktionsweisen, die sachlich von ihm erwartet"[2] wurden. Das hierin zutage tretende

> Herrschaftsverhältnis (...) (wurde jedoch) ökonomisch durch die scheinbare Unabhängigkeit der wirtschaftenden Subjekte, philosophisch durch den idealistischen Begriff einer absoluten Freiheit des Menschen verdeckt und durch Bändigen und Ertöten der Lustansprüche verinnerlicht.[3]

1 Ebd., S. 31.
2 Horkheimer/Adorno, Dialektik der Aufklärung, a.a.O., S. 34.
3 Max Horkheimer: Egoismus und Freiheitsbewegung. Zur Anthropologie des bürgerlichen Zeitalters (1936). In: Ders.: Kritische Theorie. Eine Dokumentation. Hrsg. v. A. Schmidt. Bd. 2. Frankfurt/M. 1968, S. 13.

Die Manifestationen der Dadaisten verraten ein Bewußtsein dieser Zusammenhänge.[1] Man durchschaut die ökonomische Unabhängigkeit der Subjekte als scheinhaft und gibt sich über den "Wirtschaftsfatalismus" Rechenschaft, der "jedem Einzelnen, mag er sich sträuben oder nicht, eine bestimmte Funktion und damit ein Interesse und seinen Charakter" (FZ, 3) anweist. Raoul Hausmann attackiert den "bürgerlichen Individualanarchismus" (Hausmann 1, 73) als bewußtlosen Reflex einer anarchischen, sich blind über den anonymen Markt vermittelnden Produktionsweise. Zugleich kritisiert er die damit verschwisterten Souveränitätsillusionen, die die wechselseitige Abhängigkeit der Gesellschaftsmitglieder ignorieren und das eigene, faktisch determinierte Handeln als Ausdruck freien Willens ausgeben: "Der Einzelne ist aber keine Privatsache, er kann sich nie und nicht im Geringsten vom Gesamtgeschehen lösen. Die unbedingte Freiheit des Willens existiert deshalb nicht." (Hausmann 1, 75) Hausmann dechiffriert die herrschende kapitalistische Ratio als Un-Vernunft und fordert den "Sturz der Individualitätskultur" (Hausmann 1, 79), die auf dem Zwang zur Lohnarbeit und einer repressiven Sexualmoral beruhe; zunächst gelte es daher, "die Ökonomie und die Sexualität vernünftig zu ordnen (...)" (Hausmann 1, 84) Die ökonomische Emanzipation, mithin die Abschaffung des Lohnsystems, betrachtet er als einen entscheidenden Hebel zur gesamtgesellschaftlichen Umwälzung; zuvor könne von Sub-

1 Die Dadaisten suchen sich der Diskursivität zu entziehen und betreiben die Sabotage konventioneller Begriffe (Geist, Kultur etc.), nicht ohne dabei selbst begriffliche Anleihen bei kritischen Theoretikern wie Marx, Bakunin, Freud, Nietzsche und anderen vorzunehmen.

jektivität im emphatischen Sinne noch gar nicht gesprochen werden:

> Wenn wir alle Ich sind, keine Werkzeuge einer fremden Autorität - dann gibt es keine Proletarier mehr; aber um Ich, Mensch zu sein, muß der ökonomische Zwang revolutioniert werden. (Hausmann 1, 31f.)

Doch die "ökonomische Umwälzung der Welt allein genügt nicht; der Gesamtzustand des psycho-physisch (materiell) gefaßten Menschen muß von Grund auf geändert werden." (Hausmann 1, 78) Hausmann behauptet den pathogenen Charakter einer Gesellschaft, die "das Prinzip der Unterdrückung in der Form der Profitrate fand" und sich im Kriege gewaltsam nach außen wendete:

> Aber das Ende dieser Ausbeutungstaktik, der "Weltkrieg" ist begründet in den aus dieser Taktik resultierenden Krankheitserscheinungen des Menschen, zu deren Sichtbarmachung die bürgerliche Wissenschaft der Psychoanalyse genügt (...) Die Lehre des Freud (...) ist letzten Endes ein ebenso wichtiges Mittel der Erkenntnis der kleinbürgerlich-individualistischen Gesellschaft und Kultur, wie die ökonomische Lehre der Marx-Engels. (Hausmann 1, 78)

Hausmanns positive Bezugnahme auf die beiden wichtigsten Vertreter kritischer Aufklärung - Marx und Freud - kann schon deshalb nicht verwundern, weil sie es waren, die den 'Subjekt'-Fetisch durch radikale Kritik am nachhaltigsten erschütterten; Marx, indem er das Kapital- Subjekt als eigentliches Movens der bürgerlichen Gesellschaft bestimmte, das die Individuen zu bloßen Funktionsträgern degradiert; Freud, indem er den Zwang zur Triebunterdrückung und Internalisierung repressiver kultureller Normen analysierte und die Bedeutung der verdrängten, unbewußt ablaufenden

psychischen Prozesse hervorhob. Die Psychoanalyse reflektiert die psychische - neurotische - Verelendung des modernen Bürgers, Hausmann bestimmt sie als "wissenschaftliche Reaktion auf diese faulende Pest". (Hausmann 1, 40) Die "spezifische Intention" beider Theorien, "das Interesse an De-Fetischisierung, an Kritik von Pseudonatur",[1] wird von ihm geteilt. Im Anschluß an Marx begreift er das ungeschichtliche Verfahren der bürgerlichen Gesellschaftstheorien, die die erreichte Form der Vergesellschaftung als natürlich ausgeben, als ideologisch: "Den natürlichen Menschen gibt es nicht." (Hausmann 1, 78)
Die Kritische Theorie von Horkheimer und Adorno, das Erbe beider Theorien antretend, dechiffriert den Zivilisationsprozeß der Neuzeit als eine Geschichte fortschreitender Beherrschung der äußeren wie auch der inneren Natur. Sie insistiert auf der Gewaltsamkeit jener Prozeduren, aus denen schließlich der identische, zweckgerichtete Charakter des modernen Menschen hervorgeht. Heidrun Hesse resümiert die Arbeitsergebnisse der Kritischen Theorie, wenn sie die "Grundfigur der neuzeitlichen Aufklärung" wie folgt erläutert:

> Im Namen der Autonomie wird die Selbstdisziplinierung der Individuen zur rationalen Subjektivität erzwungen; Natur wird zum Kausalgefüge festgestellt und Wahrheit tendenziell immer mehr als instrumentelle Bewährung aufgefaßt. Wer in der Natur noch ein Raunen vernehmen zu können glaubt, der dürfte das Opfer irgendwelcher Sinnestäuschungen geworden sein. Wer unmittelbaren Regungen nachgibt, sich für Augenblicke an etwas verliert, der gefährdet das rationale Ich, das immer auf der Hut sein muß, um unser Wissen regelrecht zu organisieren und so unser Leben zu sichern. Als machtbesessene "Universalität der

1 Helmut Dahmer: Libido und Gesellschaft. Studien über Freud und die Freudsche Linke. Frankfurt/M. 1973, S. 7.

> Kalkulation" entpuppt sich die Verbindlichkeit, die die selbstbewußte Subjektivität aus sich heraus zu setzen vermag.[1]

Das Individuum unterliegt also einem dauernden Zwang zur Selbstbeherrschung, die dem Ich auf allen Stufen seiner Lebensgeschichte anhaftet; dort aber, wo die Unterdrückung der Leidenschaften und Affekte mißlingt, sieht sich das betreffende Individuum der 'Fürsorge' des staatlichen Zwangskollektivs ausgesetzt, das ihm seine 'Schrullen' und 'Begierden' austreibt und/oder Wahnsinn attestiert. Hören wir, wie der Dadaist Hugo Ball die heroischen Anstrengungen der bürgerlichen Privatperson würdigt:

> Man braucht nur direkt zu sein, nur das Innere zu veräußern und man ist reif für allerhand Fürsorge (...) Welch ein Aufwand von List und Klugheit verwendet jeder Einzelne auf die Kontrolle und Unterdrückung der ihm beständig aufsteigenden Launen, Grillen, Schrullen, Begierden und Eifersüchte (...) Was wir unsere eigenste, unsere Privatsache nennen, ist ein Gewimmel uneingestandener Gesetzwidrigkeiten ... (FZ, 106)

Balls Reflexionen weisen auch sonst Anklänge an die Erkenntnisse der kritischen Gesellschaftstheorie auf, zumal dort, wo diese sich mit den Ausschließungsmechanismen der herrschenden Rationalität auseinandersetzt: Dem Primat der instrumentellen, einzig auf Funktionalität bedachten Vernunft korrespondiert die Verdrängung der ihr widerstrebenden psychischen Kräfte ins Unbewußte; lustorientierte Regungen vermögen nur mehr die 'archaischsten', unbewußten Seelenvorgänge zu dominieren. Einzig die Phantasie vermag sich auf der Ebene der Bewußtheit eine relative Autonomie gegenüber dem auf Arbeit und Gehorsam eingeschworenen

1 Heidrun Hesse: Vernunft und Selbstbehauptung. Kritische Theorie als Kritik neuzeitlicher Rationalität. Frankfurt/M. 1984, S. 77.

Realitätsprinzip zu sichern, "sie bewahrt den Archetypus der Gattung, die fortdauernden aber verdrängten Vorstellungen des kollektiven und individuellen Gedächtnisses, die tabuierten Urbilder der Freiheit."[1]
Gleichwohl führt die Phantasie ein Schattendasein im Leben des Zivilisierten, denn das Monopol, die Wirklichkeit zu deuten, kommt allein der (instrumentellen) Vernunft zu, die zum einzigen Ort der Urteilsfähigkeit avanciert, während die eigentümlichen Wahrheitsgehalte der Phantasie ignoriert werden: "Die Vernunft siegt: sie wird lustlos, aber nützlich und 'richtig'; die Phantasie bleibt lustvoll, doch sie wird nutzlos und unwahr";[2] ein positivistischer Tatsachenfetischismus bemächtigt sich der Gehirne, alles in Mißkredit bringend, was seinen Wahrheits- und Nützlichkeitskriterien nicht standhält:

> Der Wissenskult hat das Gefühl und die Phantasie verpönt und unpopulär gemacht. Alles soll richtig sein und stimmen. Ein Schreib- oder Druckfehler widerlegt ihnen den ganzen Menschen. (FZ, 64)

Ball insistiert demgegenüber darauf, daß einzig der "selbständige Phantasieprozeß (...) diejenigen Dinge wieder zutage(fördert), die die Bewußtseinsgrenze unzergliedert überschritten haben" (FZ, 70) - dabei eine "Welt der Urbilder" (FZ, 68) evozierend, die zu enträtseln sich lohne. Zwei Zustände vor allem sind es, in denen die unterdrückten und gehemmten Seelenregungen des modernen Menschen ans Tageslicht treten und ihre nie völlig zu bannende Macht unter Beweis stellen; zum einen die Kindheit als die Entwick-

1 Herbert Marcuse: Triebstruktur und Gesellschaft. Ein philosophischer Beitrag zu Sigmund Freud. Frankfurt/M. 1973, S. 140.
2 Ebd., S. 142.

lungsstufe im Leben des Einzelnen, wo die zivilisatorische Dressur noch in ihren Anfängen steckt; zum anderen der Wahnsinn, in dem sich eine mißglückte oder doch nur unvollkommen gelungene Anpassung ans herrschende Realitätsprinzip manifestiert und der deshalb mit gesellschaftlicher Ächtung und Ausschließung bestraft wird. Ball betont die Affinitäten der dadaistischen Vernunftkritik mit beiden Zuständen, wenn er unter dem Datum des 8.8.1916 in sein Tagebuch notiert:

> Über die Insassen der Irrenhäuser denke ich heute anders als vor zehn Jahren. Die neuen Theorien, die wir aufstellten, streifen bedenklich diese Sphäre. Die Kindlichkeit, die ich meine, grenzt an das Infantile, an die Demenz, an die Paranoia. (FZ, 104)

Und erläuternd fährt er fort:

> Im unbedacht Infantilen, im Irrsinn, wo die Hemmungen zerstört sind, treten die von der Logik und dem Apparatus unberührten, unerreichten Ur-Schichten hervor, eine Welt mit eigenen Gesetzen und eigener Figur, die neue Rätsel und neue Aufgaben stellt, ebenso wie ein neuentdeckter Weltteil. Im Menschen selbst liegen die Hebel, diese unsere Welt aus den Angeln zu heben. (FZ, 104)

Diese "bis zur Unkenntlichkeit verdrängte und verschüttete Welt" durch "hemmungslosen Enthusiasmus" (FZ, 104) zu befreien, bestimmt Ball als eine der Aufgaben des modernen Künstlers. Gemeinsam mit den anderen Dadaisten fahndet er nach Methoden, "der Logik und dem Apparatus" zu entkommen und Ausdrucksformen jenseits einer kontrollierenden und disziplinierenden Vernunft zu finden. Da - wie Albrecht Wellmer im Anschluß an die "Dialektik der Aufklärung" bemerkt - "im Zentrum des diskursiven Denkens (...)

ein Stück Gewaltsamkeit sichtbar (wird), eine Überwältigung der Wirklichkeit, ein Abwehrmechanismus, ein Verfahren der Ausgrenzung und Beherrschung (...), ein Zug zum Wahnsystem",[1] entwickeln die Dadaisten Techniken, um sich der Diskursivität zu entziehen bzw. sie zu sabotieren. Indem sie dem Unbewußten, dem Zufall, der Spontaneität zum Ausdruck verhelfen, bestreiten sie einer bornierten Vernunft das Monopol auf die "Erklärung einer Welt, die über das Begriffsvermögen der bürgerlichen Einstellung weit hinausgeht." (Hausmann 1, 113) Tzara etwa betont die Kraft des Unbewußten und propagiert den spontanen Selbstausdruck, der auf entleerte Worte und bloße Begriffshülsen verzichtet:

> Das Unbewußte ist unerschöpflich und unkontrollierbar. Seine Kraft übersteigt uns (...). Wir haben genug von den wohldurchdachten Bewegungen, die unseren Glauben an die Wohltaten der Wissenschaft über Gebühr beansprucht haben. Jetzt wollen wir Spontaneität. Nicht weil sie besser oder schöner ist als etwas anderes. Weil alles, was freiweg, ohne Einschaltung der spekulativen Ideen, aus uns selbst hervorgeht, uns darstellt (...).
> Dada will, daß die Logik auf ein persönliches Mindestmaß beschränkt wird (...). (Tzara, 8f.)

Die dadaistische Strategie zielt auf die Okkupation jener Bereiche, die dem Diktat der Vernunft widerstreben; Tzara nennt Dada deshalb "eine jungfräuliche Mikrobe (...), die hartnäckig in alle Lücken dringt, die die Vernunft nicht mit Worten oder Konventionen hat ausfüllen können." (Tzara, 13) Neben der Phantasie (der Vorstellungskraft) ist es vor allem die Bilderwelt der Träume, die sich dem Zugriff der Vernunft entzieht, und es ist nur konsequent, wenn auch sie

1 Albrecht Wellmer: Zur Dialektik von Moderne und Postmoderne. Vernunftkritik nach Adorno. Frankfurt/M. 1985, S. 73.

eine Aufwertung erfährt. So gilt es Hugo Ball als lohnendes Ziel, "den Traumschatz der Menschen zu heben", denn: "Wer das Leben befreien will, muß die Träume befreien." (FZ, 61)

Die Dadaisten begnügen sich jedoch nicht mit der Aufwertung der von der Vernunft ausgegrenzten Geisteszustände, sie gehen auch direkt gegen die Vernunft vor, indem sie Sabotagearbeit verrichten. Angesichts der fortschreitenden Mechanisierung der Ideen, der Instrumentalisierung der Vernunft, schließen sie diese kurz, um die Entsubstantialisierung der geläufigen Grundbegriffe bürgerlichen Denkens (Freiheit, Wahrheit, Kunst etc.) zu veranschaulichen. Die grenzenlose Fungibilität der instrumentellen Vernunft nämlich läßt diese Begriffe zu bloßen Parolen verkommen, die keinerlei Reflexion mehr voraussetzen. Horkheimer bemerkt dazu:

> Sobald ein Gedanke oder ein Wort zu einem Werkzeug wird, kann man darauf verzichten, sich dabei tatsächlich etwas zu ´denken´, das heißt die logischen Akte nachzuvollziehen, die in ihrer verbalen Formulierung enthalten sind. (...) Je mehr der Begriff der Vernunft an Kraft einbüßt, desto leichter gibt er sich her zu ideologischer Manipulation und zur Propagierung selbst der dreistesten Lügen.[1]

Walter Serner reflektiert das Resultat dieses Depravierungsprozesses auf seine Weise, wenn er lakonisch feststellt: "Weltanschauungen sind Vokabelmischungen (...)" (LL, 5) Der ideologischen Sinnproduktion der normativen Kultur und ihrer intellektuellen Agenturen begegnen die Dadaisten mit systematischer Stupidität; sie handeln als

1 Horkheimer, Zur Kritik..., a.a.O., S. 32f.

radikale Semiotiker, die den Mechanismus der kulturellen Zeichensysteme durch semiotische Eingriffe - die kalkulierte Produktion von Unsinn - dekonstruieren wollen. Rudolf E. Kuenzli erkennt darin zugleich eine unmittelbare Antwort auf die Zeichen- bzw. Mythenproduktion der imperialistischen Kriegs-'Kultur':

> Indem sie die arbiträre Natur der kulturellen Zeichensetzung aufzeigten, versuchten sie die ganze Kriegspropaganda als Serien von arbiträren Zeichen, die mit Wahrheit und Wirklichkeit nichts zu tun haben, zu entlarven.[1]

Ständig produzieren die Dadaisten Kurzschluß, indem sie die Zeichen auf befremdliche Art kombinieren. In Serners DADA-Manifest "Letzte Lockerung" heißt es beispielsweise: "Der Friede *die* Katastrophe." (Serner, 16) Das soll heißen: jene (sprachliche) Konvention, die den Frieden unvermittelt dem katastrophalen Krieg entgegensetzt, bleibt selbst noch ideologisch, insofern sie die Tatsache verdeckt, daß ja gerade im sogenannten Frieden die Gründe für den Krieg gesucht werden müssen, dieser aus jenem erst 'hervorwächst'. Wo "die Ideale (...) nur aufgesteckte Etikettchen" (FZ 14) darstellen, da läßt sich auch vom Frieden nicht länger in der idealistischen Manier der Pazifisten reden; sich in herkömmlicher Form aufs Friedensideal zu berufen, den Begriff unkritisch weiterzuverwenden, bedeutet vielmehr, im Konventionellen und Ideologischen steckenzubleiben. Die polemischen Energien der Dadaisten zielen auf die Störung und Negation der konventionellen Sinnangebote; der dadaistische Un-Sinn sollte daher nicht mit purem Blödsinn ver-

1 Rudolf E. Kuenzli: Dada gegen den Ersten Weltkrieg. Die Dadaisten in Zürich. In: Sinn aus Unsinn ..., a.a.O., S. 94.

wechselt werden, teilt er doch die Stoßrichtung aller avantgardistischen Kunst, die gegen den "Terror des jeweils etablierten und erstarrten Sinns"[1] zu Felde zieht.

Der Alltag als Bundesgenosse

Der Ästhetizismus des 19. Jahrhunderts hatte sich, angeekelt von der Banalität und Häßlichkeit des Industriezeitalters, dem Kult des Erlesenen und Erwählten verschrieben und dergestalt die Trennung der Kunst vom gesellschaftlichen Leben vertieft; der Futurismus reagierte hierauf antithetisch, indem er seinerseits gerade die Hervorbringungen des Industrialismus glorifizierte und ihnen eine neue Schönheit abgewann, um so eine Harmonie von Kunst und Moderne zu stiften. DADA hingegen wollte jedes Ästhetisieren der Wirklichkeit vermeiden:

> Hier ist der scharf markierte Scheideweg, der den Dadaismus von allen bisherigen Kunstrichtungen und vor allem von dem FUTURISMUS trennt (...) Der Dadaismus steht zum erstenmal dem Leben nicht mehr ästhetisch gegenüber ... (Almanach, 38)

Die dadaistische Kampfansage an die "ästhetisch-ethische Einstellung" (Almanach, 40) ist verbunden mit einem unbedingten Bekenntnis zum Alltäglichen und Ephemeren, zu Trivialität und Banalität. Man intendiert eine "Revolte durch die Realität hindurch, nicht kunstvoll daran vorbei",[2] wie Michael Erlhoff bündig formuliert. DADA weiß um "das

1 Wellmer, Vernunftkritik ..., a.a.O., S. 69.
2 Michael Erlhoff: Raoul Hausmann, Dadasoph. Hannover 1982, S. 239.

Wunder der Plattitüde (sic!) und die Mirakel des Alltags" (FZ, 97) und will "mit geheimen, hinterlistigen Mitteln in die Regungen der Alltagsphantasie" (Tzara, 9) einführen; dieser Vorsatz reflektiert sich im verwendeten Material.
Die dadaistische Montage[1] zehrt von Vorgefundenem, vom Abfall der Sprache und der Straße. Reale, d.h. alltägliche Materialien wie Holz, Glas, Pappe, Eisen, Draht und Papier, maschinell Reproduziertes wie Photographien und Zeitungsausschnitte, sowie sprachliche Fundstücke jeder Art werden verarbeitet, collagiert und montiert. Realität soll nicht imitiert werden, sondern gleichsam sich selbst darstellen; das impliziert eine Absage an jeden Naturalismus der Oberflächenerscheinung. Indem aus Strukturteilen und Fragmenten von Materie und Schrift eine "neue Einheit" entsteht, soll dem Chaos der Zeit ein "optisch und gedanklich neues Spiegelbild" (Hausmann 2, 130) entrissen werden.

Die dadaistische Rede von 'Montage'/'montieren'/'Monteur' signalisiert die "Abneigung, Künstler zu spielen" (Hausmann 3, 45), intendiert mithin die Demontage des künstlerischen Schöpfungsmythos als der herrschenden ästhetischen Ideologie, an welcher zuletzt noch Marinettis 'futuristische Genies' festgehalten hatten. Indem das Alltagsleben zum Bundesgenossen erhoben wird, dementiert man zugleich die autonome Geschlossenheit des selbstgenügsamen Kunstwerks. Benjamin unterstreicht diesen Sachverhalt, wenn er bemerkt: "Echte Montage beruht auf dem Dokument. Der Dadaismus hat sich in seinem fanatischen Kampf gegen das Kunstwerk durch sie das tägliche Leben

1 Vgl. B. Lindner/H.B. Schlichting: Die Dekonstruktion der Bilder: Differenzierungen im Montagebegriff. In: Alternative. 1978, H. 122/133, S. 209-224.

zum Bundesgenossen gemacht." (AN, 439)[1] Die dergestalt proklamierte "Alleinherrschaft des Authentischen" (AN, 439) kann freilich nicht darüber hinwegtäuschen, daß auch hier noch das künstlerische Subjekt gefordert ist, denn der Versuch, der Epoche zu ihrem Ausdruck zu verhelfen, verlangt nach dem, der solche Synthetisierungsarbeit zu leisten vermag. Auch der DADA-Monteur sieht sich, allen destruktiven Absichten zum Trotz, schließlich doch zur Anwendung konstruktiver Kompositionsverfahren genötigt.

Nur neue Irrtümer?

In einem Diskussionsbeitrag zur Aktualität der historischen Avantgardebewegungen hat der Literaturwissenschaftler Burkhard Lindner die Ansicht vertreten, der kulturrevolutionäre Anspruch der Avantgarden, Kunst in Lebenspraxis aufzuheben, bedeute keinen wirklichen Bruch mit der Ideologie der Autonomieperiode, stelle vielmehr nur ein "Umschlagphänomen auf der identischen ideologischen Ebene" dar; indem diese Bewegungen "die transformierten künstlerischen Praktiken zum Vorbild und Zentrum einer integralen Umgestaltung des Lebens" erklärten, radikalisierten sie nur den "universellen Anspruch autonomer Kunst gegenüber allen übrigen, partikularen gesellschaftlichen Bereichen."[2] Das

1 Walter Benjamin: Krisis des Romans. Zu Döblin "Berlin Alexanderplatz". (AN, 437-443)

2 Burkhardt Lindner: Aufhebung der Kunst in Lebenspraxis? Über die Aktualität der Auseinandersetzung mit den historischen Avantgardebewegungen. In: Martin W. Lüdke (Hrsg.): Theorie der Avantgarde. Frankfurt/M. 1976, S. 82f.

"kulturrevolutionäre Pathos", mit welchem die Avantgarden "aus der Liquidierung der Kunst ein Höchstmaß an gesellschaftlicher Wirkung (...) und eine entscheidende Veränderung des gesellschaftlichen Lebens"[1] erhofften, zeuge selbst nech von einer ideologischen Fixierung auf ästhetische Lösungsmodelle der Autonomieperiode. Lindner verweist in diesem Kontext auf den französischen Surrealismus, der die romantische Rede- und Denkweise nur radikalisiert, doch niemals wirklich mit dieser gebrochen habe; seine "undialektische und unhistorische Gegenüberstellung von Tagwelt als Realität zweckrationaler Güterproduktion und Traumwelt als Reich universeller Subjektivität" verhindere jede materialistische Kritik und huldige der utopischen Vorstellung einer Traum und Wirklichkeit synthetisierenden Lebenspraxis, ohne diese mit den gesellschaftlichen Bedingungen konkret vermitteln zu können;[2] der Anspruch, durch die eigenen automatisch-unbewußten Produktionspraktiken die neue Form surrealistischen Lebens bereits vorwegzunehmen, bleibe daher notwendig illusionär.

Auch der Futurismus erhebt einen universalistischen Anspruch, wenn er die Herrschaft der Künstler postuliert und sich anheischig macht, die psychische Konditionierung der Massen in die Hand zu nehmen; deren materielle Defizite sollen durch ein allgegenwärtiges Spektakel in futuristischer Regie kompensiert werden:

> Während die letzten Religionen im Sterben liegen, muß die Kunst die geistige Nahrung sein, die die Völker tröstet und wiederbelebt, die durch den Einsturz vieler unzureichender geistiger Bankette unzufrieden und unruhig geworden sind (...) Ja! die

1 Ebd., S. 84.
2 Ebd., S. 81.

> Künstler an die Macht! Das große Proletariat der Genies wird regieren! (...) Die futuristische Revolution, die die Künstler an die Macht bringt, verspricht keine irdischen Paradiese (...) Sie werden das Problem des Wohlstands in der einzig möglichen Weise lösen, d.h. geistig (...) Wir werden kein irdisches Paradies schaffen, aber die ökonomische Hölle wird durch die unzähligen Feste der Kunst aufgeheitert und verschönt werden. (GdF, 159f.)

Programmatische Äußerungen wie diese verraten den idealistischen und affirmativen Charakter der futuristischen Ästhetik, die die als naturwüchsig unterstellten Zwänge bürgerlicher Ökonomie geistig überwinden, besser wohl: vergessen machen will. Marinettis Projekt eines "intellektuellen Kunst-Alkohols", der buchstäblich "allen eingeflößt" (GdF, 160) werden solle, seine Vision eines großangelegten, möglichst totalen Spektakels antizipiert bereits die spätere faschistische Dramaturgie der Massenmanipulation.

Anders der Dadaismus, dessen Protagonisten immer wieder ihren "ästhetischen Selbstskeptizismus" (Karel Teige)[1] unter Beweis stellen. So notiert Hugo Ball noch im Gründungsjahr des "Cabaret Voltaire", man solle "aus einer Laune keine Kunstrichtung machen." (FZ, 84) Skeptisch äußert er sich auch über das Verhältnis von radikaler Intention und praktischer Realisation im Dadaismus, wenn er unter dem Datum des 15.6.1916 in sein Tagebuch notiert:

> Ich weiß nicht, ob wir trotz aller unserer Anstrengungen über Wilde und Baudelaire hinauskommen werden; ob wir nicht doch

1 Der tschechische Avantgardist Karel Teige charakterisiert 1924 den modernen Künstler folgendermaßen: "Er kann der Kunst gerade das rechte Maß geben, überbewertet nicht ihre Wichtigkeit, weiß, daß sie nicht wertvoller ist als das Leben. Die Clowns und Dadaisten haben uns diesen ästhetischen Selbstskeptizismus gelehrt." Teige, Liquidierung,... a.a.O., S. 50.

> nur Romantiker bleiben (...) Es ist zu befürchten, daß immer nur unsere Irrtümer neu sind. (FZ, 93)

Im Dadaismus wird die Kunst einer radikalen Relativierung unterworfen; diese sei "nicht die wertvollste Lebensäußerung" betont Tristan Tzara und bestreitet ihr "den himmlisch-allgemeingültigen Wert, den man ihr so gerne zuerkennt." (Tzara, 9)
Auch dort, wo sich Dada politisch radikalisiert - wie im Falle des Berliner "Club Dada" - wird diese Relativierung aufrechterhalten und L'art pour l'art wie Proletkult eine entschiedene Absage erteilt. Raoul Hausmann bestreitet der Kunst jeden revolutionären Charakter und kritisiert damit implizit auch den Anspruch der 'futuristischen Revolution', wenn er unmißverständlich klarstellt, daß "der Dadaist (...) in der Kunst nur eine gewisses, engbegrenztes Betätigungsfeld des menschlichen Willens (...) sieht, dessen Bewegungsperioden zwischen den großen Konventionen er nie Revolution nennen würde." Während die Futuristen eine 'geistige Anfeuerungskunst' konzipieren, sieht der Dadaist Hausmann "in der Ableitung politischer Spannungen in Bilder und Gedichte eine zu vermeidende Trübung der politischen Energie." Er plädiert im Gegensatz zu Marinetti, der die Massen berauschen will, für Sachlichkeit: Er "kann in den Kampfsituationen den Massen nur sachliche Klarheit wünschen aber keinerlei 'radikale' oder sonstige Poetisierung ihrer Energien (...)" (Hausmann 1, 110) Hausmann versteht DADA als eine Übergangsform, in deren Sabotage-Arbeit die schwache Ahnung eines authentischen Lebens, gleichsam ex negativo, aufblitzt:

> In dem Zustand des Schwebens zwischen zwei Welten, wenn wir mit der alten gebrochen haben, und die neue noch nicht formen

können, tritt die Satire, die Groteske, die Karikatur, der Clown und die Puppe auf; und es ist der tiefe Sinn dieser Ausdrucksformen durch das Aufzeigen der Marionettenhaftigkeit, der Mechanisierung des Lebens, durch die scheinbare und wirkliche Erstarrung hindurch uns ein anderes Leben erraten und fühlen zu lassen. (Hausmann 1, 184)

Tatsächlichster Stil

The real war never enters the books.

(Walt Whitman)

Wenngleich Dada die Formexperimente der Futuristen, deren 'Bewegungs- Gestus' aufgriff, zeigten sich Ball, Serner, Huelsenbeck, Hausmann usw. der Ideologie der Italiener gegenüber völlig unzugänglich. Hinter der Ähnlichkeit der taktischen Mittel verbargen sich zwei gänzlich konträre Lebenshaltungen und Denkstile. In Jüngers Fall liegen die Dinge genau umgekehrt: So offenkundig ihn auch ideologische Affinitäten mit Marinetti verbinden, so auffällig ist doch seine formexperimentelle Abstinenz, sein Desinteresse an den Innovationen der futuristischen Gruppe und der anderen Avantgarden. Die defaitistische Mentalität der Dadaisten ist ihm zutiefst verhaßt, doch auch das kunstprogrammatische Auftreten Marinettis bleibt ihm fremd, wie Jüngers Frühwerk ja generell hinsichtlich ästhetischer (Selbst-) Reflexion eine Leerstelle aufweist, ein "Defizit", das ihn, wie Bohrer zu Recht feststellt, "von allen wichtigen

Schriftstellern seiner Epoche" (ÄS, 15f.) unterscheidet. Bisweilen finden sich wohl Hinweise auf Klassiker wie Laurence Sterne oder Rabelais, solche auf die moderne Literatur jedoch - von gelegentlichen Invektiven abgesehen - fast nie. Jünger hat sich über seine literarischen Strategien ebenso hartnäckig ausgeschwiegen wie über intellektuelle Vorbilder und Einflüsse, getreu seiner Devise: "Wer sich selbst kommentiert, geht unter sein Niveau." (BuS, 228) Belege für eine Beschäftigung mit dem Futurismus liegen daher von seiner Seite aus nicht vor.

Trotz der Verschiedenheit ihrer intellektuellen Lebenswege lassen sich jedoch unschwer gewisse Leitmotive isolieren, die Jünger und Marinetti gemeinsam und gleichermaßen wichtig sind, an erster Stelle die 'Gewalt' und ihre ästhetische Vermittlung. Der Futurismus hatte sich nie mit der bloßen "Einführung des Faustschlages in den künstlerischen Kampf" (GdF, 7) zufrieden gegeben, vielmehr von Anfang an die Ausbreitung und Vervielfältigung der Gewalt propagiert, bis hin zum Krieg, dessen Szenarien noch weit imposantere Schauspiele versprachen, als sie selbst die gelungenste Skandalaktion bieten konnte. Die futuristische Praxis der ästhetischen Aktion war stets vom Selbstverständnis eines aggressiven, vitalistischen Tatmenschentums getragen, das aus den Bezirken der Kunst hinausdrängte, um sich in der politischen und kriegerischen Arena zu bewähren. Im Medium der 'schönen Gewalt' sollten 'Kunst' und 'Leben' verschmelzen. Bereits im Gründungsmanifest hatte es dazu geheißen:

> Bis heute hat die Literatur die gedankenschwere Unbeweglichkeit (...) gepriesen. Wir wollen preisen die angriffslustige Bewegung, die fiebrige Schlaflosigkeit, den Laufschritt, den salto mortale, die Ohrfeige und den Faustschlag (...). *Schönheit gibt es*

> *nur noch im Kampf.* Ein Werk ohne aggressiven Charakter kann kein Meisterwerk sein. (GdF, 26; Hervorhebungen v. Verf.)

Für die Futuristen besaß jedoch auch der Umkehrschluß Geltung: Nicht nur hatte der 'schöne Schein' der Kunst aggressiv zu sein, auch die Aggression selbst war schön. Es war darum auch nur konsequent, wenn man gleich anschließend den Krieg feierte, denn wo konnte unter den gegebenen Prämissen die Schönheit größer, beeindruckender ausfallen als inmitten solcher Eskalation der Gewalt?

> Wir wollen den Krieg verherrlichen - diese einzige Hygiene der Welt - den Militarismus, den Patriotismus, die Vernichtungstat der Anarchisten, die schönen Ideen, für die man stirbt, und die Verachtung des Weibes. (GdF, 26)

Der Krieg mußte den Futuristen als Gesamtkunstwerk par excellence erscheinen, führte er doch ihre beiden zentralen Fetische - Gewalt und Technik - auf höchster Stufenleiter spektakulär zusammen: eine Symphonie von Tanks und Granaten, Schreien, Blut und Tod. Der literarische Ehrgeiz Marinettis, der bereits 1911 als Frontberichterstatter dem Kolonialkrieg der Italiener in Libyen zugeschaut hatte, bestand vor allem darin, der Modernität des technologischen Krieges, den veränderten Wahrnehmungsbedingungen der Materialschlacht sprachlich gerecht zu werden. Zur Veranschaulichung sei hier eine Passage aus "SCHLACHT = GEWICHT + GERUCH" (1914)[1] zitiert, in der sich Marinetti alle Mühe gibt, die mörderischen Rhythmen des Kampfes mitsamt ihren psycho-physischen Rückwirkungen auf den

1 Wir zitieren die Übersetzung von "Battaglia Peso + Odore" nach GdF, 250f.

Soldaten mit Hilfe 'befreiter Worte' im Text selbst einzufangen:

> Vorhut: 200 meter pflanzt-die-bajonette-auf vorwärts schlagadern anschwellung wärme gärung haare achselhöhlen haarknoten rotblond blond atemzüge + tornister 18 kilo vorsicht = schaukel schrott sparbüchse weichheit: 3 schauder befehle steine wut feind magnet leichtigkeit ruhm heldentum vorhut: 100 meter maschinengewehre gewehrschüsse ausbruch geigen messing *pink pum pank bim bum* maschinengewehre *tataratatarata...*

Was immer man vom Ausdruckswert der futuristischen Worttechnik halten mag, so stellt diese doch immerhin den Versuch dar, das 'wirkliche' Geschehen darzustellen, wobei hinzuzufügen bleibt, daß Texte wie dieser ihre eigentliche Kraft erst im mündlichen Vortrag entfalteten, in Marinettis berühmten Auftritten vor einem emotional aufgepeitschtem Publikum. Darin reflektierte sich das "Konzept der Rhetorik als Waffe",[1] das einen integralen Bestandteil futuristischer Überwältigungskunst bildete.

Nichts von all dem bei Jünger, in dessen formexperimenteller Abstinenz sich jedoch ein allgemeiner Sachverhalt reflektiert. In seiner brillanten Studie zur europäischen Flugdichtung hat F.Ph. Ingold dazu pointiert festgestellt, daß von einer adäquaten sprachlichen Erfassung der neuartigen Ereignisstruktur des Krieges in der damaligen Literatur kaum die Rede sein könne:

> Dem durch die Kriegsindustrien massiv beschleunigten technischen Fortschritt hatte die Kunstliteratur nichts Vergleichbares gegenüberzustellen; die von den Futuristen und Expressionisten initiierte experimentelle Dichtung wurde noch während des

1 Piero Aragno: Futurismus und Faschismus. Die italienische Avantgarde und die Revolution. In: R. Grimm/J. Hermand (Hrsgg.): Faschismus und Avantgarde. Königstein/Ts. 1980, S. 86.

> Krieges durch jene Art von "Erfahrungsliteratur" abgelöst, die einerseits von Richthofen zu Ernst Jünger (...), andererseits von Henri Barbusse zu Malraux (...) führte, die im übrigen aber (...) keinerlei innovatorische Ansätze erkennen ließ, welche über das bereits um 1910 Erreichte hinausgewiesen hätten. Das vom Ersten Weltkrieg eröffnete "Zeitalter der Zeugenschaft" hat vielmehr zur Förderung subliterarischer Ausdrucksformen und faktographischer Genres (Tagebücher, Korrespondenzen, Reportagen, Erinnerungen) beigetragen.[1]

Das hier zutagetretende Problem authentischer, lebenswirklicher Umsetzung von im Kriege Erfahrenem, ist allerdings auch Jünger nicht gänzlich entgangen. Im Vorwort zur fünften Auflage (1924) von "In Stahlgewittern. Aus dem Tagebuch eines Stoßtruppenführers" (1920) reflektiert er über den Zusammenhang zwischen dem 'tatsächlichen' Erlebnis und dessen literarischer Wiedergabe im 'stilisierten Bericht'. Der ursprüngliche Wortlaut seiner Tagebucheintragungen verdient dabei wegen der sprachlichen Nähe zu Marinettis Schlachtbeschreibung besondere Beachtung:

> Es war eine seltsame Beschäftigung, im bequemen Sessel das Gekritzel dieser Hefte (der Originaltagebücher; d. Verf.) zu entziffern, an deren Deckeln noch der vertrocknete Schlamm der Gräben klebte, und dunkle Flecken, von denen ich nicht mehr wußte, war es Blut oder Wein. Ich machte dabei die Beobachtung, daß sich in diesen Zeilen der heiße Atem der Schlacht, eine wilde *Ursprünglichkeit* brannte, die *stärker* und *unmittelbarer* wirkte *als der stilisierte* Bericht. Zwischen jenen Blättern und diesem Buche besteht der *Unterschied* zwischen *Tat* und *Literatur.*
> "Ran! Kein Pardon. Wut. Aus Stollen Schüsse, Handgranaten rein. Geheul. Über den Damm. Packe einen am Hals. Hände hoch! Sprungweise hinter Feuerwalze vor. Melder Kopfschuß. Sturm auf M.G.-Nest. Mann hinter mir fällt. Schieße Richtschützen ins Auge. Handgranaten. Drin! Allein, Streifschuß. Wasser, Schoko-

1 Ingold, Aviatik und Literatur..., a.a.O., S. 232.

lade. Weiter. Einige fallen. Zwei Mann laufen zurück, Kopfschuß, Bauchschuß. Bin grimmig. Engländer fliehen aus Baracken, einer fällt. Stockung, befehle Sturm gegen Dorfrand Vraucourt. Volltreffer, Verluste, Vor!"
Das ist *tatsächlichster Stil*, einfacher Rhythmus (...). Diese unmittelbare und *rohe Kristallisation des Erlebnisses* würde schon in kurzer Zeit rätselhaft vor dem Leser stehen wie das Knochengerüst eines ausgestorbenen Tieres. Es war also nötig, sie mit Fleisch zu umkleiden, die Triebe zu entwickeln, die in der Tat ihre Entladung fanden und auch den Rückschlag, den diese Entladung wieder gegen das Innere des Kämpfers war (...). Diese Aufgabe in Form des *persönlichen Berichts* noch umfangreicher und tiefer zu lösen, habe ich mich (...) bemüht. (ST, XIII. Hervorhebungen v. Verf.)

Jünger spricht sich demnach gegen die Übernahme der Originalfassung in den Text aus, weil er die Kommunizierbarkeit des im "tatsächlichsten Stil" Wiedergegebenen bezweifelt. Er verweist auf die zu befürchtende Unverständlichkeit solcher Notate für den Leser - den kriegsunerfahrenen zumal - und sucht dieser Gefahr durch die Wahl des "persönlichen Berichts" als Vortragsform zu begegnen, d.h. das Erlebte durch Stilisierung vermittelbar zu machen. Während er dergestalt den "Unterschied zwischen Tat und Literatur" als Rahmenbedingung akzeptiert, propagiert Marinetti gerade dessen Aufhebung: Seine öffentlichkeitswirksam vorgetragenen Erlebnisverarbeitungen beanspruchen selbst den Titel der Tat, wollen als Aktion begriffen werden. Als Avantgardisten ist ihm obendrein die von Jünger akzeptierte Forderung nach Verständlichkeit Anathema, definiert sich jener doch förmlich durch sein Vorpreschen ins Unbekannte, noch Ungesagte, das der experimentellen Erschließung harrt. Er macht es sich geradezu zur Aufgabe, die Leser in ihren traditionellen Rezeptionserwartungen systematisch zu enttäuschen, ihre Wahrnehmung zu erweitern, anstatt auf bereits existierende Sprachmuster zurückzugreifen. Die ästhetische Vermittlung von Gewalterlebnissen wird demnach von Marinetti und Jünger durchaus unterschiedlich gehandhabt, den beträchtlichen ideologischen Affinitäten zum Trotz. Bevor wir jedoch die Leitmotive untersuchen, die die geistige Verwandtschaft beider begründen, sei zunächst jenes Theoretikers gedacht, der neben Nietzsche als eine der wenigen intellektuellen Beziehungsfiguren gelten darf, deren Einfluß bei beiden spürbar ist: Georges Sorel.

Exkurs: Georges Sorel

... unsere stärkste Originalität besteht darin, behauptet zu haben, daß das Proletariat sich befreien kann, ohne zu den Lehren der gewerbsmäßigen Intellektuellen der Bourgeoisie seine Zuflucht nehmen zu müssen.

(Georges Sorel: Über die Gewalt)

"Wie ein elektrischer Schlag in gewitterschwerer Luft kamen im Jahre 1908 Sorels Betrachtungen über die Gewalt. Sie müssen als einer der ersten Kanonenschläge des Weltkriegs aufgefaßt werden."[1] Diese dramatisch klingende Beschreibung gilt der Veröffentlichung der "Réflexions de la

1 Michael Freund: Georges Sorel. Der revolutionäre Konservatismus. Frankfurt/M. 1971, S. 194.

violence"[1] des französischen Theoretikers Georges Sorel (1847-1922), ein Werk, das wegen der dort entwickelten Lehre vom revolutionären Mythos Berühmtheit erlangte und auf eine erstaunliche Rezeptionsgeschichte zurückblicken kann.

Ein Jahrzehnt vor Erscheinen seines Hauptwerkes hatte Sorel seine Schreibtätigkeit begonnen und sich fortan mit Aufsätzen und Rezensionen zu Wort gemeldet. Den Ausgangspunkt seiner Intervention bildete die innerhalb der damaligen Arbeiterbewegung ausgebrochene Debatte über die Frage: 'Reform oder Revolution?' Der früh pensionierte Ingenieur aus der französischen Provinz hatte sich dabei auf die Seite des revolutionären Syndikalismus geschlagen, der dem parlamentarischen Reformsozialismus die 'direkte Gewalt', d.h. die gewaltsame Konfrontation mit dem bürgerlichen Staat als alternative Handlungsstrategie entgegensetzte. Sorels Polemik richtete sich dabei in erster Linie gegen jene 'sozialistischen' Intellektuellen, die sich der Arbeiterbewegung bemächtigt hätten, um ihren eigenen Interessen zu dienen. Ihr Ziel bestehe letztlich in nichts anderem als in der Usurpation der Staatsmacht, während es doch nur darum gehen könne, diese der ursprünglichen marxistischen Intention gemäß zu zerstören. Obgleich ihnen "Marx' Denken vollständig fremd geworden" (ÜdG, 60) sei, befleißigten sich diese parlamentarischen Sozialisten nach wie vor einer revolutionären Terminologie; ihre Praxis komme jedoch einer Entwaffnung des Proletariats gleich. Die reformistischen Parteien hätten nämlich durch ihre bürokratische Organisationsstruktur, den parlamentarischen 'Kretinismus' ihrer Führer sowie einer deterministischen Marx-Auslegung die Kampfkraft der Arbeiterklasse entscheidend geschwächt, in-

1 Georges Sorel: Über die Gewalt. Frankfurt/M. 1981 (abgek.: ÜdG).

dem sie diese zu einem Fatalismus erzogen hätte, der den angeblich naturwüchsig eintretenden Sieg des Sozialismus gerade verhindert habe. Die reformistische Praxis der "Sozialpolitik" (ÜdG, 60), die das Proletariat zur Friedenspflicht und Klassenkollaboration anhalte, zerstöre durch ihr Mittel der materiellen Bestechung nicht nur die besonderen, heroischen Qualitäten des modernen Industrieproletariats, sie laufe auch in letzter Instanz auf einen "Staatssozialismus" (ÜdG, 288) hinaus, bei dem es sich lediglich um ein raffinierteres System der Ausbeutung handeln werde:

> Der einzige Unterschied zwischen diesem vorgeblichen Sozialismus und dem Kapitalismus würde in der Anwendung geschickterer Methoden bestehen, um in den Betrieben Disziplin zu schaffen. (ÜdG, 289)

Die vom Kapitalismus her bekannte "Trennung der Leitenden von den Geleiteten" (ÜdG, 191), gegen die schon Marx so vehement zu Felde gezogen sei, werde nur in einer neuen Form fortgesetzt, lasse sich bereits an den reformistischen Parteiorganisationen studieren. Während es demnach den "offiziellen Sozialisten" (ÜdG, 131) bzw. ihren intellektuellen Führern um die Eroberung der Macht und die Aufrichtung einer neuen staatlichen Ordnung gehe, sei es die Bestimmung der "proletarischen Gewalt", "den Staat zu unterdrükken." (ÜdG, 28) Sie allein sei auch imstande, jene verderbliche "sozialistische Diplomatie zunichte zu machen" (ÜdG, 86), die mit ihren Sirenengesängen von sozialer Harmonie und dem "Dogma von dem unbegrenzten Fortschritt des Menschen" (ÜdG, 102) einer Gesellschaft von barbarischer Mittelmäßigkeit das Wort rede, deren politische Form aber die Demokratie sei:

> Denn die proletarische Gewalt tritt zur gleichen Zeit auf den Schauplatz, wo der soziale Friede den Anspruch erhebt, die Konflikte zu mildern. Die proletarische Gewalt weist die Arbeitgeber auf ihre Produzentenrolle zurück und tendiert jedesmal dazu, das Gefüge der Klassen wiederherzustellen, wenn diese sich in einem demokratischen Sumpfe zu vermischen schienen. (ÜdG, 98)

Der erneuerte Klassenkampf, so hofft Sorel, werde die heroischen Qualitäten der Arbeiter freisetzen: ihre asketische Moral, die dem vulgären Materialismus einer feigen und saturierten Bourgeoisie mitsamt ihrer reformistischen Kumpane unendlich überlegen sei, ja bereits Elemente einer neuen Zivilisation, einer "Gesellschaft von Produzenten" zur Anschauung bringe:

> Der soziale Krieg (...) vermag die Elemente einer neuen Zivilisation zu erzeugen, wie sie für ein Volk von Produzenten angemessen ist. (...) (Er) vermag durch seinen Appell an das Ehrgefühl (...) die niedrigen Gesinnungen auszuschalten (...). (ÜdG, 340f.)

In solchen Passagen klingt der eigentümliche Perspektivismus Sorels an, der den proletarischen Klassenkampf als Vehikel zur Hebung des gesamtgesellschaftlichen Moralstandards begreift. Nicht das Faktum der Ausbeutung und privaten Verfügungsgewalt über die Produktionsmittel scheint das treibende Motiv seines Anti-Kapitalismus zu sein, sondern die Auffassung vom moralischen Niedergang der Bourgeoisie, die sich aus einer "Rasse kühner Führer" (ÜdG, 90) zur Zeit der industriellen Revolution in eine Klasse dekadenter Schmarotzer verwandelt habe.

Den geistigen Hintergrund solcher Auslassungen bildet Sorels Lebensbegriff, dem eine pessimistische Philosophie von der Notwendigkeit des Schmerzes als zivilisationsstiftender Kraft, als Stachel gewissermaßen, zugrundeliegt.[1] Das um sich greifende Streben nach Sicherheit und materiellem Wohlstand, vom parlamentarischen Sozialismus ständig genährt, gilt Sorel als Bedrohung jener aggressiv-schöpferischen Wesenskräfte, die ihm zufolge die menschliche Gattung auszeichnen, denn Leben im emphatischen Sinne bedeutet ihm zuallererst Produktivität, Bewegung, Kampf. Zugleich allerdings existiere noch eine zweite, entgegengesetzte Tendenz, die den Schmerz fliehe, um sich in der faulen Idylle der Dekadenz einzurichten. Unter Verwendung der zyklischen Geschichtsphilosophie Giambattista Vicos[2] überträgt Sorel dieses antagonistische Schema auf die gesamte Historie, die er als ewigen Wechsel von dynamischem Aufstieg und trägheitsbedingtem Niedergang, als Auf und Ab von Revolution und Dekadenz begreift.

Im modernen Industrieproletariat glaubt Sorel eine Klasse zu erkennen, die die richtige Moral aufweist, um das Geschäft der gesellschaftlichen Erneuerung zu betreiben, ohne dabei auf den eigenen Bauch zu schielen. Die Arbeiterklasse verkörpere ein Reservoir gesunder Instinkte und heroischer Tugenden, gestählt durch eine asketische Moral, die eben nicht, wie Nietzsche fälschlich angenommen habe, eine "Moral der Schwachen" (ÜdG, 288) sei, im Gegenteil. Ihre Kraftentfaltung stehe im Dienste der gesamten Zivilisation und frage nicht nach Belohnung:

> Die proletarische Gewalt erscheint derart, sofern sie als reine und einfache Äußerung der Klassenkampfgesinnung geübt wird, als etwas sehr Schönes und sehr Heldenhaftes; sie steht im

1 Vgl. Hans Barth: Masse und Mythos. Die Theorie der Gewalt: Georges Sorel. Reinbek bei Hamburg 1959, S. 34 ff.

2 Vgl. Barth, Masse und Mythos ..., a.a.O., S. 43 ff.

> Dienste der zutiefst begründeten Interessen der Zivilisation; sie ist vielleicht nicht die geeignetste Methode, um unmittelbare materielle Vorteile zu erlangen, aber sie vermag die Welt vor der Barbarei (des Staatssozialismus - d. Verf.) zu erretten. (ÜdG, 106f.)

Sorel treibt nun die Frage um, wie der nötige revolutionäre Elan freigesetzt bzw. erhalten werden kann, obwohl doch zunächst nur Kampf und Schmerz in Aussicht stehen und die Staatssozialisten mit Reformen locken. Die theoretische Lösung dieses Problems bildet die Lehre vom modernen Mythos.

Die "revolutionären Mythen der Gegenwart" schreibt Sorel, seien "keine Beschreibungen von Dingen, sondern Ausdrücke von Wollungen" (ÜdG, 41) der Massen, die sich in ihnen visualisierten; es handele sich um eine "Ordnung von Bildern" (ÜdG 145), eine "stark aufgetragene Skizze, die eine sehr klare Vorstellung vom Wechsel gibt."[1]

> Die Sprache reicht unmöglich aus, um (...) (die Empörung; d. Verf.) in gesicherter Weise hervorzubringen; man muß Gesamtheiten von Bildern aufrufen, die imstande sind, *als Ganzes* (en bloc) *und durch die bloße Intuition* vor jeder bedachten Analyse die Masse der Gesinnungen hervorzurufen, welche den verschiedenen Kundgebungen des vom Sozialismus gegen die moderne Gesellschaft begonnenen Krieges entsprechen. (ÜdG, 138)

Wiederholt betont Sorel den wesentlich nonverbalen Charakter der Mythen, die "volle, reale Anschaulichkeit" (ÜdG, 141) besitzen müßten, um ihre Wirkung entfalten zu können; ihre Aufgabe sei es, "die Menschen dazu zu führen,

1 Georges Sorel: Die Auflösung des Marxismus. Hamburg 1978, S. 57. Neben "Über die Gewalt" ist "La décomposition du marxisme" (1908) der einzige größere Text Sorels, der bislang ins Deutsche übersetzt wurde.

sich auf einen Kampf vorzubereiten, um das Bestehende zu zerstören." (ÜdG, 41) Er unterstreicht dabei den aktuellen Kampfwert der Mythen, die man "als Mittel einer Wirkung auf die *Gegenwart* beurteilen" (ÜdG, 143) müsse und die obendrein auch strategische Vorteile böten, denn: "Solange man sich auf dieses Feld der Mythen stellt, ist man gegen jede Widerlegung gedeckt." (ÜdG, 43)
Sorel interessiert sich primär für den heroisierenden Effekt des Mythos auf die Revolutionäre, nicht eigentlich für die praktischen Resultate des Umsturzes, da sie seinem zyklischen Geschichtsverständnis gemäß ohnehin nur vorübergehender Natur sein können. Er ist ein ausgesprochener Liebhaber der großen historischen Stunde, in der sich seine heroischen Ideale materialisieren, jene Momente, in denen die Leidenschaften der Akteure kulminieren, angefeuert von der präationalen Kraft des Mythos. Reflexion und Vernunft aber sind unter solchen Umständen eher hinderlich: "Die Männer der Aktion würden (...) alle Kräfte der Initiative einbüßen, wenn sie mit der Schärfe eines kritischen Historikers analysierten."[1]
Es ist die ideelle, moralische Schönheit, die Sorel an den Kampfhandlungen des "sozialen Krieges" (ÜdG, 340) begeistert, nicht deren etwaiger materieller Gewinn. Die Rede vom "Heldengedicht des Streiks" (ÜdG, 341) oder vom "Drama des Generalstreiks" (ÜdG, 138), die Beschwörung des "Erhabenen" (ÜdG, 255) jener "ganz homerischen Kämpfe" (ÜdG, 293) - diese und vergleichbare Formulierungen verweisen auf die ethisch- ästhetische Dimension von Sorels 'Mythos', der voranalytisch ist und sich Wahrheitskriterien entzieht.

1 Sorel, Auflösung ..., a.a.O., S. 58.

Da es Sorel in erster Linie um die moralische Erneuerung der Gesellschaft durch Wiedergewinnung heroischer Verhaltens- und Glaubensformen zu tun ist, er Krieger- und Produzententugenden gleichsetzt, erscheinen ihm Krieg und Revolution als alternative Formen zur Überwindung der Dekadenz: Ob nun "ein großer auswärtiger Krieg (...) oder eine starke Ausdehnung der proletarischen Gewalt" (ÜdG, 90f.) die Energien der Kämpfer stählt, bleibt letztlich gleichgültig, solange nur der katastrophale Charakter des Ereignisses bzw. dessen mythischer Vorwegnahme gewahrt bleibt. Allein die "Vorstellung einer katastrophenhaften Revolution" (ÜdG, 79) ist nämlich Sorel zufolge in der Lage, bei den Akteuren die nötige Schmerz- und Opferbereitschaft zu wecken:

> Die Sozialisten müssen überzeugt sein, daß das Werk, dem sie sich weihen, ein *schweres, furchtbares und erhabenes Werk* ist; unter dieser Bedingung allein können sie die zahllosen Opfer auf sich nehmen, die eine Propaganda von ihnen verlangt, welche ihnen weder Ehren noch Gewinne, ja nicht einmal unmittelbare intellektuelle Befriedigungen verschaffen kann. (ÜdG, 161)

Der reformistischen Praxis der Klassenkollaboration mit ihrem Gebot sozialen Friedens stellt Sorel dergestalt die seelenverändernde Kraft der vom Mythos inspirierten revolutionären Gewalt entgegen, die in den großen Ausnahmesituationen explodiert, wenn Instinkt und Intuition dem ewigen Räsonnement der parasitären Intellektuellen ein Ende mit Schrecken bereiten.

Fassen wir zusammen: Dem eigenen theoretischen Selbstverständnis nach stellt Sorels Werk eine kämpferische Replik auf "die antimarxistische Umwandlung" (ÜdG, 92) dar, die er den zeitgenössischen Sozialismus erleiden sieht.

Statt den Marxismus "den Tatsachen (anzupassen), welche imstande sind, eine revolutionäre Erscheinungsform anzunehmen", werde dieser nur "in wortreichen Sätzen verwässert." (ÜdG, 259)
Angesichts der Verbürgerlichung der Arbeiterbewegung durch die reformistische Praxis der offiziellen Sozialisten bekundet Sorel eine gewisse Sympathie für den Anarchismus, der früh vor den Gefahren der Parlamentarisierung gewarnt habe:

> Die Erfahrung hat ungesäumt erwiesen, daß die Anarchisten von diesem Gesichtspunkt aus recht hatten, und daß mit dem Eintritt in die bürgerlichen Institutionen die Revolutionäre sich tatsächlich verwandelten, indem sie den Geist dieser Institutionen annahmen (...). (ÜdG, 49)

Sorel hält demgegenüber mit Marx und (in dieser Hinsicht) den Anarchisten an der ursprünglichen revolutionären Intention eines gewaltsamen "Umsturzes" fest, "in dessen Verlaufe Arbeitgeber und Staat durch die organisierten Produzenten an die Luft gesetzt werden würden." (ÜdG, 339f.) Sorel profiliert sich hier als ein Theoretiker des revolutionären Sozialismus, der sich der Verkrustung des Marxismus entgegenstellt. Dabei bestimmt er "Marx' katastrophenhafte Revolution" (ÜdG, 145) als einen "Mythos", der sich selbst als wissenschaftliche Voraussage mißverstanden habe. Sorel ist demnach ein wilder, ein heterodoxer Marxist, der denn auch nicht zufällig von jenen studiert wurde, die wie Karl Korsch (1886-1961) und sein Kreis Anfang der dreißiger Jahre[1] um einen "undogmatischen Zugang zum Marxismus" rangen. Wie Korsch, Bertolt Brechts intellektueller Mentor,

1 Zu Korschs damaligen Mitarbeitern zählten u.a. die Schriftsteller Bertolt Brecht, Alfred Döblin und Bernhard von Brentano.

in einem gleichnamigen Aufsatz aus dem Jahre 1946 darlegte, ging es bei der Lektüre von "undogmatischen Marxisten" wie Sorel darum, "das kritische, pragmatische und aktivistische Element"[1] des ursprünglichen Marxismus wiederherzustellen, was eine Kritik an Marx selbst ebensowenig ausschloß wie die kritische Distanz gegenüber jenen Elementen der Sorelschen Lehre, die sich der Mussolinische Faschismus zunutze machen sollte.[2]

Zwei Erben

Sorel hat niemals beansprucht, eine konsistente Theorie vorgelegt zu haben; sein Schreiben folgte vielmehr den Bedürfnissen des geschichtlichen Augenblicks.[3] Es verrät den Einfluß höchst divergenter Theorien (Marx, Vico, Nietzsche, Bergson u.a.), die in unsystematischer, eigenwilliger Weise kombiniert und zu einem äußerst widersprüchlichen Ganzen zusammengeschweißt wurden, das in der Folgezeit den un-

1 Karl Korsch: Ein undogmatischer Zugang zum Marxismus. In: Revolutionärer Klassenkampf. Die bürgerliche und proletarische Revolution. Berlin o. J., S. 79f.

2 1935 formuliert Korsch seine Kritik an Sorel folgendermaßen: "Bei dem Irrationalisten Sorel hat die Umwandlung einiger wichtiger Theorien des Marxismus in 'Mythen' gegen seine Absicht im Endergebnis zu einer auch praktischen Entwertung dieser Theorien für den revolutionären proletarischen Klassenkampf geführt und dem Mussolinischen Faschismus den Weg bereitet." Zit. n. Warum ich Marxist bin (1935). In: Gegen den Dogmatismus in der Arbeiterbewegung. Sozialistisches Jahrbuch 2. Hrsg. v. W. Dreßen. Berlin 1970, S. 13.

3 Vgl. Isaiah Berlin: Georges Sorel. In: Ders.: Against the Current. Essays in the History of Ideas. Oxford 1981, S. 297f.

terschiedlichsten Denkansätzen und Vorstellungskreisen als Anregung dienen sollte. Sorel lieferte keine Doktrin, sondern eine Fülle von - gelegentlich eklektisch wirkenden - Reflexionen, deren gemeinsames Band im Temperament ihres Verfassers zu suchen ist. Zwar war seine Wirkung innerhalb des revolutionären Syndikalismus, den er eine Zeitlang favorisierte, denkbar gering; gleichwohl hat Sorel das politische Denken der ersten Jahrhunderhälfte in kaum zu überschätzender Weise beeinflußt und mitgeprägt.[1] Dabei war es gerade das Schillernde, Zweideutige seiner Thesen, das deren breitgestreute Rezeption zuließ und provozierte. Von Marxisten wie Gramsci und Korsch über Denker wie den jungen Benjamin[2] und den Staatsrechtler Carl Schmitt[3] bis hin zum italienischen Faschistenführer Mussolini[4] erstreckt sich der Kreis jener, die diesen merkwürdigsten aller 'Sozialisten' studiert und beerbt haben; darunter auch Schriftsteller wie Wyndham Lewis, F.T. Marinetti und Ernst Jünger.

1 In Wyndham Lewis: The Art of Being Ruled (1926) heißt es: "Georges Sorel is the key to all contemporary political thought." Zit. n. der Ausgabe Santa Rosa 1989, S. 119.

2 In seiner Schrift "Zur Kritik der Gewalt" (1918) (AN, 42-66) geht Benjamin in einer zentralen Passage auf Sorel und dessen terminologische Unterscheidung zwischen "Gewalt" (violence) und "Macht" (force) ein.

3 Zwei Jahre vor Erscheinen der deutschen Übersetzung der "Reflexions" hatte Carl Schmitt bereits in "Die geistesgeschichtliche Lage des heutigen Parlamentarismus" (1926) auf die unverdiente Nichtbeachtung Sorels durch die deutsche Öffentlichkeit hingewiesen; übrigens unter Hinweis auf Wyndham Lewis' oben zitierte Bemerkung (vgl. Anm. 101).

4 Vgl. Petersen, Mussolini: Wirklichkeit und Mythos eines Diktators, a.a.O., S. 246.

Der Klassenkampf des Proletariats, dessen Triumph Sorel hatte sichern wollen, lag dem Denken Jüngers wie Marinettis gleichermaßen fern. Das "Geheimnis" des "Sozialismus" (ÜdG, 173) zu beschwören, fiel ihnen nicht ein. Bei näherer Betrachtung ergeben sich jedoch Anknüpfungspunkte, die das wahlverwandtschaftliche Verhältnis Jüngers und Marinettis zu dem Franzosen plausibler machen und zugleich erklären helfen, warum dieser 'wilde' Marxist manchem rückblickend als "der interessanteste und charakteristischste Vorläufer konservativ-revolutionären Denkens" (ÄS, 292) erscheinen kann.

Um besagter Wahlverwandtschaft auf den Grund zu kommen, bedarf es gar nicht einmal des Hinweises auf die enttäuschte Abwendung des späten Sorel von der Arbeiterbewegung, seinen zeitweiligen Flirt mit der präfaschistischen "Action Francaise" oder seine Begeisterung über den Aufstieg Mussolinis.[1] Ein erster Anknüpfungspunkt zwischen den beiden Schriftstellern und Sorel ergibt sich vielmehr schon aus dessen Definition der "proletarischen Gewalt", die für Sorel "letztlich keine Kategorie der sozialen Welt"[2] ist und als solche von den Erscheinungen der Ökonomie und dem 'Sumpf' der materiellen Interessen unberührt bleibt. Da Sorels 'Gewalt' in diesem Sinne transzendent ist, fragt sie auch nicht nach Erfolgen. Ihr Sinn liegt vielmehr schon in ihr selbst beschlossen, insofern sie nämlich mit jener leidenschaftliche Anspannung des Menschen einhergeht, die jeder Kampf provoziert, handele es sich nun um Krieg oder Revolution. Der Logik seines Idealismus der "Gewalt" fol-

1 Vgl. Peter Schöttler: Nachwort. Georges Sorel - ein linker Konservativer zwischen Syndikalismus und Nationalismus. In: Larry Portis: Sorel zur Einführung. Hannover 1983.

2 Freund, Sorel..., a.a.O., S. 209.

gend, nähert Sorel beide Zustände einander an, wenn er den Klassenkampf als "sozialen Krieg" (ÜdG, 340) und die Praxis der Streiks als "Kriegshandlungen" (ÜdG, 334) beschreibt. Sorel abstrahiert, indem er Klassenkampf als Krieg begreift, von der sozialen Wirklichkeit des Klassenkampfes und leistet einem Ästhetizismus der Gewalt Vorschub, der den Kampf um seiner Intensität und Schönheit willen propagiert, ohne sich im mindesten an einer proletarisch-revolutionären Umwälzung interessiert zu zeigen, ja oft genug in offener Gegnerschaft zu dieser steht: "ANTI-SOZIALISMUS" (GdF, 156) lautete denn auch ein wichtiger Programmpunkt der Futuristen, deren Führer Marinetti seinen Gedichtsammlungen Titel wie "Destruction" gab und auch sonst als ein ausgesprochener Apologet der 'Gewalt' in Erscheinung trat. Der Vitalismus Marinettis ließ sich mit dem Lebensbegriff Sorels durchaus vereinbaren, hatte dieser doch unermüdlich die lebenssteigernde, heroisierende Funktion der Gewalt gepriesen. In Sachen Feindschaft nahm der Futurist allerdings eine folgenschweren Adressatenwechsel vor: Seine Ideologie implizierte ein Verächtlichmachen aller, die sich dem Stahlbad des Kampfes entzogen. Hatte Sorel noch die "Feigheit des Bürgertums" (ÜdG, 77) denunziert, weil es sich durch Reformen vom Klassenkampf loskaufen wollte, so richteten sich Marinettis Attacken gegen die "Feigheit der Roten" (GdF, 157), weil die italienischen Sozialisten sich gegen den imperialistischen Krieg aussprachen. Ernst Jünger argumentierte kaum anders, wenn er als "Quelle" der "pazifistischen Tendenz" die "Blutscheu" (KE, 36) ausmachte, die ihm - wie Sorel - als gefährliche Dekadenzerscheinung galt:

> Darüber aber muß man sich klar sein: Treibt der Geist eines ganzen Volkes solcher Richtung zu, so ist das ein Sturmzeichen

> nahen Unterganges. Eine Kultur mag noch so ragend sein - erlischt der männliche Nerv, ist sie Koloß auf tönernen Füßen. (KE, 37)

Im Gegensatz zu Georges Sorel schließt die Gewaltapologetik Jüngers und Marinettis den Kampf in seiner proletarischen Gestalt nicht ein, da er ihnen wegen seiner rein materiellen Ziele als minderwertig gilt. Auch der Verfasser der "Réflexions" hatte den an materiellen Fortschritten interessierten Reformsozialismus verdammt, ihm dabei aber noch den reinen, von einer asketischen Produzentenmoral getragenen (und darum positiv konnotierten) Klassenkampf entgegengehalten. Jünger geht demgegenüber einen Schritt weiter und verwirft den Klassenkampf insgesamt, wenn er in "Das Wäldchen 125" (1925) unzweideutig erklärt:

> Wo wir uns auf die Barrikade stellen, da darf es nicht zum Klassenkampf, sondern nur zum Kampf um Güter geschehen, aus denen sich keine materiellen Vorteile ziehen lassen. Uns trennt von jenen anderen eine tiefe Kluft! (W, 187)

Während die frühen Futuristen immerhin noch versprochen hatten, sie wollten "die großen Menschenmengen besingen, die die Arbeit, das Vergnügen oder der Aufruhr erregt" (GdF, 26), ist Jüngers Massenverachtung geradezu notorisch: "Aber schließlich - was ist die Masse? Sie sieht in allem nur das Erbärmliche, das in ihr selber lebt" (ST, 197) Eine auffällige Verschärfung erfahren seine Kommentare, wenn er auf die revoltierende Menge zu sprechen kommt. Zu den Ereignissen des November 1918 bemerkt er ressentimentgeladen:

> Aber die Strömungen, die sich seit den Wilhelmshavener Vorgängen (Matrosenaufstand gegen die Fortsetzung des Krieges - d. Verf.) immer stärker andeuten, schmecken mehr nach Revolte als nach Revolution, sie sind ganz ohne Idee, Ausgeburten des Hun-

> gers und der Feigheit, viehisch ist der einzige Ausdruck dafür. Wenn sie sich durchsetzten, wären sie nicht imstande, eine tüchtigere Führerschicht nach oben zu bringen, und damit ist alles gesagt. Die Lumpen haben nicht das Recht, einen Staat zu stürzen (...). (W, 184)

Der nackte Hunger gilt dem Gewaltfanatiker als niederes Motiv, die Weigerung der Matrosen für eine ihnen fremde, obendrein verlorene Sache noch weiter den Kopf hinzuhalten, als Feigheit.
Sorel hatte die Moralität des Klassenkampfes in Analogie zum Ehrenkodex der Armee beschrieben, wenn er behauptete, der "soziale Krieg (vermöge) durch seinen Appell an das Ehrgefühl, das sich so natürlich in jeder Armee entfaltet, die niedrigen Gesinnungen auszuschalten, gegen welche die Moral ohnmächtig geblieben wäre." (ÜdG, 341) Jünger will solche Vergleiche nicht gelten lassen, er kennt "nur eine Masse, die nicht lächerlich wirkt: das Heer." (KE, 56) Erst in seiner Bewegungsperiode (1930-34) ändert er angesichts der inzwischen vollzogenen Wandlungen - der zunehmenden Militarisierung der Arbeit, der freiwilligen faschistischen Disziplinierung von Teilen der Klasse - seine Ansichten und entdeckt die 'Gestalt des Arbeiters' für sich, die freilich mit dem empirischen Klassensubjekt gleichen Namens nicht zusammenfällt. (Vgl. Kapitel 4) Bei dieser Gelegenheit beerbt er auch Sorel, der gegenüber Nietzsche darauf insistiert hatte, daß die Moral der Arbeiter nicht die von Sklaven, sondern eine heroische "Produzentenmoral" sei. (ÜdG, 287) Das Echo dieser Denkfigur findet sich im "Arbeiter", wo Jünger befriedigt konstatiert, daß sich "ein neues Gefühl der Verantwortung" unter den Arbeitern breitmache, das seine "Freiheit in der Arbeit erkennt." (A, 48) Es gelte daher, "daß wirkliche Arbeiterbewegungen nicht (...)

als Sklaven-, sondern als verkappte Herrenbewegungen aufzufassen" (A, 48) seien. Zwar hatte Sorel sich nie zur Parole 'Arbeit macht frei' verstiegen, die "Konsumentenmoral" (ÜdG, 287) aber, deren Verschwinden Jünger befriedigt konstatiert, war auch ihm schon verhaßt gewesen.
Im futuristischen Gründungsmanifest hatte es noch geheißen, man wolle "die vielfarbige, vielstimmige Flut der Revolutionen in den modernen Hauptstädten" (GdF, 26) besingen, ein Jahrzehnt später konnte davon nicht mehr die Rede sein. Da tat man die bolschewistische Revolution als russische Angelegenheit ab und engagierte sich auf Seiten der Faschisten gegen die Linke. Dabei unterschied man zwischen den revolutionären Parteien, "deren Elan an der Schwelle des Weltfriedens und des törichten Paradieses haltmacht" und dem individuellen Terror der Anarchisten, der als "ein absurder und schöner Anruf des Ideals einer unmöglichen Gerechtigkeit" (GdF, 130) Bewunderung verdiene. Es war gerade diese Zwecklosigkeit anarchistischer Gewalt, die die Futuristen begeisterte, der individuelle, isolierte Charakter, der die "Vernichtungstat der Anarchisten" (GdF, 26) kennzeichne. Der "Kommunismus", so Marinetti 1919, sei dagegen nur "eine alte Formel für Mittelmäßigkeit." (GdF, 158) Jünger scheint diesen Befund zu teilen, wenn er ein Jahrzehnt später den "Kommunismus" als einen "Ausfluß der Unterdrückung, nicht aber der Selbstherrlichkeit" beschreibt, der "nicht die Vernichtung, sondern eine besondere und langweiligere Ausbeutungsform der bestehenden Ordnung" (AH I, 160) anstrebe, während dagegen "der Anarchist klar aus der Ordnung heraustrete." (AH I, 161) Jünger denkt dabei freilich weniger an den Sozialanarchisten, er fügt vielmehr seiner Romantik des 'abenteuerlichen Herzens' eine neue Facette hinzu, will er doch auch denjenigen als

Anarchisten begriffen sehen, der "in der hermetischen Abgeschlossenheit eines Großstadtzimmers als Denker und Träumer seinem Willen den Rang einer absoluten Instanz zu verleihen" vermag, weil er es "überhaupt verachtet", sich noch mit der Gesellschaft - und sei es auch in Form des Terrorismus - "abzugeben." (AH I, 161f.)

Kamikaze

Many in Europe thought the war a necessary
regressive step to prepare for a better world.
For Marinetti regression was
that better world.

(Wagstaff. Dead Man Erect)

Georges Sorel schlug vor, dem reformistischen "Bilde des Fortschritts (...) das Bild der Gesamtkatastrophe entgegenzustellen" (ÜdG, 155), dessen anfeuernder und stählender Wirkung auf die proletarischen Kämpfer er sich gewiß war. Dieser Topos der reinigenden Katastrophe wird von Marinetti wie Jünger aufgegriffen und sensationalistisch umgebogen. Nicht dem moralisierenden Effekt des Krieges - den Sorel betont hatte - gilt ihr Hauptinteresse, sondern dem ungeheuren Zuwachs an ästhetischer Wahrnehmung, den die Katastrophe bedeutet, den psychophysischen Entladungen, die sie abwirft:

> Das ist ein Köstliches am Leben, daß es gerade, wenn der Tod am gierigsten würgt, in Krieg, Revolution und Pestilenz am buntesten und tollsten dahinflirrt. (KE, 31)

Für Jünger wie für die Futuristen ist Leben im emphatischen Verstand nur im "starken und gesunden Klima der Gefahr" (Futurismus, 42) möglich, dort wo die Existenz selbst auf dem Spiel steht, die Gefahr des Todes allgegenwärtig ist. Beide greifen dabei auf ein Motiv zurück, das bereits Friedrich Nietzsche in seiner Schrift "Die fröhliche Wissenschaft" (1886) entwickelte, als er sich dort an all jene wendete, die "die Gefahr, den Krieg, das Abenteuer lieben":[1]

> Gefährdetere Menschen, fruchtbarere Menschen! Denn glaubt es mir! - das Geheimnis, um die größte Fruchtbarkeit und den größten Genuß vom Dasein einzuernten, heißt: *gefährlich leben!* Baut eure Städte an den Vesuv! Schickt Eure Schiffe in unerforschte Meere! Lebt im Kriege mit euresgleichen und mit euch selber! Seid Räuber und Eroberer (...)![2]

Nietzsche verkündete einen geistigen Krieg gegen die bürgerliche Erstarrung des Lebens und prophezeite ein "Zeitalter, das den Heroismus in die Erkenntnis trägt und Kriege führt um der Gedanken und ihrer Folgen willen."[3] Für Jünger und Marinetti ist diese neue Epoche bereits Wirklichkeit, die "Wiederentdeckung der Gewalt" (KE, 30) das a priori ihre Denkens und Handelns.

> Das Feine, das Verwickelte, die immer schärfer geschliffene Kultur der Nuance, die ausgeklügelte Zersplitterung des Genusses verdampften im sprühenden Krater versunken geglaubter

1 Friedrich Nietzsche: Die Fröhliche Wissenschaft. In: Ders.: Werke in drei Bänden. Hrsg. v. K. Schlechta. München 1973. Bd. 2, S. 252.
2 Nietzsche, Fröhliche Wissenschaft, a.a.O., S. 166.
3 Ebd., S. 165.

> Triebe. Verfeinerung des Geistes, zärtlicher Kultus des Hirns gingen unter in klirrender Wiedergeburt des Barbarentums. Andere Götter hob man auf den Thron des Tages: Kraft, Faust und männlichen Mut. (KE, 30)

Wo Nietzsche noch vornehmlich die intellektuelle Auseinandersetzung, den Kampf der Ideen im Auge hatte, da tritt bei Jünger der Krieg in seiner blutigen Konkretheit auf den Plan. Nicht der intellektuelle Einsatz ist nun länger gefragt, sondern der physische des Grabenkämpfers. Parallel hierzu verkürzt auch der Futurismus die Nietzschesche Losung zur militaristischen Parole des "Vivere pericolosamente!" (Marinetti), die die Schrecken des technologischen Krieges als Eldorado gesteigerten Menschentums ausgibt. Aus Ekel vor den üblichen Formen bürgerlicher Selbsterhaltung propagiert man die "Liebe zur Gefahr" (GdF, 26) und spielt die Erlebniswerte Reiz und Sensation gegen die "unausstehliche Langweiligkeit" (E. Jünger)[1] aus, die das bürgerliche Zivilleben vergifte: "Besser ist es, unterzugehen wie zersprühender Meteor, als zitternd verlöschen." (KE, 60) Marinetti denkt nicht anders, wenn er lauthals verkündet: "Lieber ein prachtvolles Unglück als eine eintönige, täglich sich wiederholende Fahrt!" (GdF, 38)
Die immer wieder vorgetragene Behauptung, Lebensintensität stelle sich erst in Todesnähe ein, wird von Jünger durch Verweis auf seine Kriegserfahrung gerechtfertigt. Gleichzeitig versucht er, diese Denkfigur durch eine Schmerzphilosophie zu fundieren, die sich eng an den expliziten "Pessimismus" (ÜdG, 15) Sorels anlehnt, der ja stets die lebensstiftende Funktion des Schmerzes hervorgehoben hatte. Jünger baut diesen Gedanken aus, indem er erklärt, der Versuch

1 Ernst Jünger zit.n. Ernst Loose: Ernst Jünger. Gestalt und Werk. Frankfurt/M. 1957, S. 356.

des bürgerlichen Sicherheitsstrebens - Sorels "Feigheit des Bürgertums" (ÜdG, 67) -, sich dem Tod bzw. dem Schmerz zu entziehen, fordere ihren Tribut in Form der Langeweile, die nichts anderes als eine "List des Schmerzes" vorstelle:

> Die künstliche Abschnürung von den Elementarkräften vermag zwar die groben Berührungen zu verhindern und die Schlagschatten zu bannen, nicht aber das zerstreute Licht, mit dem der Schmerz dafür den Raum zu erfüllen beginnt (...). So ist die Langeweile nichts anderes als die Auflösung des Schmerzes in der Zeit. (ÜS, 156)

Marinetti hat Jüngers Argumentation, die hier mit einer suggestiven Metapher aufzuwarten weiß, nichts Vergleichbares an die Seite zu stellen; stattdessen kommt wieder einmal der futuristische Voluntarismus zu Wort, der schlicht die Überwindung des Schmerzemfindens fordert. Indem er einen zynischen Amoralismus predigt, der "systematisch in sich alle Schmerzen des Herzens zu zerstören" (GdF, 136) vermag, d.h. jede moralische Regung (Mitleid und ähnliche 'Sentimentalitäten'), die den verordneten Heroismus untergraben könnte, glaubt der Futurist die Lösung des Problems bereits in der Hand zu haben; durch den "täglichen Umgang mit der Gefahr" (GdF, 129), die freiwillige Konfrontation mit dem Schmerz, solle dieser überwunden werden. So prophezeit denn Aldo Palazzeschi in seinem Pamphlet "Der Gegenschmerz" (1913), der neue "futuristische" Mensch werde "ANSTATT SICH IM DUNKELN DES SCHMERZES AUFZUHALTEN, IHN MIT SCHWUNG DURCHQUEREN, UM IN DAS LICHT DES LACHENS EINZUTRETEN." (GdF, 261) Das "SCHMERZEMPFINDEN", so glaubt der futuristische Dichter zu wissen, ist nämlich nur eine altmodische "PASSATISTISCHE SYPHILIS" (GdF, 260), die es hinter sich zu lassen gelte. Für die Zukunft aber stellt Palazzeschi "eine ganz neue, fruchtbarere Komik aus einer Mischung von Erdbeben, Schiffbrüchen, Bränden usw." (GdF, 261) in Aussicht.

Die sensationalistische Präsentation des Kriegsgeschehens, die Jüngers und Marinettis Texte liefern, trägt Appellcharakter, der sich über suggestive Bildfolgen und Codewörter ('Gefahr') zu vermitteln sucht. Nur selten allerdings spricht sich die dahinter stehende Kamikaze-Mentalität so unverblümt aus wie in gewissen Äußerungen Marinettis, der in "Tod dem Mondschein! Zweites Manifest des Futurismus" (1909) verkündet:

> Krieg? Gewiß! (...) Unsere einzige Hoffnung, unsere Existenzberechtigung und unser Wille (...) Ja, der Krieg! (...) Deswegen lehren wir heut den methodischen, den täglichen Heroismus; die Liebe zur Verzweiflung, die das Herz mit aller Kraft zu arbeiten anhält. Die Gewöhnung an die Begeisterung; die Hingabe an den Rausch (...) Die Menschen müssen in einem einzigen Coup um ihr Leben spielen, ohne auf die betrügerischen Croupiers und ohne auf die Balance des Roulette zu achten, indem sie sich auf dem grünen Tuch des Krieges wälzen von der wiegenden Lampe der Sonne ausgebrütet. (GdF, 240)

Die Gründe des Krieges und dessen Nutznießer dürfen demnach Marinetti zufolge durchaus 'im Dunkeln' bleiben; was wirklich zähle, sei die Lebensintensität, die Wonnen sich verausgabender Maskulinität,[1] die auch Jünger schätzt.

In seiner schon früher zitierten Schrift "Zeitgemäßes über Krieg und Tod" (1915) erwähnt Sigmund Freud einmal auch

1 Vgl. Christopher Wagstaff: Dead Man Erect: F.T. Marinetti, "L'alcova d'acciaio". In: The First World War in Fiction. A Collection of Critical Essays, ed. by H. Klein. London 1978, S. 149-159.

die bereichernden Aspekte der Gefahr, die lebenssteigernde Wirkung der Todenähe:

> Dies unser Verhältnis zum Tode hat aber eine starke Wirkung auf unser Leben. Das Leben verarmt, es verliert an Interesse, wenn der höchste Einsatz in den Lebensspielen, eben das Leben selbst, nicht gewagt werden darf. (...) Die Neigung, den Tod aus der Lebensrechnung auszuschließen, hat (...) viele andere Verzichte und Ausschließungen im Gefolge. (...) Es ist evident, daß der Krieg diese konventionelle Behandlung des Todes hinwegfegen muß. Der Tod läßt sich jetzt nicht mehr verleugnen; man muß an ihn glauben. (...) Das Leben ist freilich wieder interessant geworden, es hat seinen vollen Inhalt wiederbekommen. (Freud IX, 50f.)

Daß Freud hier einen Erfahrungswert ausspricht, ist kaum zu leugen. Dem von Jünger und Marinetti goutierten und propagierten Vabanquespiel wird man daher einen gewissen Intensivierungseffekt in Sachen existentielles Befinden kaum absprechen dürfen. Die Crux liegt anderswo: Besagtes Spiel - der Krieg! - bedarf der Mitspieler, die Hasardeursmentalität der beiden militanten Ästheten braucht kollektive Szenarien, um sich (und andere) 'auszuleben'. Was als privater Stil legitim ist - sollte es doch jedem selbst überlassen bleiben, ob er ein riskantes Leben dem jahrzehntelangen Verschleiß vorzieht -, wird dort problematisch, wo die Freiwilligkeit der Teilnahme suspendiert, die Mitspieler zum Mittun gezwungen werden. Nach dem "Erlebnis" der Katastrophenopfer zu fragen, fällt aber weder Jünger noch Marinetti ein. Marshall Bermans Sätze über den Futurismus könnten auch Jünger gelten: "On the other hand, what happens to all the people who get swept away in those tides? Their experience is nowhere in the futurist picture."[1]

1 Marshall Berman: All That Is Solid Melts Into Air. The Experience of Modernity. New York 1982, S. 25.

Fünftes Kapitel

Die Totale Mobilmachung und der reaktionäre Modernismus

Die deutsche Jugend dankt es vor allem Ernst Jünger, daß ihr die Technik kein Problem mehr ist. Sie hat sich seine schönen Bekenntnisse zu ihr (...) zu eigen gemacht. Sie bedarf keiner Ideologie mehr zu ihrer Überwindung, sie begreift sie als Arm der Idee. Das war uns neu, diese Einordnung des Materials in den Sinn des Geschehens. Jünger hat uns von einem Alpdruck befreit.

(Wolf Dieter Müller: Ernst Jünger. Ein Leben im Umbruch der Zeit. Berlin 1934)

Sie haben, Hochverehrter, das kleine Buch gelesen, ich nicht, ich habe nur sehr vage darin geblättert. Mir ist nämlich E. Jünger kein ganz klares Problem, ich finde bei ihm enorm viel inneren Kitsch und was er als "Angriff" gesehen haben möchte, ist mehr Vorwölbung und Blähung bei ihm als Front.

> Daher mir eine Jugend, die ihn aufs Schild erhebt, an sich fraglich erscheint. Aber diese arme Jugend ! Hinter sich das 19. Jahrh., um sich die Technik und vor sich den sicheren Untergang in der Mitte des Jahrhunderts. Lassen wir sie ihren Tango machen. So oder so: Galop final.
>
> (Gottfried Benn an F.W. Oelze, 20.5.1935)

Jünger als Physiognomiker

Der Essay "Der Arbeiter. Herrschaft und Gestalt" (1932) stellt fraglos Ernst Jüngers ehrgeizigste literarische Unternehmung dar. Sein Vortrag bewegt sich auf zwei Ebenen: Zum einen will der Verfasser eine Diagnose der Moderne vorlegen, "ein Porträt des modernen Menschen ohne Retuschen" (MM, 321), wie Jünger 1964 rückblickend bemerkt. Das versprochene Röntgenbild der Moderne wird zum anderen mit einem politischen Projekt verkoppelt und bis zur Ununterscheidbarkeit beider verschmolzen. Inhalt dieses Projekts ist die 'Totale Mobilmachung' der deutschen Nation, deren Umrisse Jünger bereits in dem gleichnamigen Essay aus dem Jahre 1930 grob skizziert hatte. Diese zwei

Intentionen werden in der metaphysischen Konstruktion der "Gestalt des Arbeiters" zusammengezwungen: In ihm "vollendet sich die technisch-industrielle Revolution; er führt die Idee des Staates zu höchster Vollendung; in ihm erfüllt sich das Schicksal der Deutschen."[1] Die 'Totale Mobilmachung' ist dabei als "eine Funktion der Gestalt des Arbeiters" zu begreifen; "sie umfaßt das Gebiet, auf dem die Ausstrahlung dieser Gestalt in Form des organisatorischen Prozesses sichtbar wird." (BuS, 12)

Jünger wählt für sein Vorhaben die Essay-Form, um sich der Last systematisierender Objektivierung zu entheben, denn nicht am Entwurf einer konsistenten Gesellschaftstheorie ist ihm gelegen, sondern an der Sichtbarmachung einer 'Gestalt', die sich als 'neue Wirklichkeit' allenthalben anmeldet, gleichwohl aber nur dem eingeweihten Auge ihre Geheimnisse offenbart. Der zwischen Appell und Prophetie, Drohung und Vision changierende Text folgt den Spuren dieser neuen Realität, indem er Erscheinungen des modernen Alltags als Zeugen aufruft. Scheinbar ephemere, zunächst unzusammenhängend wirkende Phänomene der empirischen Oberfläche werden zitiert und als Symptome eines komplexeren Entwicklungsvorganges gedeutet, der in Form der 'Totalen Mobilmachung' gesellschaftspolitisch 'Gestalt' annimmt.

K.H. Bohrer, dem die Schrift als hochgradig esoterisch und hermetisch gilt, hat darauf insistiert, daß sie "die Lektüre einer intellektuellen Minderheit" geblieben sei, und es folglich "nie zu einer intellektuellen Verführung en masse" (ÄS,

1 Nicolaus Sombart: Ernst Jünger. "Der Arbeiter". Zur Neuauflage 1964. In: ders.: Nachdenken über Deutschland. Vom Historismus zur Psychoanalyse. München 1987, S. 148.

300) habe kommen können. Die legitimatorische Absicht dieses Kommentars wird sofort deutlich, wenn man den Veröffentlichungszeitpunkt des "Arbeiters" bedenkt, der am Vorabend der nationalsozialistischen Machtergreifung im Druck erschien. Bohrers Rettungsversuch verschlägt jedoch wenig, da eine Massenwirkung ohnehin kaum in Jüngers Absicht gelegen haben dürfte. Im Text selbst jedenfalls figuriert die gründlich verachtete "Masse"[1] als Objekt eines herrschaftlichen Zugriffs, um dessen Perfektionierung Jüngers Phantasie kreist. Außerdem besagt gerade eine seiner Zentralthesen, daß die Masse alten Stils im Untergang begriffen sei - ein begrüßenswerter Tatbestand, den es zu nutzen gelte. Damit aber sind auch schon jene aufgerufen, die als die eigentlichen Ansprechpartner des Verfassers zu betrachten sind: Führernaturen, die schon bald die Kommandohöhen erklommen haben werden: "der aktive Schlag als Träger des Staates." (A, 285) "An der Unhaltbarkeit des Alten und der Heraufkunft neuer Kräfte" nämlich hat Jünger "keine Zweifel mehr." (A, 11) Diese zukünftige Elite ist der eigentliche Adressat des "Arbeiters", der durchaus auch als "politische Ausbildungsvorschrift"[2] und konkrete Utopie eines faschistischen Staates begriffen werden darf. Ihr obliegt es nämlich, die von ihm diagnostizierte Tendenz zur fortschreitenden Disziplinierung und Uniformierung der Massen im Rahmen des in Aussicht gestellten neuen Staatswesens zu forcieren und zu totalisieren. Noch freilich sehe sich diese "neue Aristokratie" (A, 87) auf billige "Agitation" verwie-

1 Vgl. Kai Pfankuch/Gisbert Lepper: Persönlichkeit und Masse. Zur Politisierung der Existenz- und Lebensphilosophie Anfang der 30er Jahre. In: Notizbuch 4. Berlin 1981, S. 103ff.

2 Gerhard Loose: Ernst Jünger. Gestalt und Werk. Frankfurt/M. 1957, S. 95.

sen, derer es nun einmal bedürfe, um sich eine Gefolgschaft zu sichern; schon bald jedoch, sei erst einmal die Macht ergriffen, würden nur mehr Befehle zu hören sein:

> Die Masse ist nicht mehr die Größe, die gut oder schlecht Wetter macht, sondern sie selbst ist vor allem dem Unwetter ausgesetzt. Daher ist die Sprache der Agitation mit ihren künstlichen Stürmen bedeutungslos; sie hat einer Befehlssprache zu weichen, wie sie von den Kommandobrücken der Schiffe zu hören ist. Dies setzt freilich voraus, daß die Masse in einen Zustand überführt wird, dem die funktionale Geschmeidigkeit zur Ausführung solcher Bewegungen (wie sie die 'Totale Mobilmachung' erheischt - d. Verf.) innewohnt. (A, 307)

Im Gegensatz zu seinem Adressatenkreis sieht sich Jünger von jeglichen tagespolitischen Rücksichten befreit und kann deshalb seinen utopischen Ordnungsentwurf kompromißlos darlegen. Einen politischen Führungsanspruch innerhalb der deutschen 'Rechten' erhebt er zu diesem Zeitpunkt nicht mehr.[1] Schon im "Abenteuerlichen Herzen" (1929), nach immerhin vierjähriger reger publizistischer Tätigkeit in diversen rechtsrevolutionären Zeitschriften, hatte er einen Rollenwechsel zu erkennen gegeben, wenn er schrieb: "Man kann sich heute nicht in Gesellschaft um Deutschland bemühen; man muß es einsam tun." (AH I, 114) Jüngers Anspruch hat sich quasi sublimiert und erscheint nun als einer auf geistige Führerschaft, die "jenseits der Theorien, jenseits der Parteiungen, jenseits der Vorurteile" (A, 13) angesiedelt zu sein behauptet; von dort weist er der "deutschen Revolution" (A, 43) den Weg. Jünger versteht sich als begnadeten Seher, der die Signatur der Epoche und Deutschlands Stellung und Auftrag darin entschlüsselt; kein geringes Unterfangen, denn diese "neue Wirklichkeit" zu schauen,

1 Vgl. Liebchen, Jünger ..., a.a.O.

setzt ihm zufolge "Augen" voraus, denen die "volle Sehkraft" (A, 13) gegeben ist; "besondere Augen", die imstande sind, in den diversen Krisenerscheinungen der bürgerlichen Gesellschaft - "die Wirtschaft krankt dahin, die Parlamente werden arbeitsunfähig" - "mehr als nur einen Prozeß der reinen Vernichtung zu sehen" (A, 164f.). Über solches "Sehen von Gestalten" erfährt man zudem noch, daß es sich "jenseits sowohl der moralischen als auch der wissenschaftlichen Wertungen" (A, 46) vollzieht, womit wohl angedeutet werden soll, daß der im 'Jenseits' beheimatete Seher von der Mühe empirischer Verifikation und ethischer Rechtfertigung befreit sein will. Damit aber hängt alles von der visionären Kraft und den intuitiven Fähigkeiten des Beobachtersubjekts ab, dessen Gestaltschau der Zeit ihr Geheimnis ablauscht.

Den Begriff der "Gestalt" entnimmt Ernst Jünger dem Arsenal der Lebensphilosophie,[1] als Vorbild aber dient unverkennbar der Kulturphilosoph Oswald Spengler (1880-1936), dem jener auch im Stilistischen nacheifert. Der einflußreiche Theoretiker der extremen Reaktion hatte in seinem Werk "Der Untergang des Abendlandes" (1918/1922)[2] den Gedanken einer "Morphologie der Weltgeschichte" und "Physiognomik alles Menschlichen" (UdA I, 135) entwickelt. Diese überlegene, weil tiefer schürfende Sehweise steht ihm zufolge im Begriff, die wissenschaftliche, "systematische Art der Weltbetrachtung" (UdA I, 134) abzulösen. Letztere sei leblos und kalt, die physiognomische Methode hingegen zeichne sich durch ihre 'beseelende' Wirkung aus:

1 Vgl. Pfankuch/Lepper: Persönlichkeit und Masse..., a.a.O.

2 Oswald Spengler: Der Untergang des Abendlandes. Umrisse einer Morphologie der Weltgeschichte. 2 Bde. Leipzig/München 1918-1922 (abgek.: UdA).

> Alles, was überhaupt geworden ist, alles, was erscheint, ist Symbol, ist Ausdruck einer Seele. Es will mit dem Auge des Menschenkenners betrachtet, es will nicht in Gesetze gebracht, es will in seiner Bedeutung gefühlt werden (...) Gestalt und Gesetz, Gleichnis und Begriff, Symbol und Formel haben ein ganz verschiedenen Organ. Es ist das Verhältnis von *Leben* und *Tod* (...), das in diesem Gegensatz erscheint. Der Verstand, das System der Begriffe töten, indem sie "erkennen". Sie machen das Erkannte zum starren Gegenstand, der sich messen und teilen läßt. Das Anschauen beseelt. (UdA I, 136)

Bei solchen 'Anschauungen' ist es nur konsequent, wenn Spengler im später erschienen zweiten Band seiner Schrift sogar noch das "Wirtschaftsleben" als "Ausdruck des Seelenlebens" (UdA II, 585) begriffen haben will, weswegen denn auch hier die Gestalt-Schau die geeignete Methode sei. Physiognomische Kennerschaft allein sei berufen, einer als gesetzlos unterstellten Ökonomie ihr Geheimnis zu entwinden:

> Denn die Wirtschaft besitzt kein System, sondern eine Physiognomie. Um das Geheimnis ihrer inneren Form, ihrer Seele zu ergründen, bedarf es des physiognomischen Taktes. Um in ihr Erfolg zu haben, muß man Kenner sein, so wie man Menschenkenner und Pferdekenner ist, und braucht kein "Wissen", so wenig der Reiter etwas von Zoologie zu "wissen" braucht. (UdA II, 584)

Im Anschluß an derlei erkenntnistheoretische Verstiegenheiten, deren wildes Analogisieren den Spenglerschen Denkstil getreulich wiederspiegelt, verkündet dieser Ideologe der "Konservativen Revolution"[1] die Geburt "einer neuen, einer deutschen Wirtschaftsauffassung", die "jenseits von Kapitalismus *und* Sozialismus" (UdA II, 585) angesiedelt sein soll;

1 Vgl. Armin Mohler: Die Konservative Revolution in Deutschland 1918-1932. Ein Handbuch. Darmstadt ³1989.

eine Anspielung auf seine unterdessen erschienene Schrift "Preußentum und Sozialismus" (1920), in welcher Spengler die Idee eines "preußischen Sozialismus" entwickelt hatte, die noch in Jüngers "Arbeiter" nachwirkt. Nicht von ungefähr hatte dessen Autor in einem Widmungsexemplar geschrieben: "Für Oswald Spengler, der im Anschluß an die deutsche Abrüstung die ersten neuen Waffen schmiedete."[1] Tatsächlich tritt Jünger in die Fußstapfen seines intellektuellen Mentors, wenn er den "Sozialismus als die Voraussetzung einer schärferen autoritären Gliederung" begreift, während der ihn ergänzende "Nationalismus als die Voraussetzung für Aufgaben von imperialem Rang" (A, 254) erscheint. Jünger spricht von der schicksalhaft herannahenden "totalen Diktatur" (A, 49) wie schon Spengler vor ihm, als er in seinem Hauptwerk die "Heraufkunft des Cäsarismus" verkündete, der die "Diktatur des Geldes und ihrer politischen Waffe, der Demokratie" (UdA II, 628) brechen werde. Über die Motive solch intellektueller Parteinahme für den Triumph des "Herrenwillens" (UdA II, 629) läßt sich nur spekulieren. Wenn es bei Spengler heißt, "die Weltgeschichte" habe "immer dem Stärkeren, volleren, seiner selbst gewissen Leben Recht gegeben" (UdA II, 629), dann stellt sich allerdings schon jener Verdacht ein, den Adorno gültig formuliert hat:

> Die Erkenntnis von der Hilflosigkeit der liberalen Intellektuellen unterm Schatten der heraufziehenden totalitären Macht läßt ihn zum Überläufer werden. Durch Selbstdenunziation macht der Geist sich tauglich, antiideologische Ideologien zu liefern. Hinter der Spenglerschen Proklamation des Untergangs der Kultur steht

1 Zit. nach: Jürgen Naeher: Oswald Spengler. Reinbek bei Hamburg 1984, S. 117.

> der Wunsch als Vater des Gedankens. Der Geist, der sich verneint und auf die Seite der Gewalt stellt, hofft auf Pardon.[1]

Auch Jünger beherrscht die anti-intellektualistische Klaviatur, wenn er mit gegenaufklärerischem Schwung den "Hochverrat des Geistes gegen den 'Geist'" als einen der "hohen und grausamen Genüsse unserer Zeit" anpreist, nicht ohne dies lebensphilosophisch als "Antwort auf den Hochverrat des Geistes gegen das Leben" (A, 47) zu rechtfertigen, d.h. als Reaktion auf die 'Diktatur' des analytischen Denkens. An seine Stelle tritt die (schon von Spengler her bekannte) physiognomische Kennerschaft, die sich dem Einspruch der Vernunft a priori überlegen glaubt.

Es darf daher nicht verwundern, daß die "Gestalt des Arbeiters" gewisse begriffliche Erwartungen gründlich enttäuscht. Der von dieser "Gestalt" vorgeschickte "Typus des Arbeiters" nämlich hat mit dem Klassensubjekt gleichen Namens wenig gemein, dieser wird vielmehr zum Verschwinden gebracht und als begriffliche Schimäre eines veralteten klassenkämpferischen Denkens ad acta gelegt. Nach diesem methodischen Befreiungsschlag hat Jünger genügend Raum, um sich seinen "Typus" - der den Soldaten und den Unternehmer miteinbegreift - nach Bedarf auszustatten und in die Schlacht gegen die demokratische "Scheinherrschaft" (A, 75) eines gleichfalls klassenunspezifisch, physiognomisch wahrgenommenen "Bürgers" zu führen.

Der auffällige Umstand, daß in Jüngers "Arbeiter" alles 'Klassenmäßige' und Ökonomische ausgegrenzt wird, entging der Kritik nicht und fand bei den einzelnen Interpreten ein standortgebundenes Echo. So überrascht es wenig, daß

1 Theodor W. Adorno: Spengler nach dem Untergang. In: ders.: Prismen. Kulturkritik und Gesellschaft. Frankfurt/M. 1976, S. 67.

etwa Georg Lukács umstandlos "soziale Demagogie"[1] ausmacht, wo K.H. Bohrer wieder einmal die Esoterik des Autors am Werke sieht: Nicht absichtliche Entwirklichung in ideologischer Manier läge hier vor, vielmehr setze sich bei Jünger - und nicht zum ersten Mal - seine primär ästhetische Optik gegen die eigene Ideologie durch; dieser habe "nicht so sehr weltanschauliche politische Position bezogen als vielmehr den jeweils 'anderen' Zustand zur Realität" (ÄS, 308): "Anstatt sich auf die komplizierte Argumentation marxistischer Ökonomie einzulassen, führt er einen gegenökonomischen Maßstab vor." (ÄS, 302)
Jüngers Degout allem Ökonomischen gegenüber ist in der Tat notorisch. Diese Sphäre gilt ihm als Terrain des verachteten "Bürgers", wo dieser im "trüben Schlamm der Interessen" (A, 33) watet, einzig auf seine Bereicherung und Bequemlichkeit bedacht. Der militante Romantiker des 'Abenteuerlichen Herzens' distanziert sich entschieden von der angeblich im Untergange befindlichen Bürgerwelt, deren Glaube, daß "ein ökonomisches Gesetz die Welt und ihre Geschichte regiert" (A, 59) und 'das Elementare' (Gefahr, Schmerz, Gewalt) durch die Vernunft endgültig gebannt werden könne, sich als ausgemachte Fehlkalkulation erweist: nach und nach, so zeigt sich, brennen sämtliche Sicherungen durch. Vorgänge wie Inflation und Massenarbeitslosigkeit dokumentierten schonungslos den millionenfachen Verlust an Sicherheit und blamierten den Fortschrittsglauben des bürgerlichen Liberalismus als Illusion.
Angesichts der ideologischen Implikationen seines methodischen Zugangs zum Gegenstand kann es nicht verwundern, daß Jünger der Ökonomie von vornherein jeden gesetzmäßi-

1 Georg Lukács: Die Zerstörung der Vernunft. Berlin/Ost 1954, S. 423.

gen Charakter abspricht. So fragt er nicht etwa nach den Ursachen von Arbeitslosigkeit, Inflation usw., sondern er hypostasiert stattdessen die kapitalistische Modernisierung zur sachlichen, objektiven Revolution und verrätselt zugleich die "Inflation" zum "dämonischen Währungsvorgang." (A, 112)
Hier liegt zweifellos ein Dilemma von Jüngers metaphysischer Gestaltschau: Obgleich diese vollmundig beansprucht, alles Wirtschaftliche, d.h. bloß Materielle zu transzendieren, sieht sie sich doch stets auf die Ökonomie und die Umwälzungen im Produktionssektor zurückverwiesen. Die Allgegenwart von Wirtschaftskrise und Depression herrscht sich dem Text förmlich auf, ja dessen Untergangsgemälde bezieht eben gerade daraus ein Stück Objektivität und Glaubwürdigkeit, unbeschadet des 'magischen' Perspektivismus, mit dem der Verfasser die empirische Realität wahrnimmt. Solche Resistenz der ökonomischen Tatsachen gegenüber dem radikalen Idealismus der Jüngerschen Konstruktion verdankt sich der Eigenart des damaligen historischen Moments. Die Sozialphilosophin Simone Weil berichtet 1932 aus Berlin:

> Seit langer Zeit lehren die Revolutionäre, daß das Individuum eng und allseitig von der Gesellschaft abhänge, die ihrerseits von den ökonomischen Beziehungen konstituiert werde (...) In Deutschland ist diese Abhängigkeit ein Fakt, gegen den fast jeder unaufhörlich, mehr oder weniger schmerzhaft stößt. - Die Krise hat fast alles zerbrochen (...) Gewohnheiten, Traditionen, feste gesellschaftliche Bezüge, Sicherheit.[1]

Auch Jüngers metaphysische Gestalt des "Arbeiters", obgleich ausdrücklich als nicht-soziologische Größe einge-

1 Simone Weil: Unterdrückung und Freiheit. Politische Schriften. München 1975, S 33.

führt, zehrt letztlich von der Existenz der empirischen Arbeiterklasse. Die Rede vom "Arbeiter" reagiert auf die moderne Verallgemeinerung des Lohnarbeitsverhältnisses, allen anti-materialistischen Dementis zum Trotz. Das muß auch Bohrer indirekt eingestehen, wenn er feststellt, der Autor habe hier einen "soziologisch-relevanten Typus gefunden, allerdings nicht ohne eine ästhetische Stilisierung vorzunehmen." (ÄS, 287f.) Als ideologischer Effekt solcher Stilisierung entsteht aber - wie Ernst Bloch in verwandtem Kontext[1] formulierte - ein gewisser "Dämmer (...), worin keiner mehr weiß, wer Gast, wer Kellner ist." (EdZ, 71) Jünger läßt hier eine Methode walten, die der sozialistische Utopiker zum "Inventar des revolutionären Scheins" (EdZ, 70) gezählt haben würde. Von der konkreten Ausgestaltung des Verhältnisses von Lohnarbeit und Kapital will der Verfasser des "Arbeiters" herzlich wenig wissen. Er bedarf des Dämmers, um jene Atmosphäre des Geheimnisses zu verbreiten, aus der er seine Legitimation als Physiognomiker bezieht; schließlich soll es diesem allein vorbehalten sein, die verborgenen Korrespondenzen zwischen den aufgerufenen Phänomenen aufzudecken; nur der Physiognomiker besitzt angeblich die nötige Imaginationskraft, um die neue Wirklichkeit, den Geist der Moderne gewissermaßen als geschlossenes Bezugssystem wahrzunehmen.

1 Vgl. Bloch, Erbschaft ..., a.a.O., S. 70ff.

Von der Krise zur totalen Mobilmachung

Vergleicht man Jüngers Schriften aus den zwanziger Jahren mit dem "Arbeiter" (1932), so fällt vor allem die Akzentverschiebung vom 'Krieger' zum 'Arbeiter' auf. Darin reflektiert sich nun jedoch keineswegs eine Abkehr vom militaristischen Credo des Autors; nicht Jünger hat sich geändert, sondern die deutsche Gesellschaft. Der Jüngersche "Arbeiter" repräsentiert die 'Militarisierung' auch der Zivilsphäre, die - gestern noch ein unheroisches Terrain - nun selbst im Begriff steht, sich in eine Gefahrenzone zu verwandeln.
Aus dieser Veränderung resultiert auch Jüngers gewandelte Vorstellung von der "Masse", die er in den ersten Jahren der Weimarer Demokratie noch als "tausendköpfige Bestie" dämonisiert hatte, die alles "zertritt, was sich nicht verschlucken läßt, neidisch, pervenühaft, gemein." (KE, 54f.) Nun aber scheint der Fall der demokratischen "Götter", die da heißen "Masse und Gleichheit" (KE, 54), endgültig besiegelt: Die soldatische Lebenshaltung beginne sich im Typus des "Arbeiters" zu verallgemeinern, während zugleich der totale Staat heraufdämmere. An die Stelle der rebellischen Masse, die "nicht mehr fähig (ist), anzugreifen, ja (...) nicht einmal fähig sich zu verteidigen" (A, 119), treten die disziplinierten Kollektive des neuen Typus, die sich willig der "neuen Befehlssprache" (A, 78) unterwerfen. Innerhalb nur eines Jahrzehntes ist Jünger zufolge "ein Chaos von Tatsachen, Machtmitteln und Bewegungsmöglichkeiten entstanden, das bereitliegt als Instrumentarium für eine Herrschaft im großen Stil." (A, 76)
Jünger träumt vom richtigen Gebrauch der Macht ("Herrschaft im großen Stil"). Seine Zuversicht fußt auf einer

Diagnose des Bewußtseinszustandes der Massen, ihrer durch die Wechselfälle von Politik und Ökonomie beförderten Unterwerfungsbereitschaft, die sich gegen Ende der Weimarer Republik immer offenkundiger manifestierte. Er beschreibt den traumatisierenden Effekt von Inflation und Massenarbeitslosigkeit und verweist auf die Tendenz zur freiwilligen Uniformierung, die allenthalben sichtbar werde. Dabei gelangt er zu dem Schluß, daß das vorhandene 'Menschenmaterial', die deutsche Jugend zumal, alle Voraussetzungen mitbringe, um total in Dienst genommen zu werden, d.h. in der zukünftigen Diktatur eine willige Gefolgschaft abzugeben.
Zu den einschneidendsten Erfahrungen der Weimarer Jahre zählte die Hyperinflation von 1923, die Teile des Mittelstandes ruinierte, indem sie sie um ihre Sparguthaben brachte. Es ist bezeichnend für Jünger, daß er nun gerade nicht nach den Ursachen des Vorganges fragt, sondern die Stimmung wiedergibt, die sich der Betroffenen bemächtigt. Mit seinem düsteren Szenario vom 'Tod des bürgerlichen Individuums' gelingt es ihm, das dumpfe Gefühl der Hilflosigkeit einzufangen, das angesichts einer allgegenwärtigen Bedrohung die Opfer beschleicht:

> Die Art, in der das Individuum stirbt, hat viele Farben - von den bunten Tönen, in denen die Sprache des Dichters, der Pinsel des Malers die letzten Möglichkeiten am Rande der Sinnlosigkeit erschöpft, bis zum Grau des nackten, alltäglichen Hungertuches, des ökonomischen Todes, wie ihn etwa die Inflation, ein anonymer und dämonischer Währungsvorgang, eine unsichtbare Guillotine der wirtschaftlichen Existenz, unzähligen unbekannten Opfern bereitete. (A, 112)

Der Glaube des Bürgertums an die Stabilität nicht nur seiner Wertanlagen wurde grausam enttäuscht - eine wahrhaft traumatische Erfahrung. Die eingeschränkte Souveränität der neuen Republik, die sich immer wieder dem Diktat der Siegermächte unterwerfen mußte, unterminierte das Vertrauen in die demokratische Vertretung der nationalen Interessen. Die Deutschen erfuhren sich zunehmend als Objekte fremder Entscheidungen, die in Genf oder auf der Wall Street fielen: "die anonyme Preissteigerung, den Währungssturz, den Modus der Tributzahlungen, den geheimnisvollen Mechanismus der Goldströmung bestimmt kein Massenbeschluß." (A, 121) Ein Historiker beschreibt das aufkeimende Ressentiment wie folgt: "Die demokratische Freiheit war eben (...) eine Freiheit für Börsenjobber und politisierende Mittelmäßigkeiten."[1] Der Ruf nach dem starken Staat mitsamt Führer wurde laut.

Die Massenarbeitslosigkeit im Gefolge der Weltwirtschaftskrise von 1929 tat ein übriges, um ein "erbittertes, explosives Menschengemisch" (A, 267) zu schaffen, mit dem sich allerhand anstellen ließ, vorausgesetzt, man verstand es, sich die Verzweiflung der 'Gebeutelten' zunutze zu machen. Die Erosion der demokratischen Staatsmacht, die seit 1930 nur noch per Notverordnungen regierte, machte rapide Fortschritte, ihr einstiger Anhang geriet zusehends in Bewegung oder verfiel in Apathie: "Die Massen werden stumpf und mißtrauisch oder geraten in eine unangenehme Art von Beweglichkeit, die sich den demokratischen Verfassungen entzieht." (A, 267) Dies treffe - so Jünger - nicht nur für den verarmten Mittelstand zu, denn neben "ehemaligen Offizieren, ausgesteuerten Großgrundbesitzern, stellenlosen Akademikern" (A, 267) greife der Geist der Rebellion auch unter den Proletariern, - den arbeitslosen zumal, - um sich.

1 Helmut Heiber: Die Republik von Weimar. München 1977, S. 101.

Jünger adaptiert den Marxschen Begriff der "industriellen Reservearmee" und funktioniert ihn der eigenen Optik gemäß um. Er erkennt das militärische Potential, das diese Reservearmee darstellt:

> (...) der Zustand der Arbeitslosigkeit, richtig gesehen, ist zu bewerten als die Bildung einer Reservearmee. Es verbirgt sich hier eine andere Form des Reichtums, zu dessen Erschließung das bürgerliche Denken allerdings unfähig ist. Millionen von Männern ohne Beschäftigung - diese reine Tatsache ist Macht, ist elementares Kapital. (A, 276)

Mit kaum noch zu überbietendem Zynismus legt Jünger hier die Vorteile ("Reichtum") der Massenarmut dar. Wer den Schlüssel zu diesem Schatz besaß, war 1932 wahrlich kein Geheimnis mehr, schon gar nicht in der Reichshauptstadt, wo Jünger seit 1927 lebte. Wie sich Siegfried Kracauer erinnert, "hallte Berlin wider von Demonstrationen", während "Hausierer und Bettler" auf den Straßen dichte Gassen bildeten; Hitler hatte "Millionen von Arbeitslosen für sich" gewonnen und "SA-Uniformen zeigten sich überall."[1] Im gleichen Jahr wie Jünger war Joseph Goebbels in die Metropole gekommen, um dem Nationalsozialismus die Straße zu erobern. Die Resultate seiner Bemühungen wurden rasch spürbar, gelang es ihm doch mit Hilfe der schon bald berüchtigten "Sturmabteilungen" politische Geger durch Terror einzuschüchtern und dem Volk durch den demonstrativen Gebrauch von Gewalt die Überlegenheit der Bewegung sowie deren Staatstauglichkeit drastisch vor Augen zu führen. In seiner Schrift "Kampf um Berlin. Der Anfang" verrät der begabte Propagandist sein Erfolgsrezept:

1 Siegfried Kracauer: Von Caligari zu Hitler. Eine psychologische Geschichte des deutschen Films. Frankfurt/M. 1984, S. 213.

> Wer die Straße erobern kann, der kann auch die Massen erobern; und wer die Massen erobert, der erobert damit den Staat: Auf die Dauer imponiert dem Mann aus dem Volke nur die Entfaltung von Kraft und Disziplin.[1]

Jünger, der schon 1929 "mit Freude" zur Kenntnis nahm, daß "die Städte sich mit Bewaffneten zu füllen" (AH I, 132) begannen, begrüßt das Auftauchen solcher Kampfbünde,[2] weil sich hier ein "ganz anderer Menschenschlag" zeige, als ihn das "sich als Masse versammelnde Individuum" (A, 120) repräsentiere. In diesen Formationen, "wie sie nach dem Kriege als Schutzstaffeln, Saalschutz und unter anderen Bezeichnungen ausgebildet worden" (A, 120) seien, nehme der "neue Typus" Gestalt an. Tatsächlich bewies insbesondere die SA einen "terroristischen Vernichtungswillen"[3] gegenüber ihren Gegnern, der neu war und nur allzubald zum Staatsprogramm avancieren sollte.

Wenn Karl Prümm in seiner ideologiekritischen Studie knapp feststellt, die "Realität der industriellen Produktionssphäre" habe für Jünger "außerhalb seines Betrachtungsfeldes"[4] gelegen, so trifft dies nur bedingt zu. Obgleich selten unmittelbar thematisch, spielen die Veränderungen im Innern der Fabriken in Jüngers Konzeption eine

1 Joseph Goebbels: Kampf um Berlin. Der Anfang. München 1932, S. 86.

2 Vgl. Ernst Posse: Die politischen Kampfbünde Deutschlands. Berlin 1930. Posse würdigt mehrfach Jüngers ideologisch-publizistischen Beitrag zur Herausbildung der Kampfbünde und spricht seinen Ideen "symptomatische Bedeutung" (S. 81) zu.

3 Richard Saage: Arbeiterbewegung, Faschismus, Neokonservatismus. Frankfurt/M. 1987, S. 134.

4 Karl Prümm: Die Literatur des Soldatischen Nationalismus (1918-1923). Gruppenideologie und Epochenproblematik. Bd. 2. Kronberg/Ts. 1974, S. 280.

nicht zu unterschätzende Rolle. Der Politologe Armin Steil gibt in diesem Zusammenhang einen wichtigen Hinweis, wenn er über den "Arbeiter" bemerkt, Jünger habe hier die "universelle 'Taylorisierung' der Gesellschaft (...) in Analogie zur Mechanisierung und Rationalisierung der Arbeit in den großen Industriebetrieben"[1] beschrieben. In der sogenannten "Stabilisierungsperiode" (1923-29) hatte man nämlich in Großraumbüros und Fabriken neuartige Methoden industriellen Drills eingeführt, deren disziplinierender Effekt Jünger keineswegs entgangen war, ja die er auf die gesamte Gesellschaft ausgedehnt wissen wollte. Diese während der Weimarer Rationalisierungsphase aus den USA importierten Neuerungen hießen Fließband und Taylorsystem,[2] sie liefen im wesentlichen auf die Einsparung von Arbeitskräften sowie die Intensivierung der Arbeitsleistung hinaus. Das Prinzip der auf Kalkulierbarkeit bzw. Planbarkeit eingestellten Rationalisierung zwang den einzelnen Arbeiter dazu, seine Gesten mit den nach der Stoppuhr ablaufenden Automatismen der Apparatur synchron zu schalten. Georg Lukács hat in "Geschichte und Klassenbewußtsein" (1923) die Auswirkungen dieses 'Fabrikregimes' auf das Bewußtsein der Arbeiter folgendermaßen zu benennen versucht:

> Infolge der Rationalisierung des Arbeitsprozesses erscheinen die menschlichen Eigenschaften und Besonderheiten des Arbeiters immer mehr als bloße Fehlerquellen (...) Der Mensch (...) wird als mechanisierter Teil in ein mechanisches System eingefügt, das

1 Armin Steil: Die imaginäre Revolte. Untersuchungen zur faschistischen Ideologie und ihrer theoretischen Vorbereitung bei Georges Sorel, Carl Schmitt und Ernst Jünger. Marburg 1984, S. 95.

2 Vgl. Jürgen Bönig: Technik und Rationalisierung in Deutschland zur Zeit der Weimarer Republik. In: Technik-Geschichte. Historisch Beiträge und neue Ansätze. Hrsg. v. U. Troitzsch u. G. Wohlauf. Frankfurt/M. 1980, S. 390-419.

> er fertig und in völliger Unabhängigkeit von ihm funktionierend vorfindet, dessen Gesetzen er sich willenlos zu fügen hat (...) Einerseits (...) wird (...) die Persönlichkeit (...) hier zum einflußlosen Zuschauer (...) Andererseits zerreißt die mechanisierende Zerlegung des Produktionsprozesses auch jene Bande, die die einzelnen Subjekte der Arbeit bei "organischer" Produktion zu einer Gemeinschaft verbunden haben. Die Mechanisierung der Produktion macht aus ihnen auch in dieser Hinsicht isoliert abstrakte Atome (...), deren Zusammenhang (...) in stets wachsendem Maße ausschließlich von den abstrakten Gesetzlichkeiten des Mechanismus (...) vermittelt wird.[1]

Die von Lukács beschriebene "Willenlosigkeit"[2] der Arbeiter, die Zerstörung des Klassenzusammenhalts durch Atomisierung, diese und verwandte Folgeerscheinungen der Rationalisierung aber spielen der von Jünger projektierten Mobilmachung in die Hände, indem sie den Einzelnen auf seine vollständige Indienstnahme vorbereiten. Für individualistische Flausen ist kein Platz, wo "Zustände wie die (...) des beginnenden Automatismus (...) der Existenz des (...) Individuums den Stempel der Sinnlosigkeit" (A, 275) aufdrücken. Der Isolation folgt die Verzweiflung: "Die Abstraktheit, die Spezialisierung und das Tempo jeder Tätigkeit schnüren die Einzelstellungen (sic!) immer schärfer voneinander ab und nähren das Gefühl (...) verloren zu sein." (A, 65)
Da Jünger über jenes "kältere und verwegenere Verhältnis zur Macht" verfügt, "das durch die Spiegelgefühle der Unterdrückten und die Liebe zu veralteten Dingen hindurchgegangen ist und sie überwunden hat" (A, 82), kennt sein Bekenntnis zur totalen Mobilmachung keine Skrupel moralischer Natur. Ganz im Gegenteil wird ihm das Elend der

1 Georg Lukács: Geschichte und Klassenbewußtsein. Studien über marxistische Dialektik. Neuwied 1970, S. 178ff.
2 A.a.O., S. 179.

Massen zur funktionalen Größe innerhalb seines Machtkalküls. Natürlich weiß Jünger um die 'menschlichen Kosten' der von ihm emphatisch begrüßten Modernisierung. Er registriert durchaus das "Maß an Not und Gefahr" (A, 65), das aus Arbeitslosigkeit und finanziellem Ruin oder der "Zerstörung der alten Bindungen" (A, 65) folgt, doch bekundet er noch stets sein rückhaltloses Einverständnis mit den beschriebenen Veränderungen, weil er sie als Teilmobilmachungen begreift, die die neue Ära des "Arbeiters" ankündigen. Sie gehören zu jenen "Anzeichen", die erkennen lassen, "daß wir vor den Pforten eines Zeitalters stehen, in dem wieder von wirklicher Herrschaft, von Ordnung und Unterordnung, von Befehl und Gehorsam die Rede sein kann." (A, 250)
Jünger begrüßt den verschärften industriellen Drill, weil er das Maschinenpersonal im rechten Sinne konditioniert, Unterwerfung einübt. Er beobachtet aufmerksam, wie hier auf seiten der Abhängigen die mentalen Voraussetzungen geschaffen werden, derer es zur Ausübung "wirklicher Herrschaft" (A, 250) bedarf. Noch bevor die Nazis die Reservearmee der Arbeitslosen zu 'Soldaten der Arbeit' beförderten und in den Betrieben das Vertragsprinzip durch das von Führer und Gefolgschaft ersetzten, macht Jünger unmißverständlich klar, daß es auf die Gefühle der Betroffenen überhaupt nicht ankommt. Wie sonst läßt sich die folgende Belehrung verstehen, die er seinen (vermutlich nicht selbst manuell tätigen) Lesern erteilt:

> Daher sind jene Maßnahmen verfehlt, durch die innerhalb des Fabrikbetriebes das individuelle Arbeitsbewußtsein gestärkt werden soll. Die Notwendigkeit eines stereotypen Handgriffs ist auf keiner Ebene zu rechtfertigen, auf der die Lust oder Unlust des Individuums eine Rolle spielt. (A, 108)

Schmerzbereitschaft und Opfersinn sind gefragt, und Jünger spricht denn auch der deutschen "Jugend" diesbezüglich ein besonderes Lob aus. "Dankbar (...) für jedes Opfer, das ihr zugemutet" (A, 214) wird, läßt sie sich drillen und abrichten. Sie stellt damit eben jene Tugenden unter Beweis, nach denen die heraufdämmernde neue Ordnung verlangt: "freiwillige Zucht", "Verachtung der Genüsse" und "kriegerischen Sinn". (A, 250) Überhaupt wird Konsumverzicht verordnet: Die konkrete Utopie der total mobilisierten Gesellschaft verdichtet sich zu dem "guten Bild" einer Sozietät, in der "das gewaltige und kostbare Arsenal der Zivilisation durch ein in mönchischer Armut lebendes Personal" (A, 215) von emsigen Arbeitsbienen in Schwung gehalten wird. Es dauerte nicht lange, und die Nazis sollten es verstanden haben, die Lebensbedingungen der empirischen Arbeiter denen der Jüngerschen Utopie anzunähern.

Appell und Prophetie, Vision und Befehl vermischen sich im "Arbeiter" derart, daß sie schließlich ununterscheidbar werden; umstandslos folgt der Beschwörung blinder Fatalität die Aufforderung zum Mitmachen: "Es gibt keinen Ausweg, kein Seitwärts und Rückwärts; es gilt vielmehr, die Wucht und die Geschwindigkeit der Prozesse zu steigern, in denen wir begriffen sind." (A, 207) Agent dieser Beschleunigung bzw. forcierten Militarisierung und Durchrationalisierung der Gesellschaft ist der Staat, der als Projektleiter die Aufsicht führt.

Obgleich die Jüngersche Gestaltschau ausdrücklich darauf abzielt, "die Legende (...) von der Grundqualität des Arbeiters als einer wirtschaftlichen Macht" (A, 32) zu widerlegen, weiß der Verfasser des "Arbeiters" sehr wohl, woher der gesellschaftliche Reichtum kommt und in welchem Ordnungsrahmen er künftig zu nutzen ist. Abermals antizipiert er ein Stück nationalsozialistischer Praxis: Gegen die privatkapitalistische Verfügung über die Produktionsmittel hat er nichts einzuwenden, solange sie sich im Rahmen staatlicher Gesamtplanung bewegt, werde doch "die private Initiative (...) in demselben Moment unbedenklich, in dem sie innerhalb eines umfassenden Vorganges unter Aufsicht gestellt" (A, 301) wird. Jünger plädiert für einen starken Staat, der die Wirtschaft als staatliches Projekt behandelt und in welchem das Unternehmertum dazu aufgerufen ist, sein Kapital im Interesse staatlicher Expansion gewinnbringend einzusetzen. Zutreffend prognostiziert er auch die Entwicklung hin zu "einer Art Festungswirtschaft" (A, 291), einen "Hang zur Autarkie", der als eine "Art des Rückschreitens" aufzufassen sei, "wie sie einem Anlauf voranzugehen pflegt." (A, 290) Ziel diese "Anlaufs" aber war - der Krieg.

Sollte der deutsche Anspruch auf einen imperialen Großraum eingelöst werden, so hing alles von der optimalen Mobilisierung der menschlichen und technologischen Ressourcen des Reiches ab. Ein erfolgreicher Expansionismus setzte voraus, daß "die Masse in einen Zustand überführt" wurde, dem die "funktionale Geschmeidigkeit zur Ausführung solcher Bewegungen" (A, 296) innewohnte, wie sie die große Aufgabe nun einmal verlangte. Und bedrohlich fügt Jünger hinzu: "Den hierzu erforderlichen Maßnahmen (...) verleihen (...) die fürchterlichen Mittel Gewicht, die der wirklichen Autorität (...) zur Verfügung stehen." (A, 296) Der Terror der Nazis folgte dem aufs Wort und richtete sich gegen all jene, denen es an der nötigen "Geschmeidigkeit" beim Mitmachen fehlte. Die "wirkliche Autorität" des neuen Staates, den Jünger gegen die angeblich bloß scheinhafte der Demokratie ausspielt, wußte sich dabei erfolgreich von allen verfassungsmäßigen Auflagen zu emanzipieren, die demokratischen Gemeinwesen als normative Vorlage dienen. Im neuen "Maßnahmestaat" (Ernst Fraenkel) war des Führers Wort Gesetz, und die diversen Organisationen des Regimes gaben sich alle erdenklich Mühe, ihm Respekt zu verschaffen. Allen voran der 'Orden unterm Totenkopf', die SS, deren liebevolle Aufzucht Jüngers Utopie schon vorwegnimmt. Unwillkürlich denkt man an all die Ordensburgen und Napolas, die die Nazis in den Gauen ihres Reiches errichteten, wenn es im Text heißt:

> Die liebevolle und bis in die Einzelheiten durchdachte Erziehung eines bestimmten Menschenschlages in besonderen Siedlungen innerhalb von Meeres- und Gebirgslandschaften oder breiten Waldgürteln stellt für seinen (des Staates - d. Verf.) Bildungswillen eine höchste Aufgabe dar. Es liegt hier die Möglichkeit vor, einen Stamm von Beamten, Offizieren, Kapitänen und sonstigen Funktionären von Grund auf zu schaffen, der alle Kennzeichen eines Ordens trägt, wie er einheitlicher und geformter nicht gedacht werden kann. Auch ist dies, und nicht etwa die Verpflanzung von Großstädtern, der sicherste Weg, auf dem eine zuverlässige Reserve von Siedlern und ihren Gefährtinnen zum Ansatze innerhalb oder außerhalb des Landes heranzuziehen ist. (A, 299)

Jünger beläßt es bei diesem kurzen Ausblick auf die bildungs- bzw. züchtungspolitischen Aktivitäten des versprochenen Staatswesens, wie er sich auch über das konkrete 'Wo' jener beiläufig erwähnten Siedlungsräume ausschweigt; schließlich geht es ihm um die großen Linien seiner Konzeption und nicht deren realpolitische Ausgestaltung. Gleichwohl läßt er den Leser nicht darüber im Zweifel, daß die sozialpsychologischen Voraussetzungen für die Verwirklichung seiner Vision bestehen, hat sich doch unterdessen "ein Menschentum" herausgebildet, das ohne größere

Schwierigkeiten "widerspruchsloser, eindeutiger, entschiedener in Dienst gestellt" (A, 247f.) werden kann, als dies zu Zeiten der aufmüpfigen, rebellischen "Masse" der Fall war. Nicht ohne Befriedigung konstatiert er das Auftauchen eines "Menschenschlages, der sich mit Lust in die Luft zu sprengen vermag und der in diesem Akte noch eine Bestätigung der Ordnung erblickt." (A, 41) Dieser suizidale Typus kennt bei der Ausführung seiner Befehle allerdings auch anderen gegenüber kein Pardon: "(...) und möge die Welt untergehen, so muß doch das Gebot vollstreckt werden, wenn der Ruf vernommen ist." (A, 18)
Die an Besinnungslosigkeit, ja Hirnlosigkeit grenzende Selbstaufgabe des militanten Untertanen, der unbedenklich zum höchsten Opfer, dem heldischen "Blutopfer" (A, 42) bereit ist, bildet nicht nur das Fundament der Jüngerschen Vision einer 'Totalen Mobilmachung', sondern auch das seiner realpolitischen Umsetzung im Dritten Reich, von der sich der Autor freilich absetzte. Die von ihm heroisierte Fähigkeit des neuen Typus, "seine höchste Freiheit im Untergange zu sehn" und "um jeden Preis kampfbereit" (A, 44) zu sein, fand ihr Pendant in jenem Willen zur Zerstörung und Selbstzerstörung, den die nationalsozialistische Ideologie[1]

1 Vgl. J.P. Stern: Hitler. The Führer and the People. London 1984. Dort heißt es in der Einleitung: "If I have concentrated on the motive of destruction - of sacrifice and self-sacrifice, what Nicholas Mosley calls 'the black hole of willed self- destruction' - it is because this motive appears to me as the most powerful element in that 'hellish brew' which constituted the ideology of National Socialism; because there is abundant evidence to show that this motive had a special attraction for Hitler's contemporaries; and because justification through sacrifice has its roots in the German past." (S. 8)

und Ästhetik[1] unermüdlich propagierte. Von deren Götterdämmerungs-Apokalyptik sind die Jüngerschen Parolen jedenfalls nicht weit entfernt. Die Haltung des 'Heroischen Realismus', die Jünger empfiehlt, bewährt sich im Kampf, ihre letzte Rechtfertigung aber erfährt sie im Selbstopfer, in der heldischen Einsamkeit und Ausweglosigkeit des "Verlorenen Postens" (A, 86):

> Die Tugend, die diesem Zustande angemessen ist, ist die des heroischen Realismus, der selbst durch die Aussicht der völligen Vernichtung und der Hoffnungslosigkeit seiner Anstrengungen nicht zu erschüttern ist. (A, 182)

In Anbetracht der politischen Realitäten war solch besinnungslose Opferbereitschaft freilich auch bitter notwendig, wie Th.W. Adorno zufolge auch den 'Aufsichtsführenden' klar war:

> Vollends die faschistische Ideologie mußte das der deutschen Oberherrschaft zuliebe verkündete Opfer der Besinnung entrükken, weil die Chance, es erreiche, wofür es gebraucht wird, von Anbeginn zu gering war, als daß sie solche Besinnung ertragen hätte.[2]

Adorno spielt damit auf den Umstand an, daß die Erfolgsaussichten des Deutschen Reiches, in einem neuerlichen Anlauf zur Weltmacht aufzusteigen, angesichts des produktionstechnischen Potentials der gegnerischen Mächte denkbar ungünstig waren. Im amerikanischen Exil, das gewaltige Rüstungspotential der USA vor Augen, schaut der Frankfurter Sozialforscher zurück. Ihm scheint, schon zum Zeitpunkt der nationalsozialistischen Machtübernahme sei inmitten all

1 Vgl. Saul Friedländer: Kitsch und Tod. Der Widerschein des Nazismus. München 1986.

2 Adorno, Jargon der Eigentlichkeit..., a.a.O., S. 110

des "angedrehten Rausches" ein "Moment tödlicher Traurigkeit", eine "halbwissende" Ahnung vom Ende wahrnehmbar gewesen:

> Die von einem Tag zum andern anberaumte Rettung des Vaterlandes trug den Ausdruck der Katastrophe vom ersten Augenblick an (...) Solche Ahnung braucht gar nicht erst mit dem kollektiven Unbewußten erklärt zu werden (...) Die deutsche Position in der imperialistischen Konkurrenz war nach dem Maß des verfügbaren Rohmaterials wie des industriellen Potentials verzweifelt in Krieg und Frieden. Das zu erkennen waren alle zu dumm und keiner (...) Die Chance des nationalsozialistischen Unternehmens, durch eine Terrorspitze und zeitliche Priorität den Nachteil im Gesamtvolumen der Produktion wettzumachen, war winzig.[1]

Getreu der Hitlerschen Parole "Weltmacht von neuem oder gar nichts!" machte das Dritte Reich dennoch mobil. Dank der von Jünger zu Recht hervorgehobenen neuen (kriegs-)technischen "Bewegungsmöglichkeiten" (A, 76), die er in seiner Schrift "Feuer und Bewegung" (1930) präzisiert hatte, entwickelte die deutsche Kriegsmaschine zunächst "jenes äußerste Maß an Angriffskraft" (A, 41) und Tempo, denen sich der Begriff "Blitzkrieg" verdankt.[2] Vor Ort brachte man "die sehr alte Wissenschaft der Entvölkerungspolitik" (A, 153) zur Ausführung. Selbst die forcierte Barbarisierung des Kampfes ('Totaler Krieg') aber konnte nicht verhindern, daß die gegnerischen Mächte die Oberhand gewannen, und Deutschland selbst der Zerstörung anheimfiel.

1 Th.W. Adorno: Mimima Moralia. Reflexionen aus dem beschädigten Leben. Frankfurt/M. 1975, S. 132.

2 Der amerikanische Soziologe J. Herf merkt hierzu an: "Through the fog of Jünger's prose, the combination of tanks and planes that made up Hitlers *Blitzkrieg* is dimly visible." Zit. n. Jeffrey Herf: Reactionary Mordernism. Technology, Culture and Politics in Weimar and the Third Reich. Cambridge 1986, S. 97.

Nun erst wurde die Jüngersche Vision von der 'Totalen Mobilmachung' in Deutschland voll und ganz Wirklichkeit. Eine ganze Nation auf 'verlorenem Posten' sozusagen; ein großartiges Exerzierfeld für den 'neuen Typus', der hier seine Sorte Sittlichkeit erstmals total entfalten konnte. Tatsächlich blieben die 'Moral der Truppe' und der 'Durchhaltewille' der Zivilbevölkerung in dieser Lage bemerkenswert intakt. Jünger, der bekanntlich zur realen Mobilmachung der Nazis auf Distanz gegangen war, fühlte sich indessen zunehmend angewidert von den Barbareien des Dritten Reiches, den "Lemurenfesten, mit Mord an Männern, Kindern, Frauen" (STR I, 320), die der "neue Typus" da ins Werk setzte. Die grausame Besinnungslosigkeit des völkischen Kollektivs, die "Pöbelinstinkte" (STR I, 303) seiner Landsleute stießen ihn zunehmend ab. Nach Stalingrad notiert er in seinem Tagebuch:

> Fahrt durch die ausgebrannten Städte Westdeutschlands, die sich in dunkler Kette aneinanderreihen, und dabei wieder der Gedanke: So sieht es in den Köpfen aus. Der Eindruck wurde durch die Gespräche der Reisegefährten noch verstärkt, in denen der Anblick dieser Schuttwelt nur den Wunsch nach ihrer Vergrößerung erweckte; sie hofften London bald in dem gleichen Zustande zu sehen und munkelten von ungeheuren Batterien, die man zur Beschießung der Stadt an der Antlantikküste errichten soll. (STR II, 82)

Nach Kriegsende dann legt Jünger Wert auf die Feststellung, daß er keineswegs der "Erfinder" der "Totalen Mobilmachung", sondern nur "ihr Entdecker, ihr Taufpate" (STR II, 647) gewesen sei.
"Während ringsum in Deutschland die totale Mobilmachung in vollem Gange war, kultivierte ihr Entdecker und Taufpate

eine Existenz der Privatheit."[1] Dem Urteil von Hans-Peter Schwarz läßt sich dasjenige Gerhard Looses an die Seite stellen, der mit Blick auf Ernst Jüngers "Arbeiter" bemerkt, es handele sich hier um "das denkwürdige Schauspiel, in dem der Bürger sich als dynamitero gefällt und (...) ein (...) Individualist einen vernichtungsbesessenen Kollektivismus predigt."[2]

Bevor die Frage nach der Wirkung des "Arbeiters" auf die damaligen Leser beantwortet wird, sollte man sich das schriftstellerische Selbstverständnis Jüngers als "Dichter" vergegenwärtigen: Dieser nämlich ist "Diagnostiker und Deuter der zeitlichen und überzeitlichen Zusammenhänge; er ist geistiger Führer, der dem Handeln die wahren Maße setzt",[3] steht also turmhoch über jenen politischen Vorgängen, deren vermeintlich schicksalhaften Imperativen sich zu unterwerfen, er seiner Lesergemeinde empfiehlt. Daß er mit seinem keineswegs bescheidenen Anspruch von dieser Ernst genommen wurde, von den jungen Lesern zumal, ist kaum zu bezweifeln. Ein wertvolles Dokument stellt in diesem Zusammenhang ein Essay des jungen Literaten Eugen Gottlob Winkler (1912-1936) dar, der in "Ernst Jünger und das Unheil des Denkens" (1935) die Faszination wiedergibt, die vom "Arbeiter" ausging. Winkler erinnert sich der eigenen "leidenschaftlich betriebenen Lektüre" der Schrift, deren Überzeugungskraft sich ihm zufolge nicht aus irgendwelchen Argumenten herleitet, sondern aus der Authentizität des Jüngerschen Erlebens, die ihm über jeden Zweifel erhaben scheint: "Die Aufrichtigkeit des Erlebens, aus dem die Ge-

1 Hans-Peter Schwarz: Der konservative Anarchist. Politik und Zeitkritik Ernst Jüngers. Freiburg i.Br. 1962, S. 133.

2 Ernst Loose: Ernst Jünger ..., a.a.O., S. 104.

3 H.-P. Schwarz: Der konservative Anarchist ..., a.a.O., S. 51.

danken hervorgegangen waren, wirkte in ihnen mit einer Gewalt, vor der die Kritik verstummte, auch wenn ein Widerspruch offen zutage lag."[1] Schon in den zwanziger Jahren hatte es Jünger, unter Verweis auf die eigene Kriegserfahrung, verstanden, seinen Schriften "einen hohen Grad subjektiver Glaubwürdigkeit"[2] zu verschaffen und als Barde des 'inneren Erlebnisses' anerkannt zu werden. Darin scheint er auch bei der folgenden Generation erfolgreich gewesen zu sein: Selbst Winkler, der Jünger keineswegs unkritisch gegenübersteht, akzeptiert dessen Behauptung von der Überlegenheit der erfahrungsgesättigten Empfindung über die Einwände der Vernunft.[3] Dem Autor wird zugebilligt, wonach ihm vor allem verlangt: eine *Glaubwürdigkeit*, die mit vernünftigen Einwänden nicht mehr zu rechnen braucht:

> Die Vernunft, als die Begleiterin der Erkenntnis, verliert ihre Glaubwürdigkeit zugunsten der Empfindung und des Gefühls. Dieses kann nicht mehr plausibel gemacht werden. Doch wohnt ihm eine Überzeugungskraft inne, die aus der Gewalt der Erfah-

1 Eugen Gottlob Winkler: Ernst Jünger und das Unheil des Denkens. In: ders.: Probleme und Gestalten. Leipzig 1939, S. 98.

2 Liebchen, Jünger ..., a.a.O., S. 30.

3 Vgl. hierzu auch J.P. Stern: Hitler. The Führer..., a.a.O., Chapter 2: The Authentic Experience, S. 23-28. Stern legt dar, daß auch Hitler die Berufung aufs Erlebnis vertraut war und hierin *ein* Grund seines persönlichen Erfolges als Politiker zu sehen ist: "Hitler's discovery ... is to introduce a conception of personal authenticity into the public sphere and proclaim it as the chief value and sanction of politics. What he does is to translate the notions of genuineness and sincerity and living experience (designated in German by the word *'Erlebnis'* and its various compounds) from the private and poetic sphere into the sphere of public affairs; and to validate this move by the claim that he, the exceptional individual with his intimate personal experience of the little man's weal and woe, is the nations representative by virtue of the genuineness of that experience." (S. 40)

> rung stammt und vor der jeder Einwand der Vernunft wirkungslos abprallt.[1]

Auch an Jüngers persönlicher Einsatzbereitschaft im Prozeß der Mobilmachung scheint Winkler nicht zu zweifeln, wenn er schreibt:

> Im "Arbeiter" weist Jünger die Unhaltbarkeit der Stellung, in der er (der einzelne - d. Verf.) sich angesichts dieses überpersönlichen Vorgangs befindet, mit nicht zu widerlegender Sicherheit nach. Er selbst nimmt sich davon nicht aus. Mit dem "Arbeiter" fällt er das Todesurteil über seine eigene individuelle Existenz. Schöner, milder gesagt: der Einzelmensch Jünger mit seiner äußerst aparten und sehr geräumigen Eigenart unterwirft sich mit der Haltung des Opfers einem Geschehen, dessen Notwendigkeit er nicht nur nicht leugnet, sondern billigt, ja geradezu preist.[2]

Winkler sollte sich getäuscht haben: Wohl widersetzte sich Jünger der Mobilmachung nicht, entzog sich auch nicht deren militärischen Konsequenzen, von einer Preisgabe seiner "geräumigen Eigenart" aber konnte nicht im mindesten die Rede sein. Obgleich er sich im "Arbeiter" als Kulturrevolutionär gerierte, der zum Sturm auf die museale bürgerliche Kultur aufrief und verkündete, der "Kunst-, Kultur- und Bildungsbetrieb" bedürfe einer radikalen "Gepäckerleicherung" (A, 211), fiel es Jünger überhaupt nicht ein, in eigener Sache entsprechende Konsequenzen zu ziehen. Wenn er beispielsweise verlauten ließ, "leider (...) (habe) uns das Zeitalter der allgemeinen Bildung einer tüchtigen Reserve von Analphabeten beraubt", dann dachte er dabei an die wünschenswerte Brutalität einer "jungen und rücksichtslosen Führerschaft" (A, 217), die er nicht durch humanistische

1 Winkler, Unheil des Denkens..., a.a.O., S. 97.
2 A.a.O., S. 118.

Skrupel geschwächt wissen wollte. Er selbst hingegen war, wie Helmut Mörchen zurecht feststellt, "weder willens noch überhaupt in der Lage, für seine Person den Bildungsverzicht zu leisten",[1] den er anderen empfahl. Im Gegenteil adaptierte er nun zunehmend eine geistesaristokratische Attitüde ('Désinvolture'), die zur aktuellen Zeitgeschichte auf Distanz ging.

Wie Bohrer mit Blick auf die Zweitfassung des "Abenteuerlichen Herzens" von 1938 bemerkt, wählte Jünger "die klassische Rettung aus der aktuellen Gefährdung: Die Wahl des isolierten Beobachterpostens, die definitive Trennung von jeder innerlich beteiligten Einstellung." (ÄS, 429) Solch 'klassischer' Rückzug in den Stoizismus stand allerdings anderen nicht zu Gebote, jenen zumeist weit gefährdeteren Exilierten zum Beispiel, Jüngers Schriftstellerkollegen, von denen im Reich keine Zeile mehr gedruckt wurde, die nicht einmal mehr einen Paß in der Tasche hatten. Auch hatte es ja mit Jüngers 'innerer Einstellung' immer schon seine besondere Bewandnis gehabt, galt dessen 'Beteiligung' doch primär dem Projekt der Totalen Mobilmachung, nicht dem Schicksal der (oft genug zwangsweise) 'Beteiligten'. In diesem Sinne ist Jüngers 'Beteiligung' bloße Anwesenheit eines macchivallistisch gestimmten Voyeurs, der im menschlichen Tierreich seine Observationen macht. Über den Jünger der Berliner Jahre (1927-1933) berichtet Ernst Niekisch: "Bei großen Demonstrationen liebte es Jünger, als Beobachter teilzunehmen. Er hatte Vergnügen daran, zu verfolgen,

1 Helmut Mörchen: Schriftsteller in der Massengesellschaft. Zur politischen Essayistik und Publizistik Heinrich und Thomas Manns, Kurt Tucholskys und Ernst Jüngers während der Zwanziger Jahre. Stuttgart 1973, S. 86.

wie die allgemeine Aufregung turbulente Formen annahm."[1] Was den Jüngerschen Stoizismus während der Jahre der Despotie betrifft, sei eine kurze Schilderung Ernst von Salomons zitiert:

> Als ich ihn, nachdem ich ihm lange Jahre nicht mehr begegnet war, eines Tages im Jahre 1937 zur Zeit des Nürnberger Parteitages in Berlin auf der Straße traf, geschah dies just vor einem Kino, aus dem die Scharen der Besucher strömten. Ich versuchte, ihn aus der Menge beseite zu ziehen mit der Bemerkung: "Schauerlich diese Masse Volk, das ist ja wie beim Parteitag." Er erwiderte: "Oh, verachten Sie mir den Demos nicht, er ist schon eine Macht, wenn auch keine sehr appetitliche!" Ich fragte ihn, was er treibe, er sagte: "Ich habe mir einen erhöhten Standort ausgesucht, von dem aus ich beobachte, wie sich die Wanzen gegenseitig auffressen.[2]

Jünger lebte inzwischen in der niedersächsischen Provinz. Berlin war nicht mehr so interessant. Die Entscheidung - zugunsten der 'Totalen Mobilmachung' - war ohnehin schon gefallen.

1 Ernst Niekisch: Erinnerungen eines deutschen Revolutionärs. Erster Band: Gewagtes Leben 1889-1945. Köln 1974, S. 189.

2 Ernst von Salomon: Der Fragebogen. Reinbek bei Hamburg 1951, S. 244.

Reaktionärer Modernismus

Wir müssen uns auf eine Romantik des "konkreten Mittels" gefaßt machen.

(Kittsteiner/Lethen)

In einer soziologischen Studie über den Zusammenhang von Kultur, Technologie und Politik in Weimar und dem Dritten Reiche[1] führt der Amerikaner Jeffrey Herf den Begriff des "Reactionary modernism" ein, um damit eine geistesgeschichtliche Strömung zu bezeichnen, deren paradoxe Leistung darin bestanden habe, die im damaligen deutschen Nationalismus anzutreffenden antimodernistischen, romantischen und irrationalistischen Ideen mit den Manifestationen der Zweck-Mittel-Rationalität, d.h. der modernen Technologie auszusöhnen. Den Exponenten dieser Strömung sei es darum gegangen, die Technologie aus einer Komponente westlicher 'Zivilisation' in einen organischen Bestandteil deutscher 'Kultur' umzudeuten, um dergestalt den romantischen Antikapitalismus der deutschen Rechten - deren bildungsbürgerlicher Abteilung zumal - aus seiner Vergangenheitsfixiertheit zu befreien und auf das Ziel einer technologisch führenden, mobilgemachten Nation auszurichten - einer Nation, die dabei gleichwohl ihrer 'Seele' treu bleiben sollte. Hatte es im konservativen Diskurs bislang stets geheißen 'Kultur oder Technologie', so lautete die Parole nun 'Kultur *und* Technologie', wobei man sich das Paradox leistete, die westliche Aufklärung abzulehnen, die technischen

1 Vgl. S. 276, Anm. 2.

Vergegenständlichungen ihrer Rationalität jedoch zu begrüßen; die Reaktionären Modernisten hätten dem Triumph des Willens über die Vernunft das Wort geredet, ohne doch die Resultate angewandter Wissenschaft zu verschmähen. Als führende intellektuelle Vertreter dieser spezifisch deutschen Denkrichtung nennt Herf neben dem Soziologen Werner Sombart, dem Kulturphilosophen Oswald Spengler und dem Staatsrechtler Carl Schmitt auch Ernst Jünger dessen 'magischer Realismus' die literarische Ausformung dieser Strömung repräsentierte. Jüngers amoralischer Ästhetizismus, so Herf weiter, hebe sich deutlich von den Schäferidyllen des damaligen völkischen Kitsches ab und sei zudem frei von jenen Ambivalenzen, die noch Spengler der Technik gegenüber geplagt hätten.[1]

> Jünger represents a new kind of political romanticism, one that links technology to the primordial forces of the will and thus rescues this "dead mechanism" from the attacks of the anti-technological currents of German romanticism.[2]

Dieser Befund stützt sich im wesentlichen auf Jüngers "Arbeiter" sowie auf die Fülle von Aufsätzen und Rezensionen - immerhin mehr als 130 an der Zahl -, die der Autor zwischen 1925 und 1933 in diversen rechtsradikalen Magazinen ("Arminius", "Die Standarte", "Der Vormarsch", "Widerstand", "Die Kommenden" etc.) veröffentlichte. - Herfs These ist generell zuzustimmen, vor allem wenn man sich "die tiefe Abneigung gegen den neuen Industrialismus",[3] die "latente Aufstandsbereitschaft gegen die Modernität"[4] vor

1 Vgl. Herf, Reactionary Modernism ..., a.a.O., S. 70.
2 A.a.O., S. 78.
3 Fritz Stern: Kulturpessimismus. Eine Analyse nationaler Ideologie in Deutschland. München 1986, S. 19.
4 Stern, Kulturpessimismus ..., a.a.O., S. 13.

Augen hält, die für den "Kulturpessimismus" der deutschen Rechten bis dahin so typisch gewesen waren.

Herfs Studie betont mit Recht die neue Entschiedenheit, mit der Jünger die Technik umarmt und sein Einverständnis mit der Modernisierung verkündet, verrät jedoch dort interpretatorische Unschärfen, wo die sehr wohl vorhandenen Ambivalenzen des frühen Jünger übersehen werden: In den "Stahlgewittern" (1920), aber auch noch im "Wäldchen 125" (1925) finden sich Passagen, die stark nach Blut-und-Boden-Romantik 'riechen'; andererseits wartet gerade die Erzählung "Sturm" (1923) - wie in Kapitel 3 dargelegt - mit Reflexionen auf, die ein wenig freundliches Bild des Industrialismus vermitteln:

> Es gab keine Natur, keine Kunst, keine große Linie, selbst keinen Stil mehr; alles, was man so nannte, war Krampf und Selbstbetrug. Seit dem Auftauchen der Maschine war alles von sausenden Schwungrädern zur Fläche geschliffen (...) Wie man die letzten großen und bunten Tiere zur Strecke brachte oder vergittert zur Schau stellte, so machte man allem den Garaus, was noch aus heißem Blut geboren wurde. (STU, 62)

Jüngers rückhaltloses 'Ja' zur technischen Mobilmachung fällt erst in die Mitte der zwanziger Jahre, als er eine weitere literarische Verwertung seiner Kriegstagebücher vorlegte: "Feuer und Blut. Ein kleiner Ausschnitt aus einer großen Schlacht." (1925) Über den Mahlgang der Schlachten, in denen "die Technik (...) einen blutigen Triumph (feiert)" (FuBl, 450), heißt es dort u.a.:

> Alles ist eintönig und zweckmäßig wie der Gang einer Maschine, die im Schwunge ist. Aber alles ist auch berauschend, wie der Anblick einer Maschine berauschend ist für den, der das Leben in seiner Fülle und Gewaltmäßigkeit liebt. (FuBl, 468)

Wie man sieht, beginnt sich das 'abenteuerliche Herz' mit der Technik zu arrangieren. 'Heißes Blut' und 'Maschine' erscheinen nicht länger als Gegensätze, sondern als ideale Entsprechungen. Gemeinsam 'auf Touren gebracht' vereinigen sie sich zum "Triumphzug eines tödlichen Willens", so daß schließlich "nur noch *eine* Bewegung und *ein* Wille vorhanden scheint." (FuBl, 467) Jünger beschreibt in der zitierten Passage den Anmarsch der deutschen Truppen zur deutschen Frühjahrsoffensive 1918, doch fallen dabei schon all jene Codewörter, die dann im polaren Schema des Magischen Realismus wiederkehren. In seinem Aufsatz "Nationalismus und modernes Leben" (1927)[1] wagt Jünger seinen ersten entscheidenden Vorstoß in diese Richtung. Er kommt dort auf die "höhere Ordnung" zu sprechen, die er hinter dem "Treiben der Maschinen" (NL, 4) vermutet, und erwähnt den Blick, dessen es bedarf, um das Geheimnis hinter den diversen Erscheinungen der Moderne wahrzunehmen, die Spannung, der Gegensatz, der sie prägt:

> Es ist der Blick, der sich in unserer Zeit in jenen Bildern des magischen Realismus offenbart, in deren Rahmen jede Linie der äußeren Welt mit der Bestimmtheit einer mathematischen Formel gebannt ist, und deren Kälte doch auf unerklärliche Weise, gleichsam durchscheinend, ein zauberhafter Hintergrund erleuchtet und erwärmt.
>
> Aber haben wir, die wir zwar nicht Materialisten sind, wohl aber auf die Bezeichnung Realisten Anspruch erheben, das nicht schon in diesem Kriege gefühlt? Haben nicht Erscheinungen wie etwa das moderne Schlachtschiff denselben Eindruck in uns erweckt? Diese Verkörperung eines eisigen Willens, ganz Kohle und Stahl, Oel, Sprengstoff und Elektrizität, bemannt mit spezialisierten Existenzen vom Admiral bis zum Kesselheizer, Gebilde der letzten Präzisionsmechanik, bedient von Arbeitern und Chef-

1 Ernst Jünger: Nationalismus und modernes Leben. In: Arminius. Kampfschrift für deutsche Nationalisten, H. 8, 1927, S. 3-6.

> arbeitern, zweckmäßig im höchsten Grade, "Millionenobjekte" - und doch auf der anderen Seite in Sekunden geopfert für Dinge, die man nicht wissen, sondern an die man nur glauben kann, glühend, zerschossen, mit wehenden Fahnen versinkend, eingehend in den Sinn in Augenblicken, in denen das Schicksal selbst das Blut zu berauschen scheint, unter dem Hurrah von Sterbenden, in fernsten Meeren einem Vaterlande dargebracht, das vielleicht schon morgen der Geschichte angehört, aber doch unter einem Hurrah, das jeden, wo er auch stehen möge bis in das innerste Herz erschüttern muß, weil sich in ihm die ganze Spannung zwischen zwei Welten wie in einem reißendem Blitzschlag erhellt - ja ist denn dieses alles zusammen nicht das Bild eines Gegensatzes, der jeden einzelnen von uns, den letzten Fabrikarbeiter und das letzte Schreibmaschinenmädchen zwischen seinen Polen gefangen hält? (NL, 5f.)

Der Autor berauscht sich förmlich an der von ihm behaupteten allgegenwärtigen Polarität von eisigem Willen und berauschtem Glauben, von höchster Zweckmäßigkeit und sinnlos-heroischer Opferung, von kaltem Kalkül und schäumendem Blut etc. Das Magische des Vorgangs aber soll in der Gleichzeitigkeit beider Zustände bestehen, für deren Illustration *natürlich* wieder ein militärisches Beispiel herhalten muß, ein wahres Prachtwerk der Vernichtungstechnik, Resultat unzähliger Arbeitsstunden - abgesoffen in Sekunden. 'Zauberhaft'! Mit Bildern wie diesen ist Jüngers neue Richtung bezeichnet. Das 'abenteuerliche Herz' entdeckt für sich jenes "moderne Gefühl, das im Spiel mit der Materie schon den Reiz gefährlicherer Spiele ahnt"; "hinter dem Triebwerk des Flugzeuges (...), wenn die Faust den Gashebel nach vorn stößt und das schreckliche Gebrüll der Kraft, die der Erde entfliehen will, sich erhebt." (AH I, 154) Jünger erwärmt sich nun zunehmend für die destruktiven Potenzen der modernen Technologie, die er einem ordnenden 'Willen' unterstellt sehen will. Es ist dies der 'Wille zur Macht', der

sich im Projekt der 'Totalen Mobilmachung' gesellschaftspolitisch veräußerlicht. Der "Motor" erscheint nun nicht länger als bedrohlicher "Herrscher", sondern als "das Symbol unserer Zeit, das Sinnbild einer Macht, der Explosion und Präzision keine Gegensätze sind", als "kühnes Spielzeug" eines neuen "Menschenschlages." (A, 41)
Herfs Studie gelingt es nachzuweisen, daß die gleiche paradoxe Kombination von Irrationalismus und technischer Verständigkeit auch die nationalsozialistische Herrschafts- und Kriegspraxis charakterisierte, derselbe Kult des Willens gepaart mit einer Verachtung rationalen, strategischen Denkens. Hitler entpuppt sich danach als Praktiker des reaktionären Modernismus, dem Intellektuelle wie Jünger ideologisch vorgearbeitet hätten:

> The reactionary modernist tradition was politically consequential in three fundamental ways. First, it contributed to the technological strength that made the war conceivable, if not winnable; second, by preserving an antiscientific and antirational ethos it created a barrier to technological innovations that could compare with efforts in Russia, Great Britain and the United States; and third, it was part of the ideological fanaticism that convinced the Nazis they could win even though they lacked the means to attain victory and replaced strategic coordination of ends and available means with political gambles based on the language of the will.[1]

Nirgends dokumentiert sich dieses ideologische Gebräu deutlicher als in jenem fanatischen Glauben an die 'Wunderwaffen' der Peenemünder Ingenieure, die das Blatt noch in letzter Minute zugunsten des Reiches wenden sollten.

1 Herf, Reactionary Modernism ..., a.a.O., S. 215f.

Sechstes Kapitel

Epoche der Beschleunigung. Jüngers Beitrag zu einer Phänomenologie der Moderne

Was nützt das Tempo, wenn unterwegs das Gehirn ausgeronnen ist?

(Karl Kraus, 1909)

Es ist der Anblick einer gesteigerten Bewegung, die sich mit unpersönlicher Strenge vollzieht. Diese Bewegung ist drohend und uniform.

(Ernst Jünger, 1932)

Die Welt bewegt sich in Richtung Hölle, mit einer hohen Geschwindigkeit einer positiven Beschleunigung und vielleicht sogar einer ansteigenden Zuwachsrate dieser Beschleunigung.

(Robert Oppenheimer, 1972)

Vorteilhafte Fixierung

Wir lebten im Zeitalter des Primats der Geschwindigkeit und damit zugleich auch des Militärs, glaubt der französische Theoretiker Paul Virilio,[1] dem zufolge "die Geschichte (...) mit der Geschwindigkeit der Waffensysteme" (Vi I, 85) voranschreitet. Die Entwicklung des neuzeitlichen Militärwesens nehme Veränderungen im zivilen Raum der bürgerlichen Gesellschaft vorweg oder bringe diese forciert zur Darstellung. Die "Bewegung", immer schon "die Seele des Krieges", beginne sich der gesamten Gesellschaft zu bemächtigen, da sie zugleich die Seele des "technischen Fortschritts" (Vi II, 27) sei, der die Moderne unstrittig präge; für das "Gebiet der Technik" aber habe der "Krieg stets das beste Modell" (Vi III, 106f.) abgegeben, wie schon die Futuristen gewußt hätten. Virilio verweist in diesem Zusammenhang auch auf die distinkt moderne Erscheinung des "Soldaten-Proletariers" (Vi I, 78), der ein "neues Amalgam" vorstelle, das "von Ernst Jünger teilweise in seinem Essay 'Der Arbeiter' (...) beschrieben" (Vi I, 120) worden sei.
Die Bezugnahme auf Jünger kann angesichts der Virilioschen Thematik kaum verwundern, denn schließlich haben

1 Virilio empfindet sich als Begründer einer neuen Wissenschaft, in der sich Technikgeschichte, Kriegsstrategie, Urbanismus, Ästhetik, Physik und Metaphysik überlagern: der Dromologie, wie er sein Spezialgebiet nach dem griechischen drómos - 'Laufen' getauft hat. Verwendung für dieses Kapitel fanden die folgenden Texte von Paul Virilio: Geschwindigkeit und Politik. Berlin 1980 (abgek.: Vi I); Fahren, fahren, fahren... Berlin 1978 (abgek.: Vi II); Ästhetik des Verschwindens. Berlin 1986 (abgek.: Vi III); ders., S. Lothringer: Der reine Krieg. Berlin 1984 (abgek.: Vi IV); Krieg und Kino: Logistik der Wahrnehmung. München 1986 (abgek.: Vi V); Der kritische Raum. In: Tumult. Zeitschrift für Verkehrswissenschaft. H. 7, Berlin 1984, 22-27 (abgek.: Vi VI).

sich nur wenige so intensiv über die Modernität des Krieges und den Prozeß der allgemeinen Mobilmachung verbreitet wie der Verfasser des "Arbeiters", der auch bei seinen Streifzügen durch die moderne Industrielandschaft jene "argwöhnische Wahrnehmung" (K.H. Bohrer) unter Beweis stellt, die er sich auf den Schlachtfeldern des "ersten eigentlich technischen Krieges in Europa" (Vi IV, 35) erworben und anschließend literarisch ausgemünzt hatte. Die früh entwickelte Wahrnehmungsschärfe sensibilisierte ihn nicht zuletzt auch für die repressiven Potenzen der modernen Maschinentechnik, den Konformitätsdruck etwa, den sie nicht nur auf ihr unmittelbares Bedienungspersonal ausübt, sondern auf jeden Bewohner der modernen Lebenswelt. Jüngers militaristische Borniertheit verkehrt sich in einen Vorteil, da sie ihn gegenüber den 'autoritären' Seiten der Technik hellsichtiger macht. An phänomenologischen Anschauungsmaterial fehlt es ihm nicht.

Gesteigerte Bewegung

Im Zentrum von Jüngers Gestaltschau steht die Bewegungsmetapher; Bewegung hält er für das Signum der Moderne; ihrem Sog, ihrem Rhythmus könne sich nichts entziehen. Das gelte sowohl im buchstäblichen wie auch im übertragenen Sinne: Die Technik als der Motor dieser Bewegung revolutioniere nicht nur den Transport, sondern auch die Sitten. Das Erscheinungsbild der Moderne sei durch eine gegenüber den vorindustriellen Epochen wesentlich forcierte Bewegung geprägt, ein "fieberhaftes Tempo (...) ohne geschichtliches Beispiel" (A, 187), das sich ausnahmslos allen Lebensbereichen mitteile, ja aufherrsche, das Produktion, Distribution und Konsumtion gleichermaßen dynamisiere:

> Die Art von Bewegung, von der hier die Rede ist, beherrscht (...) nicht nur den Rhythmus der kalten und glühenden künstlichen Gehirne, die der Mensch sich geschaffen hat und in denen der Glanz eisiger Lichter phosphoresziert. Sie ist wahrnehmbar soweit das Auge reicht, und das Auge reicht weit in dieser Zeit. Auch ist es nicht nur der Verkehr (...) dessen sich die Bewegung bemächtigt hat, sondern jede Tätigkeit schlechthin. Sie ist zu beobachten auf den Feldern, auf denen gesät und geerntet wird, in den Schächten, aus denen man Erz und Kohle bricht, und an den Dämmen, vor denen sich das Wasser der Flüsse und Seen staut. Sie arbeitet in tausendfacher Variation an der kleinsten Werkbank wie in den großen Revieren der Produktion. Sie fehlt weder in den Laboratorien der Wissenschaft noch in den Kontoren des Handels (...) Es gibt keine noch so entlegene Stätte, und sei es die eines im nächtlichen Ozean versinkenden Schiffes oder die einer in das Polareis eingedrungenen Expedition, an der sie nicht hämmert, treibt oder ihre Signale gibt. Sie ist ebenso dort, wo man handelt und denkt, wie dort, wo man kämpft und wo man sich vergnügt. Es gibt hier ebenso wunderbare wie beängstigende Stätten, an denen das Leben sich durch gleitende Bänder repdouziert, während die Sprache und der Gesang künstlicher Stimmen ertönt. Es gibt Schlachtfelder wie Mondlandschaften, auf denen ein abstrakter Wechsel von Feuer und Bewegung regiert. (A, 103)

Die Historizität und damit die Neuartigkeit der an sie gestellten Anforderungen entgeht dem Bewußtsein der Normalbürger gerade deshalb, weil diese Mobilmachung von planetarischen Ausmaßen ist und Ungleichzeitiges tendenziell liquidiert. Die Entwicklung im Transportwesen veranschaulicht dies: Mit dem Aufkommen der Dampfkraft, später des Verbrennungsmotors, war zugleich die menschliche Wahrnehmung gefordert. Es bedurfte einer Phase der Konditionierung bis die Sinne diesen "Umsturz in der Ordnung der Perzeption" (Vi II, 22) halbwegs bewältigt hatten - nie vollständig, denn bis heute unterlaufen den Menschen Fehleinschätzungen von Geschwindigkeit und Distanz, die zeigen, daß ihrem physiologischen Sensorium Grenzen gesteckt sind. Auch der Bewußtseinsverlust bei allzu hohen Geschwindigkeiten wäre hier zu nennen. Jedenfalls erzwang die Bewegungsexplosion im Transport eine neue, den veränderten Umständen angepaßte Perzeptionsweise, die die Menschen vor den Irritationen schützt, wie sie das Tempo in Form einer Flut von Reizen provoziert, denn "seit es Geschwindigkeit gibt, bricht die Welt unaufhörlich herein; der Gegenstand löst sich auf in den Anfang einer Informationskette." (Vi III, 112) Zur Dauer des Konditionierungsvorgangs heißt es bei Schivelbusch:

> Im Alltagsleben setzt sich die Industrialisierung der Verkehrsmittel im Bewußtsein der Verkehrsteilnehmer schnell durch. Sie entwickeln eine neue Wahrnehmung (...) die mechanische Gleichförmigkeit wird ihnen die neue Natur.[1]

Die kulturelle und psychische Assimilation mechanischer Bewegungsabläufe, mithin die Reizschutzbildung, vollzieht sich nicht ohne anfängliche Widerstände, einmal etabliert jedoch, wird die neue Sehweise zur Normalität und zweiten Natur. Daß hier ein "Leben im Zeitraffer" (Vi III, 68) abläuft, ist allein noch für den erkennbar, der aus 'ungleichzeitigen Umständen' kommt: "Dem Auge eines Orientalen muß es rein körperlich und schmerzhaft sichtbar werden, daß jeder Mensch, jeder Passant auf der Straße sich mit allen Kennzeichen eines Wettläufers bewegt." (A, 183) Um die

1 Wolfgang Schivelbusch: Geschichte der Eisenbahnreise. Zur Industrialisierung von Raum und Zeit im 19. Jahrhundert. Frankfurt/Berlin/Wien 1979, S. 19.

Eigenart des modernen Dynamismus, der nicht nur den Verkehr 'befreit', zu begreifen, bedarf es der Distanz:

> Diese Bewegung kann deshalb nur mit den Augen eines Fremdlings wirklich gesehen werden, weil sie das Bewußtsein der in sie hinein Geborenen so völlig wie das Medium der Atemluft umschließt. (A, 104)

Aber wo die Entfernungen schrumpfen, da schwindet auch die Möglichkeit zur kritischen Distanz; auf Dauer duldet die Mobilmachung keine Reservate. Jedweden romantischen Projektionen wird der Raum entzogen, überall wird Identität hergestellt. Wer die fraglichen Vorgänge begreifen will, der bedarf schon einer 'lunaren' Optik, denn nur "einem Blicke, der durch kosmischen Abstand vom Spiel und Gegenspiel der Bewegungen geschieden ist" wird auffallen, daß "hier eine Einheit ihr räumliches Abbild geschaffen hat." (A, 69)

Monotonie, Narkose, Traumzustand

Dieses "räumliche Abbild", in dem sich der 'Geist der Moderne' manifestiert, ist zu allererst durch ein bis dahin unbekanntes Maß an Gleichförmigkeit charakterisiert. Infolge der produktions- und verkehrstechnischen Erschließung des Planeten lösen sich jetzt die alten Landschaftsbilder unwiderruflich auf, was im Auftauchen der Linearität wohl am sinnfälligsten zum Ausdruck kommt. So triumphieren in Form der neuen Verkehrswege Linie und Horizontale über die natürlichen Unebenheiten des Geländes, überwinden bautechnisch Hindernisse aller Art und helfen so mit, eine neue, tendenziell einförmige Landschaft zu schaffen. "Die

Einlinigkeit und die Einförmigkeit begleiten die Eroberung des neuen und letzten Kontinents, des Kontinents der Geschwindigkeit." (Vi II, 24)
Der geometrisierte Raum weitet sich zum totalen, bleibt doch auf Dauer keine Region der Erde vom Zugriff der Technik verschont, die noch die letzten Enklaven beseitigt, indem sie diese an das allgemeine Verkehrs- und Nachrichtennetz, die Systeme von Politik und Ökonomie (Weltmarkt) anschließt. Der flächendeckende Prozeß der Modernisierung zerstört die alten Natur- und Kulturlandschaften zugunsten einer uniformen, industriell geprägten "Werkstättenlandschaft":

> Tatsächlich hat die Werkstättenlandschaft, die unsere Zeit kennzeichnet und die man gemeinhin als Industrielandschaft zu bezeichnen pflegt, den Erdball bereits gleichmäßig mit ihren Bauten und Anlagen, mit ihren Städten und Revieren bedeckt. Es gibt keine Region mehr, die nicht durch Straßen und Schienen, durch Kabel und Funkwege, durch Flug- und Schiffartslinien in Fesseln geschlagen ist. Es fällt immer schwerer, sich zu entscheiden, in welchem Lande, ja in welchem Erdteil die Bilder entstanden sind, die die photographische Linse festgehalten hat. (A, 226f.)

Die Vereinheitlichung bzw. Industrialisierung des Raumes wird durch die der Zeit ergänzt, die sich als notwendige Bedingung einer geregelten Produktion sowie eines internationalen Verkehrs erweist. Die Regionen verlieren ihre Lokalzeiten, um die Erstellung von Fahrplänen zu ermöglichen; die Erde wird in Zeitzonen aufgeteilt, während mechanische Zeitmeßgeräte zu unentbehrlichen Gebrauchsgegenständen avancieren.
"Die Uhr ist der erste zu praktischen Zwecken angewandte Automat; die ganze Theorie über *Produktion gleichmäßiger*

Bewegung (ist) an ihr entwickelt"[1] heißt es in einer Briefstelle bei Marx. Es ist die mechanische Gleichförmigkeit dieses ersten Automaten, die sich den technischen Abläufen mitteilt. Ergänzt durch die geometrische Gleichförmigkeit ihrer Formen bewirkt die Technik einen allgemeinen "Zuwachs an automatischem Charakter" (STR I, 67), der der Moderne einen unübersehbaren Zug von Monotonie verleiht, dem seinerseits etwas Einschläferndes anhaftet. Im ersten Band der "Strahlungen" heißt es dazu bei Jünger:

> Ohne Zweifel besitzt die Technik benehmende Momente - so in der reinen Geometrie ihrer Formen, in den Quadraten, Kreisen und Ovalen und den Geraden, von denen man auf den Autobahnen abweichen mußte, damit die Fahrer nicht einschliefen. Das gleiche gilt für ihre Rhythmen - für ihre schnellen, brausenden oder singenden Takte, für ihre im Gleichmaß wechselnden Schaltungen, für ihre fließenden Abläufe und überhaupt für das gewaltige Wiegenlied ihrer Monotonie. (STR I, 67)

Die Technik - so Jünger - besitze etwas von einem Narkotikum, sie betäube die Sinne und versetze die Menschen in eigenartige Trancezustände, die sich gerade inmitten der mechanischen Beschleunigung besonders merkwürdig ausnähmen, ja traumhaft anmuteten. Ihn erinnert diese Wirkung an die Rauschzustände von Drogenessern:

> Erstaunlich ist es, die völlig erstarrte, automatische und gleichsam narkotisierte Haltung des modernen Menschen im Zustand der Ruhe, etwa während der Fahrt in einem der Verkehrsmittel oder auch des Aufenthaltes an den sogenannten Vergnügungsstätten zu beobachten. Vielleicht wird ein Grad der Versunkenheit und Verlorenheit, wie er auf diesen Masken liegt, kaum in einer chinesischen Opiumhöhle anzutreffen sein. (AH I, 80f.)

1 Karl Marx/Friedrich Engels: Briefe über "Das Kapital". Berlin/Ost 1954, S. 117.

Jünger ergänzt seine frühen Betrachtungen zum "Traumzustand der modernen Zivilisation" (AH I, 117), wenn er zehn Jahre später in sein Tagebuch notiert:

> Auch wenn man die Großstädte in kurzen Abständen besucht, fällt jedesmal der Zuwachs an automatischem Charakter auf. Merkwürdig ist es, wie dabei das Lethargische, Abwesende, Weltverlorene in gleichem Maße sich ausbreitet. Man liest das aus den Gesichtern der Einzelnen, aus der Art und Weise, in der die Massen zirkulieren und in der man in den Wagen die Lenker am Steuer sitzen sieht. (STR I, 67)

Dieser Doping-Effekt der Technik läßt sich überall antreffen, so auch dort, wo sie - wie im Kino - "rein zur Anschauung spricht" und/oder akustisch in Erscheinung tritt; abermals bemüht Jünger das Bild von der Opiumhöhle:

> Die Besucher, die aus dem Lichtspiel strömen, gleichen einer Menge von Erwachenden, und wenn wir in die von mechanischer Musik erfüllten Räume treten, teilt sich uns leicht ein wenig von der Stimmung einer Opiumhöhle mit. (ebd.)

Lautlose Kommandos

Industrialisierung von Zeit und Raum, gesteigerte Bewegung und einschläfernde Monotonie sind nur Teilaspekte einer umfassenden Modernisierung, die ihre Wirkung auf die Individuen nicht verfehlt. Diese unterziehen sich vielmehr einer weitreichenden Umerziehung: So erzwingt beispielsweise das "Fabrikregime" eine "kasernenmäßige Disziplin"[1] und

1 Karl Marx: Das Kapital. Kritik der politischen Ökonomie. Marx-Engels-Werke, Bd. 23. Berlin/Ost 1973, S. 447.

herrscht dem Arbeiter den Rhythmus der Maschine auf: "Während die Maschine das Nervensystem aufs äußerste angreift, unterdrückt sie das vielseitige Spiel der Muskeln und konfisziert alle freie körperliche und geistige Tätigkeit."[1] Während so das Maschinenpersonal seine Gesten mit den Bewegungen der Apparatur synchron zu schalten gezwungen ist, lehrt ein Blick aufs großstädtische Verkehrsverhalten, daß man sich auch dort, aufgrund einer weitgehend unbewußt ablaufenden Dressur, mit automatischer Disziplin bewegt, ganz so, als gehorche jeder einem stummen Befehl:

> Nichts ist lehrreicher, als eine Viertelstunde an einer Straßenkreuzung zu stehen. Was wäre denn einfacher oder auch langweiliger als der Automatismus des Verkehrs - aber ist nicht auch dies ein Zeichen, ein Bild dafür, wie heute der Mensch sich unter lautlosen Kommandos zu bewegen beginnt? (A, 142)

Nur das Erlebnis der Distanz bzw. Differenz vermag noch über das Ausmaß zu belehren, in dem die Technik vom Menschen Besitz ergriffen hat:

> *Die Technik ist unsere Uniform.* Wir stehen allerdings zu tief im Vorgang, um ihn in seinem vollen Umfang zu überschauen. Hat man sich jedoch um ein Geringes entfernt, kehrt man etwa von einer Reise in Gebiete zurück, die von der Technik noch wenig berührt wurden, so tritt die Inanspruchnahme noch sichtbarer hervor. (ÜS, 174)

Angesichts des Zwangscharakters, der dem Vorgang innewohnt, bietet sich solche Verwendung der "Uniform"-Metapher förmlich an. Überall nämlich wird der Einzelne vom ´technischen Ensemble´ in die Pflicht genommen, seine Identität zugunsten der Konformität herabgesetzt. Noch die

1 K. Marx, Kapital..., a.a.O., S. 445.

vermeintlichen Vergnügungsstätten geraten in diesem Gelände zu wahren "Pläsierkasernen",[1] wie Siegfried Kracauer es in seiner Studie über die Angestelltenkultur ausdrückt. Die wild ins Kraut schießenden visuellen Medien schließlich "legen (...) dem Auge eine Uniform an." (Vi II, 24)

Am auffälligsten kommt diese Tendenz zur Disziplinierung und Uniformierung in den Großstädten als den exemplarischen Orten der Moderne zum Ausdruck; als Nervenzentren von Produktion und Konsumtion, von Verkehr und Unterhaltung verwandeln sie sich in wahre Pflanzstätten des modernen Drills, wie schon das Erscheinungsbild der großstädtischen Menge ahnen läßt:

> Ebensowenig also, wie der Einzelne sich noch mit der Würde der Person zu bekleiden vermag, erscheint er als Individuum oder erscheint die Masse als Summe, als eine zählbare Summe von Individuen. Wo man ihr auch begegnen möge, ist es unverkennbar, daß eine andere Struktur in sie einzudringen beginnt. Sie bietet sich in Bändern, in Geflechten, in Ketten und Streifen von Gesichtern, die blitzartig vorüberhuschen, der Wahrnehmung dar, auch in ameisenartigen Kolonnen, deren Vorwärtsbewegung nicht mehr dem Belieben, sondern einer automatischen Disziplin unterworfen ist. (A, 106)

In der konzentrierten Modernität der Metropolen werden die 'Imperative' der technischen Dingwelt besonders sinnfällig; sie repräsentiert jene "andere Struktur", die in die Massen "eindringt", ihre Bewegungsabläufe steuert.

Während Jünger diesen "Auflösungprozeß am Individuum" (A, 109) bekanntlich begrüßt, hatte die ältere Kulturkritik hier noch warnend die Stimme erhoben, am sorgfältigsten

1 Siegfried Kracauer: Die Angestellten. Aus dem neuesten Deutschland (1930). Frankfurt/M. 1974, S. 95.

differenzierend wohl der Soziologe Georg Simmel (1858-1918),[1] dessen Essay "Die Großstädte und das Geistesleben" (1903)[2] auf das "Übergewicht der objektiven über die subjektive Kultur als Entwicklungstendenz der Moderne"[3] hinweist, ohne dabei zu verkennen, daß es gerade die Metropolen waren, in denen sich die entwickeltsten Formen der Kultivierung herausgebildet haben. Simmel konstatiert eine ungleichmäßige Entwicklung von technischer und individueller Kultur und sieht den Typus des Großstädters, d.h. den modernen Menschen par excellence in Gefahr, "in einem gesellschaftlich- technischen Mechanismus nivelliert und verbraucht zu werden." (GuG, 192) Er registriert eine "erschreckende Wachstumsdifferenz", habe doch die die individuelle Ausdifferenzierung mit dem wissenschaftlich-technischen Fortschritt nicht mitgehalten, ja "in manchen Punkten" sei sogar ein beunruhigender "Rückgang der Kultur in Bezug auf Geistigkeit, Zartheit, Idealismus" (GuG, 203) festzustellen.

Das Jüngersche Röntgenbild der Moderne widerspricht solchem kulturkritischen Befund nicht. Es fällt ihm nicht ein, den Verlust an "Geistigkeit, Zartheit" und (altmodischem) "Idealismus" zu leugnen, noch weniger allerdings ihn zu bedauern. In der Diagnose, freilich nicht in deren Bewer-

1 Vgl. in diesem Zusammenhang: David Frisby: Georg Simmels Theorie der Moderne. In: H.-J. Rahme, O. Rammstedt (Hrsg.): Georg Simmel und die Moderne. Neue Interpretationen und Materialien. Frankfurt/M. 1984, S. 7-79.

2 In: Georg Simmel: Das Individuum und die Freiheit. Essais. Berlin 1984, S. 192-204 (abgek.: GuG).

3 Lothar Müller: Die Großstadt als Ort der Moderne. Über Georg Simmel. In: K. Scherpe (Hrsg.): Die Unwirklichkeit der Städte. Großstadtdarstellungen zwischen Moderne und Postmoderne. Reinbek bei Hamburg 1988, S. 17.

tung könnte Jünger auch Th.W. Adorno zustimmen, wenn dieser in seinen "Minima Moralia" (1951) feststellt:

> Die Technisierung macht einstweilen die Gesten präzis und roh und damit die Menschen. Sie treibt aus den Gebärden alles Zögern aus, allen Bedacht, alle Gesittung. Sie unterstellt sie den unversöhnlichen, gleichsam geschichtslosen Anforderungen der Dinge (...) Man wird dem neuen Menschentypus (sic!) nicht gerecht ohne das Bewußtsein davon, was ihm unablässig, bis in die geheimsten Innervationen hinein, von den Dingen der Umwelt widerfährt.[1]

Die frühen, indigniert vorgetragenen Warnungen Simmels, die späte Klage Adornos über den bereits eingetretenen Verlust repräsentieren in Jüngers Augen eine selbst noch 'bürgerliche' Haltung, die zum Untergang verurteilt ist. Mit größter Entschiedenheit schlägt er sich auf die Seite des Objektiven, propagiert er die Unterwerfung unter die "sachliche Revolution" (ÜS, 201), als welche er den Modernisierungsvorgang begreift. "Zögern" und "Bedacht", Eigenschaften, deren Verschwinden am Individuum Adorno melancholisch verzeichnet, sind schlicht fehl am Platz in einer Epochenlandschaft, in der das "Leben des Einzelnen an Eindeutigkeit (...) gewinnt" (A, 148) und die Tugend der Entschiedenheit gefragt ist. Hier regiert eine neue "Naivität", eine neue "Unschuld" (A, 142), die sich vom bürgerlichen Ballast der "Gesittung" (Adorno) befreit hat. 'Entschiedenheit', 'Nüchernheit', 'Härte', 'Abstraktheit', 'Präzision': so lauten die Attribute des 'neuen Typus', der die Weltbühne betreten hat.

1 Th.W. Adorno: Minima Moralia. Reflexionen aus dem beschä-

Punkte im Koordinatensystem

Die gesteigerte Geschwindigkeit und zunehmende Gleichförmigkeit der modernen Lebensabläufe findet ihre Entsprechung in einem ausgeprägten Hang zur Präzision, der sich im großstädtischen Raum nur am augenfälligsten bemerkbar macht. Als Geburtsstätten und Zentren von Geldwirtschaft und Verkehr, von Produktion und Konsumtion macht sich in den Metropolen die Tendenz zur Quantifizierung und Mathematisierung mit zeitlicher Priorität bemerkbar. Hier, wo früher als irgendwo sonst das Geld zum universalen Vermittler avanciert, bildet sich jene Form der Intelligenz aus, die in Warenquanta, in Kategorien wie Gewinn und Verlust zu denken gewohnt ist. Die technischen Imperative verstärken diese Entwicklung noch, denn der moderne Verkehr beispielsweise benötigt wegen der offenkundigen Risiken der allgemeinen ´Raserei´ verbindlicher, verläßlicher Terminierung. Schon Simmel hatte betont,

> die Technik des großstädtischen Lebens (sei) überhaupt nicht denkbar, ohne daß alle Tätigkeiten und Wechselbeziehungen aufs pünktlichste in ein festes übersubjektives Zeitschema eingeordnet

würden, weswegen denn auch "Pünktlichkeit, Berechenbarkeit, Exaktheit" (GuG, 195) sowie "minutenhafte Präzision" (GuG, 196) wesentliche Charakteristika des urbanen Raums darstellten. Nicht zufällig drängt sich Jünger das Bild der Uhr auf, wenn er das Bewegungsgesetz der zeitgenössischen Stadt zu veranschaulichen sucht:

digten Leben. Frankfurt/M. 1975, S. 42f.

> Welcher Anblick bietet sich einem heimatlosen Bewußtsein dar, das sich in den Mittelpunkt einer unserer großen Städte verschlagen sieht und wie im Traume die Gesetzmäßigkeit der Vorgänge zu erraten sucht? Es ist der Anblick einer gesteigerten Bewegung, die sich mit unpersönlicher Strenge vollzieht. Diese Bewegung ist drohend und uniform; sie treibt Bänder von mechanischen Massen aneinander vorbei, deren gleichmäßiges Fluten sich durch lärmende und glühende Signale reguliert. Eine peinliche Ordnung drückt diesem gleitenden und rotierenden Getriebe, das an den Gang einer Uhre oder einer Mühle erinnert, den Stempel des Bewußtseins, der präzisen verstandesmäßigen Arbeit auf (...) (A, 102)

Die mechanische Uhr, Reinhard Koselleck zufolge *der* "Indikator (...) der Disziplinierung, der Rationalisierung der menschlichen Arbeitswelt und ihrer Handlungsspielräume",[1] taugt auch als Sinnbild für die Großstädte, die gewaltigen Werkstätten gleichen.
Überall verrät die Moderne eine Tendenz zur präzisen mathematischen Bestimmung und quantifizierenden Erfassung der unterschiedlichsten Vorgänge, das genuin moderne "Bestreben, jedem Verhältnis einen ziffernmäßigen Ausdruck zu geben", das sich im Vordringen der "Statistik" ebenso manifestiert wie im Kult des "Rekords" als der "ziffernmäßigen Messung menschlicher und technischer Leistungen" (A, 150). Diese "wachsende Rolle", die die "präzise Ziffer" (A, 148) im Alltag zu spielen beginnt, bekommt auch der Einzelne zu spüren, dessen besondere Eigenschaften immer weniger 'zählen', sich vielmehr inmitten dieser auf Kalkulierbarkeit abgestellten Ordnung in bloße Fehlerquellen verwandeln. Die Existenz "gewinnt an Mathematik" (A, 148);

1 R. Koselleck: Fortschritt und Beschleunigung. In: Der Traum der Vernunft. Vom Elend der Aufklärung. Darmstadt/Neuwied 1985, S. 80.

unter dem technokratischen Blick der diversen 'Dienste' schrumpft das Individuum zur Ziffer, zum Punkt im Koordinatensystem anonymer Körperschaften:

> Nicht minder bedeutend ist die Art und Weise, in der die Ziffer im täglichen Leben erscheint. Es ist dies etwa an den ebenso unauffälligen wie hartnäckigen Angriffen zu beobachten, durch die sie den Personennamen zu ersetzen sucht (...) Der Kraft-, Verkehrs- und Nachrichtendienst erscheint als ein Feld, in dessen Koordinatensystem der Einzelne als bestimmter Punkt zu ermitteln ist - man 'schneidet' ihn an, etwa indem man die Ziffernscheibe eines automatischen Fernsprechers stellt. (A, 149)

Ihre strukturelle Entsprechung finden solche Mathematisierungstendenzen im "räumlichen Bestreben nach Gleichförmigkeit" (A, 148), das nicht nur die "Werkstättenlandschaft" (A, 226) im allgemeinen, sondern auch den städtischen Bereich im besonderen charakterisiert. Hier nämlich verdrängen Planimetrie und geometrischer Perspektivismus die gewachsenen Strukturen zugunsten der Ordnung der Regel. Ein rigider Wille zur Begradigung, zu kahlen, glatten Flächen zeichnet die neue Bauweise aus, deren "Indefinitismus"[1] jene endlose Monotonie zeitigt, wie sie in unzähligen funktionalistischen Siedlungsprojekten anzutreffen ist. Unter diesen "strengen, den geometrischen Grundrissen der Pyramiden gleichenden Ordnungen" (A, 51) macht die Zurichtung der Einzelnen weitere Fortschritte, denn unter der 'Diktatur des rechten Winkels' wird zugleich ihre Bewegungsfreiheit reguliert, bisweilen gänzlich eingefroren. Die Körperaktivitäten werden durch eine wachsende Anzahl

1 B. Hennigsen: Funktionalismus in Architektur und Politik. In: Merkur, 1984, H. 8, S. 957.

technischer Prothesen (Auto, Fahrstuhl, Rolltreppe, Laufband etc.) eingeengt, abgebremst, ja überflüssig gemacht:

> Mit zunehmender Verengung der Dimension und der Weite der körperlichen Betätigung wird das Individuum durch die Schnurgeraden der Stadtgeometrie (die orthogonale Orthodoxie seiner Wohnung, seines Hauses) linear gemacht und in den genannten Stellungen festgenagelt. (Vi II, 38)

- wobei es sich obendrein einer wachsenden Zahl von Verboten und Vorschriften gegenübersieht, deren Nichtbeachtung teuer, gelegentlich tötlich zu stehen kommt. Mit der Muße der Flanerie ist es endgültig vorbei; die Bewegungen seien "nicht mehr dem Belieben, sondern einer automatischen Disziplin unterworfen" (A, 106), weiß Jünger von seinen städtischen Erkundungsgängen zu berichten und verweist in diesem Zusammenhang auf die "Achtlosigkeit, mit welcher der Fußgänger als eine aussterbende Spezies von den Verkehrsmitteln beiseite gestoßen" (A, 121) werde.
Für das hier zutage tretende Paradoxon, daß der Siegeszug des Motors mit einer Knebelung der menschlichen Motorik einhergeht, meint Walter Benjamin die spezifische gesellschaftliche Verfaßtheit der Technik unterm Kapital verantwortlich machen zu können, wenn es in seiner Vexierbildsammlung "Einbahnstraße" (1928) heißt, der "Entfaltung jeder menschlichen Bewegung (sei) (...) der maßlose Widerstand der Umwelt angesagt." Benjamin fährt fort:

> Wohnungsnot und Verkehrssteuerung sind am Werke, das elementare Sinnbild der europäischen Freiheit (...) die Freizügigkeit, vollkommen zu vernichten (...) niemals hat die Bewegungsfreiheit zum Reichtum der Bewegungsmittel in einem größeren Mißverhältnis gestanden.[1]

1 W. Benjamin: Einbahnstraße. Frankfurt/M. 1972, S. 35f.

Der kritische Theoretiker meint, die privatkapitalistische Verfügung über die Technik entfremde diese ihrer eigentlichen, konstruktiven Bestimmung und verwandele sie stattdessen in eine Destruktionskraft ersten Ranges. Im "letzten Krieg" zumal habe sich "aufs fürchterlichste" bekundet, wie der "Profitgier der herrschenden Klasse" wegen "die Technik die Menschheit verraten" mußte; das "große Werben um den Kosmos (...) im Geiste der Technik" sei damals in ein "Blutmeer"[1] eingemündet.

Gebieterische Todesdrohung

Ernst Jünger ist diesem destruktiven Gebrauch der Technik bekanntlich erlebnismäßig zugetan und läßt es sich nicht nehmen, die Tatsache des Krieges als Beweis für die Naivität eines liberalen Fortschrittsglaubens anzuführen, der das Januskšpfige der Technik nicht wahrhaben will und in ihr nur ein Mittel des Komforts und der Völkerverständigung erblickt:

> Die Technik nämlich erscheint im bürgerlichen Raume als ein Organ des Fortschritts, das sich auf eine vernünftig-tugendhafte Vollkommenheit zubewegt (...) Die martialische Seite ihres Januskopfes paßt in dieses Schema schlecht hinein. Es ist aber unbestreitbar, daß eine Lokomotive statt eines Speisewagens eine Kompanie Soldaten oder ein Motor statt eines Luxusfahrzeuges einen Tank bewegen kann, daß also die Steigerung des Verkehrs nicht nur die guten, sondern auch die bösen Europäer schneller aneinanderbringt (...) Alle diese Dinge lassen sich nur so lange übersehen, wie man nicht mit ihnen in Berührung kommt. (A, 166f.)

1 Ebd. S. 124.

Was Jünger hier unter Hinweis auf die technologisch hergestellte Omnipräsenz des Menschen polemisch pointiert, sind schlicht die militärischen Implikationen solcher 'Errungenschaften', angesichts derer sich die liberale Hoffnung, die Technik werde der Völkerverständigung dienen, als Fehlkalkulation herausstellt. "Die Illusion der Geraden ist vergangen und mit ihr die des 'Bindestriches' zwischen den Nationen und den Völkern." (Vi II, 50)

Jünger selbst ist durch die persönliche 'Berührung' mit dem Krieg geprägt worden; ihm erscheint das Erlebnis dieser "Katastrophe als das a priori eines veränderten Denkens" (A, 61). Das auf den Schlachtfeldern des Ersten Weltkriegs erworbene lauernde Bewußtsein kommt Jünger immer dann zugute, wenn es im Alltäglichen, scheinbar Harmlosen den Angriff auf die individuelle Substanz, die verborgene Todesdrohung herauszufinden gilt. Paradoxerweise profitiert Jünger von seiner Fixiertheit auf alles Militärische, Autoritäre. Die militaristisch verzerrte Optik ahnt die Wahrheit hinter der friedlichen Fassade des zivilen Lebens und gibt den Blick frei auf eine Epoche, die "über den Arbeitsgang einer Kette von Kriegen und Bürgerkriegen führt." (A, 83) Zudem gibt es eine Fülle struktureller Ähnlichkeiten zwischen dem zivilen Raum der modernen bürgerlichen Gesellschaft und dem Militärwesen, ja die militärische Mobilisierung erweist sich als historische Vorwegnahme, als Prototyp quasi jener Konditionierung, der sich der moderne Zivilist zu unterziehen hat:

> Im neuzeitlichen Militär begegnet uns zum ersten Mal jene Mechanisierung oder auch Subsumtion der Indiviuen unter ein ihnen vollkommen äußerliches und abstraktes Organisations-

schema, wie es dann in der weiteren Geschichte der Neuzeit immer weiter verallgemeinert wird.[1]

Nicht allein die strikte Reglementierung innerhalb des hierarchisch gegliederten Armeekörpers, sondern auch die Funktionsweise des zunehmend dominierenden kriegstechnischen Ensembles verweist auf verwandte Vorgänge im zivilen Raum und bringt diese forciert zur Anschauung. Daß etwa gesteigerte Geschwindigkeit zugleich gesteigerte Gefahr bedeutet, ist Soldaten angesichts beschleunigter Projektile nur allzu vertraut und trifft aber ebenso für die mechanisierten Verkehrsmittel zu, deren destruktive Potenz proportional zum Tempo wächst: deshalb auch die sich schon im 19. Jahrhundert einbürgernde Projektil-Metapher für Fahrzeuge,[2] handelt es sich doch Jünger zufolge beim modernen Transportwesen um die Herstellung einer "mechanischen Bewegung", die "die Geschwindigkeit von Geschossen zu erreichen strebt." (A, 103) Die Zerstörung (Explosion!), die beim Projektil als gewünschter Effekt auftritt, erscheint im Alltagsleben als Dysfunktion, als bedauerliches Übel, als Unfall. In beiden Sphären gilt jedoch, daß mit wachsender Effizienz der Technik auch deren Fallhöhe, d.h. aber auch Zerstörungskraft wächst.

Wiederholt berührt Jünger einen Problemzusammenhang, zu dem es bei dem Geschwindigkeitstheoretiker Virilio heißt:

> Notgedrungen muß man in die Frage der Technik nicht nur die produzierte Substanz einbeziehen, sondern auch das mitproduzierte Akzidens, den Unfall oder Zufall (...) Was hat man denn erfunden, als man die Eisenbahn erfunden hat? Einen Gegenstand, mit dem man schnell fahren und vorwärtskommen, einen Fortschritt machen konnte - das wäre eine Sichtweise à la Jules

1 Schivelbusch, Eisenbahnreise ..., a.a.O., S. 143.
2 Vgl. ebd., S. 134-141.

> Verne, positivistisch und evolutionistisch. Aber gleichzeitig hat man die Eisenbahnkatastrophe erfunden. Mit dem Schiff hat man den Schiffbruch erfunden, mit der Dampfmaschine und der Lokomotive die Entgleisung. Mit der Autobahn die Karambolage von 300 Wagen binnen fünf Minuten. Mit dem Fliegen den Absturz. Wenn man mit der Technik weitermachen will (...) so glaube ich, daß hier und jetzt nach beidem, nach der Substanz *und* ihrem Akzidens gefragt werden muß (...) Die negativen Seiten von Technologie und Geschwindigkeit hat man verschwiegen. (Vi IV, 35f.)

Dem Autor des "Arbeiter" wird man eine solche Verschwiegenheit kaum vorwerfen können, er kommt mehrfach auf die Verquickung von Tempo und Gefahr, "die Nähe des Todes im Zusammenhang mit hohen Geschwindigkeiten" zu sprechen, wobei er nachdrücklich den "Unterschied zwischen dem Untergange durch Naturgewalt und dem Begriff des Unfalls" (A, 152) betont, welcher einen durchaus neuen, vorindustriellen Epochen unbekannten Katastrophentyp bezeichne. Der moderne Zivilist lebt Jünger zufolge nicht nur reichlich strapaziös, er lebt auch gefährlich, vor allem in den Großstädten, "in denen zu gewissen Stunden (...) die Bewegung den Grad einer Orgie erreicht, die die Sinne betäubt und erschöpft." (A, 102)

> Es würde sich der Wahrnehmung vielleicht entziehen, welche Lasten hier bewältigt werden, wenn sie nicht durch pfeifende Töne, in denen eine gebieterische Todesdrohung unmittelbar zum Ausdruck kommt, auf den Grad der mechanischen Kräfte aufmerksam gemacht werden würde, die hier am Werke sind. Wirklich hat sich der moderne Verkehr zu einer Art Moloch entwickelt, der jahraus, jahrein eine Summe von Opfern verschlingt, die nur an denen eines Krieges zu messen sind. Diese Opfer fallen in einer moralisch neutralen Zone; die Art, in der sie wahrgenommen werden, ist statistischer Natur. (A, 102f.)

Die erstaunlich konflikfreie Integration des Unfallrisikos in das Bewußtsein seiner Zeitgenossen entgeht Jünger ebensowenig wie die Tatsache, daß dies im Geiste statistischer Nüchernheit[1] geschieht, daß also die horrende Zahl der Verkehrstoten von der Öffentlichkeit "in enger Beziehung zur Ziffernwelt" (A, 152) betrachtet und 'abgehakt' wird.

Kruppwerke auf Rädern

Die Gefährlichkeit der Technik tritt am unverhülltesten im modernen Krieg zutage, der die eingangs erwähnten Charakteristika des technischen Raums auf die Spitze treibt, wobei den Akteuren auch jene Traumstimmungen nicht fremd bleiben, die Jünger in den Großstädten bemerkt hatte. Monotonie, Präzision, Geschwindigkeit - sie bestimmen auch hier die Wahrnehmungskulisse. So bringt das gewaltige kriegstechnische Ensemble eine "eintönige und gefährliche Landschaft" (FuB, 109) hervor, während der Kriegsvorgang in seiner Gesamtheit Jünger an den "präzisen Arbeitsgang einer mit Blut gespeisten Turbine" (TM, 129) erinnert. Die Perzeptionsbedingungen von zivilem und militärischem Raum nähern sich einander an und fordern den Sinnesorganen verwandte Anpassungsleistungen ab. Um die moderne Geräuschkulisse zu ertragen, bedarf es der "im Gestampf der Städte und im Lärm rasender Schlachten gehärteten Ohren" (KE, 105). Desgleichen hat sich das

1 Vgl. hierzu auch die bekannte Einführungsepisode in Robert Musils Roman "Der Mann ohne Eigenschaften" (1931), in der die Reaktion großstädtischer Passanten auf einen Verkehrsunfall geschildert wird.

menschliche Auge an den Anblick schneller Körper zu gewöhnen, seien es nun Granaten oder Automobile: "Der Blick ist ruhig und fixiert, geschult an der Betrachtung von Gegenständen, die in Zuständen hoher Geschwindigkeit zu erfassen sind." (A, 104) Das Überleben wird hier wie dort zu einer Frage der Reaktionszeit. Das in beiden Sphären anzutreffende Phänomen des 'Schocks' schließlich deutet auf ein momentanes Mißlingen des Reizschutzes und damit zugleich auf dessen physiologisch gesetzte Grenzen hin.

Der technologische Zugriff formt jedoch nicht allein das Erscheinungsbild und damit die Wahrnehmungsbedingungen des Krieges um, vielmehr vollzieht sich auch in der Mentalität der Kämpfenden selbst eine tiefgreifende Wandlung. Jünger reflektiert auf mehr als nur die veränderte Soziologie des Heeres, den gewandelten sozialen Hintergrund der Mannschaften, wenn er stets wieder den proletarischen Charakter des modernen Militärs hervorhebt:

> In den modernen, mit den letzten technischen Mitteln gerüsteten Heeren ficht nicht mehr ein ständisches Kriegertum, das sich dieser technischen Mittel bedient, sondern diese Heere sind der kriegerische Ausdruck, den die Gestalt des Arbeiters sich verleiht. (A, 83)

Läßt man die unvermeidliche heroische Rhetorik beiseite, so schält sich aus seinen Beschreibungen der Typus eines Arbeitersoldaten heraus, der im sachgerechten Dienst an der (Kriegs-)Maschine aufgeht und dessen Mentalität die des Technikers ist, während der Krieg insgesamt eine gigantische Produktions- bzw. Konsumtionsschlacht vorstellt:

> Wir streiften die technische Seite der totalen Mobilmachung, deren Vervollkommnung (...) zu verfolgen ist bis zu den großen dynamischen Rüstungsprogrammen der letzten Weltkriegsjahre, in denen sich die Länder in riesige Fabriken verwandelten, die

> Armeen am rollenden Bande produzierten, um sie bei Tag und Nacht auf die Schlachtfelder zu entsenden, wo ein ebenfalls sehr mechanisch gewordener blutiger Verzehr die Rolle des Konsumenten übernahm. (TM, 129)

Indem er sich über die Eigenart und die vorwärtsweisenden Tendenzen des vergangenen Weltkrieges Rechenschaft ablegt, gelangt Jünger auf die Spur jenes "neuen Amalgams" (Vi II, 120), das sich dann im folgenden Weltkrieg mit aller Deutlichkeit profilieren sollte: der Kriegstechniker, der in Kategorien technischer Machbarkeit denkt und dessen Arbeitsmoral vom Standesbewußtsein der alten Kriegerkaste durch Welten getrennt ist.
Der italienische Schriftsteller Curzio Malaparte (1898-1957) hat als Kriegsberichterstatter an der deutschen Ostfront den neuartigen Charakter der dortigen Auseinandersetzung zu bestimmen versucht. In einer (teilweise zensierten) Artikelserie für den "Corriere della Sera"[1] beschreibt der Ex-Faschist den Rußland-Feldzug als den furchtbaren Zusammenprall zweier Arbeiterheere, als eine Konfrontation von "Maschinen, Techniken, Industrialisierungsmethoden":

> Es ist dies das erstemal in der Kriegsgeschichte, daß man sich zwei Heeren gegenüberstehen sieht, in denen sich der militärische Geist mit dem Arbeitergeist verbündet, mit der "Arbeitermoral", und in denen die militärische Disziplin mit der technischen Disziplin der Arbeit, der Belegschaft aus Facharbeitern, verschmilzt. (CM, 44)

Anhand einer Fülle von Einzelbeobachtungen belegt Malaparte, daß es "der technische Charakter dieses Krieges ist, der den Kämpfenden seinen Stil auferlegt." (CM, 19) Diese

1 C. Malaparte: Die Wolga entspringt in Europa. Köln 1989 (abgek.: CM).

"Arbeitersoldaten" (CM, 39) seien "mit ihrer Einheit verbunden wie Arbeiter mit einer Maschine; wie Elektriker mit ihrem Dynamo (...) die Offiziere (seien) ihre Ingenieure; die Unteroffiziere (seien) (...) ihre Vorarbeiter, ihre Werkmeister." (CM, 20f.) In der Haltung dieser Soldaten bemerkt Malaparte überall "die gleiche einfache Sachlichkeit (...) die gleiche Präzision (...) die gleiche Klarheit, die gleiche sachliche Nüchternheit." (CM, 34) Im Gegensatz zum langsamen und zögerlichen Wesen des Bauern, dessen Typus bislang in den Heeren dominierte, zeichne sich der neue Krieger durch Entschlußfreudigkeit aus: "Der Arbeiter ist rasch in seinen Entschlüssen, und diese Schnelligkeit wird durch die Geschwindigkeit der Maschine entwickelt und unterstützt." (CM, 254) Bis ins Physiognomische hinein ähneln Malapartes Beschreibungen denen Jüngers, der das Äußere des "neuen Typus" wie folgt umriß:

> Verändert hat sich auch das Gesicht, das dem Beobachter unter dem Stahlhelm oder der Schutzkappe entgegenblickt. Es hat in der Skala seiner Ausführungen (...) an Mannigfaltigkeit und damit an Individualität verloren, während es an Schärfe und Bestimmtheit der Einzelausprägung gewonnen hat. Es ist metallischer geworden (...) der Knochenbau tritt deutlich hervor, die Züge sind ausgespart und angespannt. (A, 116)

Anschließend zum Vergleich eine (der damaligen Zensur zum Opfer gefallene) Passage, in der Malaparte eine Gruppe gefallener Russen schildert:

> Seht sie euch gut an, diese Toten, diese toten Tartaren, diese toten Russen. Es sind neue Kadaver, vollkommen "neue" (...) Betrachtet genau die Stirn: schmal, hart, entschlossen. Alle sind sie so. In Serie hergestellt. Sie sind alle einander ähnlich. Es ist eine neue Rasse, eine harte Rasse. Leichen von Arbeitern, die an ihrem Arbeitsplatz verunglückt sind. (CM, 45)

Wo dergestalt die Frontlinie als Arbeitsplatz und der Tod als Betriebsunfall erscheint, da trifft der Jüngersche Befund zu: "man fällt nicht mehr, sondern man fällt aus." (A, 115)
Die Länder hätten sich in "riesige Fabriken" verwandelt, die "Armeen am rollenden Bande produzierten" (TM, 135) hatte Jünger im Rückblick auf den Ersten Weltkrieg geschrieben. Dieser Produktionscharakter prägt sich im folgenden Kriege noch deutlicher aus: Die deutsche Armee sei "nicht etwa ein Heer, sondern eine riesige fahrende Werkstätte, ein endlos gewaltiges Stahlwerk auf Rädern (...) ein gewaltiges Kruppwerk, ein riesenhafter Essener Industriekonzern" (CM, 32), der zum Angriff angesetzt habe, stellt Malaparte fest und bestätigt Jüngers Prognostik, die schon in den Kriegswirtschaften des Ersten Weltkrieges das Entstehen des militärisch-industriellen Komplexes gewittert hatte.

Demokratie des Todes

Über die Zielrichtung der waffentechnischen Entwicklung läßt Jünger seine Leser keinen Augenblick im unklaren: "Die Perfektion der technischen Machtmittel besteht in einem Zustande der Furchtbarkeit und der totalen Vernichtungsmöglichkeit, der unüberbietbar ist." (A, 204) Er verweist dabei auf den "fieberhaften Rüstungsprozeß" (A, 203), in dem die Großmächte weltweit begriffen seien.
Ein Resultat der waffentechnischen Perfektionierung stellt die, wie Jünger es nicht ohne Zynismus ausdrückt, "Demokratie des Todes" (TM, 128) dar; gemeint ist die fortschreitende Einebnung der Differenz von Militär und Zivilbevölkerung im Rahmen der modernen Kampfhandlungen, die das

Reglement der Kabinettskriege ebenso über den Haufen wirft wie die Resolutionen des Völkerbundes und seiner Nachfolgeorganisationen:

> Wir haben das Zeitalter des gezielten Schusses bereits wieder hinter uns. Der Geschwaderführer, der in nächtlicher Höhe den Befehl zum Bombenangriff erteilt, kennt keinen Unterschied zwischen Kämpfern und Nichtkämpfern mehr, und die tötliche Gaswolke zieht wie ein Element über alles Lebendige dahin. (TM, 128)

Seit Jüngers "Totaler Mobilmachung" (1930) hat diese Art von Demokratie unleugbare Fortschritte gemacht. Die "Steigerung in der Präzision der Mittel" (A, 132) sowie deren vielfach potenzierte Geschwindigkeit und Schlagkraft läßt die alten Vorstellungen von Raum und Zeit in der Rumpelkammer verschwinden. Die moderne Vernichtungstechnik in den Arsenalen der Supermächte "führt die sofortige Allgegenwart herbei." (Vi IV, 64) Heutzutage ist "jede sichtbare (...) Macht bedroht. Was nun noch von Bedeutung ist, liegt im Meer, unter der Erde oder im Weltraum." (Vi IV, 148) Bei der Rasanz der Ortungs- und Vernichtungssysteme verwandelt sich "die Augenblicklichkeit, mit der das Bild auf dem Fernsehschirm erscheint (...) in ein augenblickliches Zielen." (Vi VI, 22)

Ernst Jünger hat die Verlaufslogik dieser waffentechnologischen Entwicklung schon vor Jahrzehnten ausgemacht; die Tatsache nämlich, daß die modernen Waffen "Werkzeuge nicht nur der Zerstörung, sondern auch der Wahrnehmung" sind und als "Simulatoren der Sinnesorgane und des zentralen Nervensystems" (Vi V, 10) funktionieren. Überall beginne "der kalte und leidenschaftslose Blick des künstlichen Auges auf Menschen und Dinge zu fallen" (A, 132), weiß Jünger zu berichten; darüber hinaus ziele das moderne

"Bestreben" darauf ab, "auch Räume einzusehen, in die das menschliche Auge nicht einzudringen vermag." (ÜS, 204) Die künstliche Linse verwandelt sich dergestalt in eine Waffe:

> Wir wiesen bereits im "Arbeiter" darauf hin, daß die Photographie eine Waffe ist, deren der Typus sich bedient. Das Sehen ist ihm ein Angriffsakt. Entsprechend wächst das Bestreben, sich unsichtbar zu machen, wie es schon im Weltkrieg als "Tarnung" hervorgetreten ist. Eine Kampfstellung war in demselben Augenblick unhaltbar geworden, in dem sie aus dem Lichtbild des Beobachtungsfliegers herauszulesen war (...) Heute bereits gibt es Schußwaffen, die mit optischen Zellen gekoppelt sind (...) (ÜS, 182)

Synchron zur Perfektionierung der Ortungs- bzw. Zerstörungsgeräte - schneller, präziser, explosiver - verläuft der Ausbau der Mediennetze: "Der Bedrohung ausgedehnter Zonen durch totale Vernichtungsmittel entspricht die Warnung durch totale Nachrichtenmittel" (A, 307), die vom Staat monopolisiert werden, um die Bevölkerungen auf den Krieg einzustimmen. Wie Carl Schmitt wenige Jahre nach dem "Arbeiter" in einem Collarium zu seiner Schrift "Der Begriff des Politischen" (1927/32)[1] darlegte, entwickelt sich aufgrund der staatlichen Rivalitäten zusehends eine "abnorme Zwischenlage zwischen Krieg und Frieden", die von einer "Ausdehnung der Vorstellung vom Kriege auch auf nichtmilitärische (wirtschaftliche, propagandistische usw.) Betätigungen der Feindschaft"[2] begleitet werde. Diese mit Blick auf die weltpolitische Konstellation von 1938 getroffene

1 Über das Verhältnis der Begriffe Krieg und Feind. (1938) In: Carl Schmitt: Der Begriff des Politischen. Text von 1932 mit einem Vorwort und drei Corollarien. Berlin 1979, S. 102-111.

2 Ebd. S. 106f.

Feststellung Schmitts gilt über den Tag hinaus: Problemlos läßt sie sich auf jenen "Kalten Krieg" nach 1945 anwenden, den G. Anders in seinen Reflexionen zur atomaren Situation einmal zutreffend als "Kriegskontinuum"[1] bezeichnet hat. An die Stelle der veralteten Alternative "Krieg oder Frieden" tritt jetzt nämlich ein Zustand, wo niemand sich sicher fühlen darf, weil der Ernstfall jederzeit und überall eintreten kann: "ein Untergang von einem Umfang, wie er bisher nur durch kosmische Katastrophen möglich schien - ich meine, in Sekunden" (STR II, 504), so Jünger in einem Tagebuch-Kommentar zu Hiroshima.

Angstträume

In Jüngers Bild der Moderne vermischen sich Beobachtung und Vision, Wahrnehmungsschärfe und Ideologie. Der aus den frühen Kriegsbüchern, aber auch aus der Essayistik der dreißiger Jahre vertraute Ästhetizismus der Vernichtung tritt in den Tagebüchern aus dem Zweiten Weltkrieg spürbar zurück. In vielen Notizen scheint ein Erschrecken durch, das in den früheren Schriften fehlt. Die reale Vernichtung hat die Visionen eingeholt, und der Zauber der "Feuerwelt" schimmert fahl. Jüngers (Körper-) Reaktion auf die "japanische Schreckensnachricht" belegt es:

> Sogleich ergriff mich heftiger Kopfschmerz, der immer noch währt. Die letzten Jahre waren an solchen Nachrichten reich. Sie fallen ins Innere wie Gift in einen See. Die Pflanzen, die Fische,

1 G. Anders: Endzeit und Zeitende. Gedanken über die atomare Situation. München 1972, S. 24.

> ja selbst die Ungeheuer, die dort leben, beginnen zu kränkeln; die Farben löschen aus. (STR II, 504)

Solche Ernüchterung, die Jüngers Ästhetizismus "kränkeln" läßt, widerlegt freilich nicht seine Gegenwartsdiagnose, die sich im Gegenteil traurig bestätigt findet. Der Alptraum des Zweiten Weltkrieges gibt seinem Argwohn recht. In unserer Epoche sei "das Leben von einem dunklen Gefühl der Drohung umwölkt" (ÜS, 165) liest man in "Über den Schmerz" (1934), doch schon im "Abenteuerlichen Herzen" (1929) finden sich Beobachtungen und Reflexionen, die Jüngers ideologische Borniertheit vergessen lassen und seine 'seismographischen' Qualitäten ins Licht rücken:

> Zur Orientierung über das Maß an Bedrohung, dem wir gegenüberstehen, bedarf es keiner verwickelten Berechnungen. Es genügt ein einfaches physiognomisches Studium, das sich in der Großstadt jederzeit sofort ausüben läßt. Man wird feststellen, daß das Gesicht des modernen Großstädters einen zweifachen Stempel trägt: den der Angst und des Traumes, und zwar tritt das eine mehr in der Bewegung, das zweite mehr in der Ruhe hervor. (AH I, 80)

Angst wie Traum erfahren ihre spezifische Ausformung durch die moderne Technik; sei es durch die eingangs geschilderte Monotonie ihrer Abläufe, die hypnotisierend wirkt; sei es aber auch durch die "martialische Seite ihres Januskopfes" (A, 41), ihr zerstörerisches Potential, dessen Realisierung Anblicke bietet, deren Schrecklichkeit schon wieder traumhaft wirkt, weil der Verstand die Fassung verliert.

Auf diesen "verwickelten Traumzustand der modernen Zivilisation" (AH I, 117) hingewiesen und ihn in einer Reihe von Beobachtungen und Denkbildern dingfest gemacht zu haben, bleibt Jüngers Verdienst. In einer merkwürdigen Mischung aus kriegstechnischem Know-how und "zarter Empirie" (Goethe) entwirft er ein Porträt der Moderne, das ungeachtet seiner ideologischen Implikationen über das Ausmaß belehrt, in dem die Rhythmen der technischen Dingwelt sich den Einzelnen aufzwingen und kollektive Konformität herstellen.

Fazit

Begreift man den "Ästhetizismus als das Insistieren auf Schönheit selbst um den Preis, daß reales Leiden den Stoff ästhetischen Wohlgefallens" abgibt, so läßt sich in der Tat von einem der Kunst und Literatur notwendig "immanenten ästhetizistischen Moment"[1] sprechen. In *diesem* Sinne wäre auch der Ästhetizismus-Vorwurf an die Adresse Ernst Jüngers verfehlt, da dieser doch nur den Gesetzen des Mediums gehorcht, wenn seine Prosa den 'schönen' Krieg feiert. Die moderne Kunst aber probt gerade den Aufstand gegen derlei 'Beschönigungen', da sie "allen ästhetischen Schein zunehmend als subjektive Veranstaltung gegen die Erkenntnis der Realität durchschaut."[2] DADA etwa zerstört die Souveränitätsillusionen, mit denen sich die bürgerlichen Künstler gegen die 'neue Wirklichkeit' abdichten, indem es diese Art subjektiver Selbstbehauptung als affirmativ denunziert und durch seine Praxis der Formzerstörung unterläuft. Jüngers Modernismus ist anderer Natur. Die dadaistische Rede von der 'marionettenhaften Determiniertheit' des modernen Menschen, die sich im Kriege oder 'im Dienste anonymer Kapitalien' (Paul Nizan) bewährt und bestätigt, ist ihm zunächst Anathema, da sie die eingebildete Souveränität des Beobachtersubjekts unterminieren würde. Gleichwohl findet die 'neue Wirklichkeit' Eingang ins Frühwerk, wenn auch oft genug wider den Willen des Verfassers, der seine

1 Hartmut Scheible: Wahrheit und Subjekt. Ästhetik im bürgerlichen Zeitalter. Reinbek bei Hamburg 1988, S. 24.

2 Scheible, Wahrheit und Subjekt..., a.a.O., S. 25.

Romantik des 'abenteuerlichen Herzens' auch in der dafür denkbar ungeeigneten Landschaft der Materialschlachten durchzuhalten sucht. Die ideologische Unterscheidung zwischen selbstmächtiger (Front-) Elite und bloßen Mitläufern[1] vermag jedoch die Übermacht des Objektiven nicht zu verwischen, die auch den 'Stahlnaturen' ihre Bewegungen aufherrscht.
Erst in den Schriften der frühen dreißiger Jahre gibt sich Jünger Rechenschaft über die zunehmende Funktionalisierung des modernen Menschen, seine wachsende Abhängigkeit vom kollektiven Zwangszusammenhang und den Bewegungsgesetzen einer allgegenwärtig gewordenen Technik, deren gesellschaftliche Formbestimmtheit ihm freilich entgeht. Das Elend der Abhängigen gerät ihm dabei zur funktionalen Größe innerhalb eines Machtkalküls, das auf die 'totale Mobilmachung' der Nation drängt. In diesem politischen Projekt kommt der 'militante Modernismus' Jüngers zu sich selbst. Die neu entstandenen 'Bewegungsmöglichkeiten' erscheinen nun als materielle Voraussetzungen einer 'Herrschaft in großem Stil', die im Talmi-Mythos des 'Arbeiters' ihre ideologische Rechtfertigung und ästhetische Überhöhung erfährt. Indem Jünger die neuen Techniken der Massenmobilisierung und -disziplinierung in seine Konzeption integriert, überwindet er nicht nur die Maschinenfeindschaft und die Fabrikängste des traditionellen Kulturpessimismus, er profiliert sich vielmehr auch als führender Vertreter "jener Fraktion der politischen Rechten in Deutschland (...), die den Widerstand gegen die Moderne vom Boden dieser Moderne aus führte (...)."[2] Diese von J. Herf auf den

1 Vgl. Martin Meyer: Ernst Jünger. München 1990, S. 40.
2 Uwe-K. Ketelsen: Ernst Jüngers "Der Arbeiter" - Ein faschistisches Modernitätskonzept. In: Kultur. Bestimmungen im 20. Jahr-

Namen "Reaktionärer Modernismus" getaufte Denkströmung, der Männer wie Carl Schmitt, Oswald Spengler, aber auch Albert Speer zugerechnet werden dürfen, fand in Ernst Jünger ihren überzeugendsten literarischen Sprecher.
Jüngers reaktionärer Modernismus weist deutliche Anklänge an gewisse Motive des italienischen Futurismus auf, dessen forminnovative Anstrengungen er jedoch im Gegensatz zu Teilen der deutschen literarischen Avantgarde (Ball, Becher, Döblin, Stramm etc.)[1] ignoriert. Ihr gesellschaftspolitisches Pendant findet Jüngers und Marinettis Ästhetik der Gewalt im "Faschismus", ist dieser doch

> *der technisch ausgerüstete Archaismus.* Sein verfaulter *Ersatz* des Mythos wird im spektakulären Zusammenhang der modernsten Mittel des Dressierens und der Täuschung wieder aufgenommen. So ist er einer der Faktoren bei der Herausbildung des modernen Spektakelwesens, so wie ihn sein Anteil an der Zerstörung der alten Arbeiterbewegung zu einer der Gründermächte der gegenwärtigen Gesellschaft macht.[2]

Diese Definition stammt von Guy Debord, dem Mitbegründer der "Situationistischen Internationale" (1957-72), einer kulturrevolutionären Gruppierung, die in der Nachfolge des Dadaismus stand. Dada nämlich stiftet eine Tradition innerhalb der Moderne, die dem reaktionären Modernismus diametral entgegengesetzt ist. Es handelt sich dabei um eine Traditionslinie, deren radikale *Kritik des bürgerlichen Alltagslebens* das kulturindustriell vermittelte Spektakel

hundert. Hrsg. v. H. Brackert und F. Wefelmeyer. Frankfurt/M. 1990, S. 238.

1 Vgl. hierzu Peter Demetz: Worte in Freiheit. Der italienische Futurismus und die deutsche literarische Avantgarde 1912-1934. München 1990.

2 Guy Debord: Die Gesellschaft des Spektakels. Hamburg 1978, S. 60.

systematisch sabotiert und seine Abschaffung betreibt. Obgleich die Manifestationen dieser *Haltung*, von Dada über die Situationisten bis hin zum englischen Punk, stets nur für Momente (Zürich 1916/17, Berlin 1918/19, Paris 1968, London 1977) öffentliche Wirkung zeigten, wird sie in keinem Inventar der Moderne fehlen dürfen. Wo dies doch geschieht, wie etwa in Bohrers gesamteuropäischem Panorama moderner Stilgesten, feiert jener Ästhetizismus fröhliche Urständ', den der Dadaismus einst schon so dezidiert kritisiert hatte.

Der Geist der Revolte, der die Manifeste Dadas, aber auch die Pamphlete Paul Nizans durchzieht, bleibt Jünger und den Futuristen keineswegs fremd. Doch während jene die "Selbstentthronung des Intellektuellen"[1] praktizieren beziehungsweise die Aufhebung der bürgerlichen Kultur und ihrer gesellschaftlichen Rahmenbedingungen programmatisch betreiben, propagieren Jünger und Marinetti nur die zeitweilige Suspendierung des Alltags im technologischen Krieg, der als alternativer Handlungsspielraum lustvoll-destruktiver Überschreitung ziviler Verhaltensstandards figuriert. Statt zu begreifen, daß jede "wirkliche Kritik des Alltagslebens (...) eine *Rehabilitation des Alltagslebens*"[2] einschließt, es als Materiallieferant und Kampfplatz erkennt und aufwertet, schlägt der reaktionäre Modernismus einen Haken und landet bei der Ästhetisierung ausgerechnet jener blutigen Spektakel, die die Entfremdung des Menschen von seinen produktiven Möglichkeiten auf die Spitze treiben. Der

1 Hans Burkhard Schlichting: Pioniere des Medialen. Zur Aktualität der dadaistischen Kulturattacke. In: Kultur. Bestimmungen im 20. Jahrhundert. Hrsg. v. H. Brackert und F. Wefelmeyer. Frankfurt/M. 1990, S. 135.

2 Henri Lefebvre: Kritik des Alltagslebens. Kronberg/Ts. 1977, S. 135

rebellische Impuls dankt ab, noch bevor er überhaupt Gelegenheit hatte, sich zu betätigen. Er wird vielmehr ins 'Strombett des Staates' (E. Jünger) abgelenkt und zementiert eben jenes Ordnungsgefüge, dem er seine Genese verdankt.

Siglenverzeichnis

A	Ernst Jünger: Der Arbeiter. Herrschaft und Gestalt. In: SW 8, 11-317
AA	Paul Nizan: Aden. Die Wachhunde. Zwei Pamphlete. Mit einem Vorwort von Jean-Paul Sartre. Reinbek b. Hamburg 1978
AH I	Ernst Jünger: Das abenteuerliche Herz. Aufzeichnungen bei Tag und bei Nacht. Erste Fassung. In: SW 9, 33-176
Almanach	DADA-Almanach. Hrsg. v. Richard Huelsenbeck. (Repr.) Hamburg 1974
AN	Walter Benjamin: Angelus Novus. Ausgewählte Schriften 2. Frankfurt/M. 1966
ARV	Boris Arvatov: Kunst und Produktion. Entwurf einer proletarisch- avantgardistischen Ästhetik (1921-1930). München 1972
AS	Ernst Jünger: Afrikanische Spiele. In: SW 15, 75-245
AS/N	Ernst Jünger: Afrikanische Spiele/Nachwort. Hamburg 1936. 220-225
ÄS	Karl Heinz Bohrer: Die Ästhetik des Schrekkens. Die pessimistische Romantik und Ernst Jüngers Frühwerk. München 1978
ÄTh	Theodor W. Adorno: Ästhetische Theorie. Ges. Schriften 7. Frankfurt/M. 1970
BaB	Wyndham Lewis: Blasting and Bombardiering. An Autobiography (1914-1926). London 1982

BENN	Gottfried Benn: Essays, Reden, Vorträge. Bd. 1. In: Ders.: Gesammelte Werke. 4 Bde. Wiesbaden 1971.
BuS	Ernst Jünger: Blätter und Steine. Hamburg 1934
CM	Curzio Malaparte: Die Wolga entspringt in Europa. Köln 1989
EdZ	Ernst Bloch: Erbschaft dieser Zeit. Frankfurt/M. 1973
Freud IX	Sigmund Freud: Fragen der Gesellschaft. Ursprünge der Religion. In: Ders.: Studienausgabe, Bd. 9. Frankfurt/M. 1982
FT	Walter Benjamin: Theorien des deutschen Faschismus. Zu der Sammelschrift "Krieg und Krieger". Hrsg. v. Ernst Jünger. In: Ders.: Gesammelte Schriften Bd. 3. Frankfurt/M. 1972
FuB	Ernst Jünger: Feuer und Bewegung. In: SW 7. 145-191
FuBl	Ernst Jünger: Feuer und Blut. Ein kleiner Ausschnitt aus einer großen Schlacht. In: SW 1, 441-545
Futurismus	Drahtlose Phantasie: Auf- und Ausrufe des Futurismus. Hamburg 1985
FZ	Hugo Ball: Die Flucht aus der Zeit. Luzern 1946
GD	Richard Huelsenbeck: En avant dada. Die Geschichte des Dadaismus. (Reprint der Originalausgabe von 1920). Hamburg 1978
GdF	Christa Baumgarth: Geschichte des Futurismus. Reinbek b. Hamburg 1965

GuG	Georg Simmel: Die Großstädte und das Geistesleben. In: Ders.: Das Individuum und die Freiheit. Essays. Berlin 1984. 192-204
Hausmann 1	Raoul Hausmann: Bilanz der Feierlichkeit. Texte bis 1933. Bd. 1. München 1982
Hausmann 2	Raoul Hausmann: Sieg Triumph Tabak mit Bohnen. Texte bis 1933. Bd. 2. München 1982
Hausmann 3	Raoul Hausmann: Am Anfang war DADA. Gießen 1980
K	Hugo Ball: Zur Kritik der deutschen Intelligenz. Frankfurt/M. 1980
KE	Ernst Jünger: Der Kampf als inneres Erlebnis. Berlin 1922
MM	Ernst Jünger: Minima-Maxima. In: SW 8, 321-396
NL	Ernst Jünger: Nationalismus und modernes Leben. In: Arminius. Kampfschrift für deutsche Nationalisten 8, 1927. 3-6
Richter	Hans Richter: DADA - Kunst und Anti-Kunst. Köln 1964
ST	Ernst Jünger: In Stahlgewittern. Aus dem Tagebuch eines Stoßtruppführers. Berlin ^{6}1925
STR I	Ernst Jünger: Strahlungen I. In: SW 2.
STR II	Ernst Jünger: Strahlungen II. In: SW 3.
STU	Ernst Jünger: Sturm. In: SW 15, 11-74
SW	Ernst Jünger: Sämtliche Werke. 18 Bde. Stuttgart 1978-1983
TM	Ernst Jünger: Die Totale Mobilmachung. In: SW 7, 107-177
TRE I	Sergej Tretjakov: Die Arbeit des Schriftstellers. Aufsätze, Reportagen, Portraits. Reinbek b. Hamburg 1972

TRE II	Sergej Tretjakov: Woher und Wohin? Perspektiven des Futurismus. In: Ästhetik und Kommunikation, 1971 H. 4, S. 84-89
TT	Claude Lévi-Strauss: Traurige Tropen. Frankfurt/M. 1978
Tzara	Tristan Tzara: 7 DADA-Manifeste. Hamburg 1980
UdA	Oswald Spengler: Der Untergang des Abendlandes. Umrisse einer Morphologie der Weltgeschichte. 2 Bde. Leipzig/München 1918-1922
ÜdG	Georges Sorel: Über die Gewalt. Frankfurt/M. 1971
ÜS	Ernst Jünger: Über den Schmerz. In: SW 7, 145-191
Vi I	Paul Virilio: Geschwindigkeit und Politik. Berlin 1980
Vi II	Paul Virilio: Fahren, fahren, fahren... Berlin 1978
Vi III	Paul Virilio: Ästhetik des Verschwindens. Berlin 1986
Vi IV	Paul Virilio/Sylvère Lothringer: Der reine Krieg. Berlin 1984
Vi V	Paul Virilio: Krieg und Kino. Logistik der Wahrnehmung. München 1986
Vi VI	Paul Virilio: Der kritische Raum. In: Tumult 7, 1984. 22-27
W	Ernst Jünger: Das Wäldchen 125. Eine Chronik aus den Grabenkämpfen 1918. Berlin 1925
ZK	Hugo Ball: Der Künstler und die Zeitkrankheit. Ausgewählte Schriften. Frankfurt/M. 1984

Literaturverzeichnis

Adorno, Th. W.: Jargon der Eigentlichkeit. Zur deutschen Ideologie. Frankfurt/M. 1964.

Adorno, Th. W./Horkheimer, M.: Dialektik der Aufklärung. Philosophische Fragmente. Frankfurt/M. 1968.

Adorno, Th. W.: Ästhetische Theorie. In: Ders.: Gesammelte Schriften 7. Frankfurt/M. 1970.

Adorno, Th. W.: Noten zur Literatur. In: Ders.: Gesammelte Schriften 11. Frankfurt/M. 1974.

Adorno, Th. W.: Was bedeutet: Aufarbeitung der Vergangenheit. In: Ders.: Eingriffe. Neun kritische Modelle. Frankfurt/M. 1974.

Adorno, Th. W.: Minimia Moralia. Reflexionen aus dem beschädigten Leben. Frankfurt/M. 1975.

Adorno, Th. W.: Über Tradition. In: Ders.: Ohne Leitbild. Parva Aesthetica. Frankfurt/M. 1975.

Adorno, Th. W.: Spengler nach dem Untergang. In: Ders.: Prismen. Kulturkritik und Gesellschaft. Frankfurt/M. 1976, S. 51-81.

Anders, G.: Endzeit und Zeitende. Gedanken über die atomare Situation. München 1972.

Angermann, E.: Die Vereinigten Staaten von Amerika seit 1917. München 1987.

Aragno, P.: Futurismus und Faschismus. Die italienische Avantgarde und die Revolution. In: Grimm, R./ Hermand, J. (Hrsg.): Faschismus und Avantgarde. Königstein/Ts. 1980, S. 83-91.

Arendt, H.: Elemente und Ursprünge totalitärer Herrschaft. Bd. 3: Totale Herrschaft. Frankfurt/Berlin/Wien 1975.
Arvatov, B.: Der Futurismus als soziales Phänomen. In: Ders.: Kunst und Produktion. Entwurf einer proletarisch-avantgardistischen Ästhetik (1921-1930). München 1972, S. 97-103.
Auer, A.: Nachträgliches zu einem Jubelfest - Ernst Jünger und die formierte Gesellschaft. In: Weimarer Beiträge, 1966, H. 4, S. 581-605.
Baader, J.: Oberdada. Gießen 1977.
Ball, H.: Die Flucht aus der Zeit. Luzern 1946.
Ball, H.: Kritik der deutschen Intelligenz. Frankfurt 1980.
Ball, H.: Der Künstler und die Zeitkrankheit. Ausgewählte Schriften. Hrsg. v. H. B. Schlichting. Frankfurt 1984.
Banham, R.: Die Revolution der Architektur. Theorie und Gestaltung im Ersten Maschinenzeitalter. Reinbek bei Hamburg 1964.
Barth, H.: Masse und Mythos. Die Theorie der Gewalt: Georges Sorel. Reinbek bei Hamburg 1959.
Baumgarth, C.: Geschichte des Futurismus. Reinbek bei Hamburg 1965.
Benjamin, W.: Das Kunstwerk im Zeitalter seiner technischen Reproduzierbarkeit. In: Ders.: Illuminationen. Ausgewählte Schriften, Frankfurt/M. 1955, S. 148-184.
Benjamin, W.: Versuche über Brecht. Frankfurt/M. 1966.
Benjamin, W.: Angelus Novus. Ausgewählte Schriften 2. Frankfurt/M. 1966.
Benjamin, W.: Der Sürrealismus. Die letzte Momentaufnahme der europäischen Intelligenz. In: Ders.: Angelus Novus. Ausgewählte Schriften 2. Frankfurt/M. 1966, S. 200-215.

Benjamin, W.: Theorien des deutschen Faschismus. Zu der Sammelschrift "Krieg und Krieger". Herausgegeben von Ernst Jünger. In: Ders.: Gesammelte Schriften. Bd. III: Kritiken und Rezensionen. Frankfurt/M. 1972, S. 238-250.

Benjamin, W.: Einbahnstraße. (1928) Frankfurt 1972.

Benn, G.: Expressionismus. In: Ders.: Gesammelte Werke, Bd. 1. Hrsg. v. D. Wellershoff. Wiesbaden 1971, S. 240-256

Benn, G.: Die neue literarische Saison. In: Ders.: Gesammelte Werke, Bd. 1. Hrsg. v. D. Wellershoff. Wiesbaden 1971, S. 419-430

Benn, G.: Der neue Staat und die Intellektuellen. In: Ders.: Gesammelte Werke, Bd. I. Hrsg. v. D. Wellershoff. Wiesbaden 1971, S. 440-449.

Benn, G.: Rede auf Marinetti. In: Ders.: Gesammelte Werke, Bd. I. Hrsg. v. D. Wellershoff. Wiesbaden 1971, S. 478-481.

Bergius, H.: Der Da-Dandy - Das 'Narrenspiel aus dem Nichts'. In: Tendenzen der Zwanziger Jahre. Berlin 1977. S. 3/12-3/29.

Berlin, I.: Georges Sorel. In: Ders.: Against the Current. Essays in the History of Ideas. Oxford 1981, S. 296-332.

Berman, M.: All That Is Solid Melts Into Air. The Experience of Modernity. New York 1982.

Bernhard, H.-J.: Die apologetische Darstellung des imperialistischen Krieges im Werk Ernst Jüngers. In: Weimarer Beiträge, 1963, H. 2, S. 321-355.

Bloch, E.: Tübinger Einleitung in die Philosophie I. Frankfurt/M. 1973.

Bloch, E.: Erbschaft dieser Zeit, (1935). Frankfurt/M. 1973.

Bloch, E.: Das Prinzip Hoffnung. 3 Bde. Frankfurt/M. 1974.

Bohrer, K. H.: Der Lauf des Freitag. Die lädierte Utopie und die Dichter Eine Analyse. München 1973.

Bohrer, K. H.: Die Ästhetik des Schreckens. Die pessimistische Romantik und Ernst Jüngers Frühwerk. München 1978.

Bohrer, K. H.: Wer hat Angst vor Jüngers Schrecken? In: FAZ, 29.3.1980.

Bohrer, K. H.: Plötzlichkeit. Zum Augenblick des ästhetischen Scheins. Frankfurt/M. 1981.

Bohrer, K. H.: Im Namen der Wahrheit? Zu Peter Bürgers Klage über den Zeitgeist. In: Merkur 433, 1985, S. 266-272.

Bohrer, K. H.: Nach der Natur. Ansicht einer Moderne jenseits der Utopie. In: Merkur 462, 1987, S. 631-645.

Bohrer, K. H.: Die permanente Theodizee. Über das verfehlte Böse im deutschen Bewußtsein. In: Merkur 458, 1987, S. 267-286.

Bohrer, K. H.: Die Kritik der Romantik. Der Verdacht der Philosophie gegen die literarische Moderne. Frankfurt/M. 1989.

Böhringer, H.: Stil und Sachlichkeit. Gedanken zum Ornament. In: Merkur 428, 1984, S. 609-618.

Bönig, J.: Technik und Rationalisierung in Deutschland zur Zeit der Weimarer Republik. In: Technik-Geschichte. Historische Beiträge und neue Ansätze. Hrsg. v. U. Troitzsch u. G. Wohlauf. Frankfurt/M. 1980, S. 390-419.

Braun, M.: Der poetische Augenblick. Essays zur Gegenwartsliteratur. Berlin 1986.

Brecht, B.: Gesammelte Werke. Bd. XVIII: Schriften zu Literatur und Kunst I. Frankfurt/M. 1967.

Brenner, H.: Die Kunstpolitik des Nationalsozialismus. Reinbek bei Hamburg 1963.

Breton, A.: Anthologie des Schwarzen Humors. München 1972.

Breton, A.: Nadja. Frankfurt/M. 1974.

Breton, A.: Die Manifeste des Surrealismus. Reinbek bei Hamburg 1977.

Broch, H.: Zolas Vorurteil. In: Ders.: Schriften zur Literatur I: Kritik. Frankfurt/M. 1975, S. 34-40.

Broch, H.: Hofmannsthal und seine Zeit. Eine Studie. In: Ders.: Schriften zur Literatur I: Kritik. Frankfurt/M. 1975, S. 111-284.

Bruckner, P./Finkielkraut, A.: Das Abenteuer um die Ecke. Kleines Handbuch der Alltagsüberlebenskunst. München 1981.

Brüggemann, H.: Literarische Technik und soziale Revolution. Versuche über das Verständnis von Kunstproduktion, Marxismus und literarischer Tradition in den theoretischen Schriften Bertolt Brechts. Reinbek bei Hamburg 1973.

Brüggemann, H.: Aspekte einer marxistischen Produktionsäthetik. Versuch über theoretische Beiträge des LEF, Benjamins und Brechts. In: Literaturwissenschaft und Sozialwissenschaft 4. Erweiterung der materialistischen Literaturwissenschaft durch Bestimmung ihrer Grenzen. Hrsg. v. H. Schlaffer. Stuttgart 1974, S. 109-143.

Bürger, P.: Der französische Surrealismus. Studien zum Problem der avantgardistischen Literatur. Frankfurt/M. 1971.

Bürger, P.: Ideologiekritik und Literaturwissenschaft. In: Ders. (Hrsg.): Vom Ästhetizismus zum Nouveau Roman. Frankfurt/M. 1975, S. 1-22.

Castoriadis, C.: Sozialismus oder Barbarei. Analysen und Aufrufe zur kulturrevolutionären Veränderung. Berlin 1980.

Chatwin, B.: Ernst Jünger. An Aesthete at War. In: Ders.: What Am I Doing Here? London 1989, S. 297-315.

Dahmer, H.: Libido und Gesellschaft. Studien über Freud und die Freudsche Linke. Frankfurt/M. 1973.

Debord, G.: Die Gesellschaft des Spektakels. Hamburg 1978.

Dupuis, J. F.: Der radioaktive Kadaver. Eine Geschichte des Surrealismus. Hamburg 1979.

Eggebrecht, H.: Sinnlichkeit und Abenteuer. Die Entstehung des Abenteuerromans im 19. Jahrhundert. Berlin/Marburg 1985.

Einstein, C.: Die Kunst des 20. Jahrhunderts. Leipzig 1988.

Elias, N.: Über den Prozeß der Zivilisation. Soziogenetische Untersuchungen. 2 Bde. Frankfurt/M. ^{3}1976.

Erlhoff, M.: Raoul Hausmann. Dadasoph: Versuch einer Politisierung der Ästhetik. Hannover 1982.

Faber, R.: Von ästhetischer Mystik zurück zu politischer Mythik. Eine Kritik des neuen Ästhetizismus. In: Faszination des Mythos. Studien zu antiken und modernen Interpretationen. Hrsg. v. R. Schlesier. Frankfurt/M. 1985, S. 295-334.

Faye, J. P.: Totalitäre Sprachen. Kritik der narrativen Vernunft. Kritik der narrativen Ökonomie. 2 Bde. Frankfurt/Berlin/Wien 1977.

Fischer, F.: Griff nach der Weltmacht. Düsseldorf 1966.

Flake, O.: Nein und Ja. Roman. München 1982.

Flaubert, G.: Reise in den Orient. Ägypten. Nubien. Palästina. Syrien. Libanon. Hrsg. v. A. Stoll. Frankfurt/M. 1985.

Freud, S.: Zeitgemäßes über Krieg und Tod (1915). In: Ders.: Studienausgabe Bd. IX: Fragen der Gesellschaft. Ursprünge der Religion. Frankfurt 1974, S. 33-60.

Freud, S.: Das Unbehagen in der Kultur (1930). In: Ders.: Studienausgabe Bd. IX: Fragen der Gesellschaft. Ursprünge der Religion. Frankfurt 1974, S. 191-270.

Freud, S.: Warum Krieg? (1933). In: Ders.: Studienausgabe Bd. IX: Fragen der Gesellschaft. Ursprünge der Religion. Frankfurt 1974, S. 271-286.

Freund, M.: Georges Sorel. Der revolutionäre Konservativismus, Frankfurt/M. [2]1971.

Friedländer, S.: Kitsch und Tod. Der Widerschein des Nazismus. München 1986.

Frisby, D. P.: Georg Simmels Theorie der Moderne. In: Georg Simmel und die Moderne. Neue Interpretationen und Materialien. Hrsg. v. H. J. Dahme u. O. Rammstedt. Frankfurt/M. 1984, S. 7-79.

Fussel, P.: The Great War and Modern Memory. Oxford University Press 1977.

Goebbels, J.: Kampf um Berlin. Der Anfang. München 1932.

Grimm, R./Hermand, J. (Hrsg.): Faschismus und Avantgarde. Königstein/Ts. 1980.

Grossmann, M. L.: Dada. Paradox, Mystification, and Ambiguity in European Literature. New York 1971.

Gruenter, R.: Formen des Dandysmus. Eine problemgeschichtliche Studie über Ernst Jünger. In: Euphorion 46, 1952, S. 170-201.

Habermas, J.: Strukturwandel der Öffentlichkeit. Untersuchungen zu einer Kategorie der bürgerlichen Gesellschaft. Neuwied/Berlin 1969.

Habermas, J.: Der philosophische Diskurs der Moderne. Zwölf Vorlesungen. Frankfurt/M. 1985.

Habermas, J.: Die neue Unübersichtlichkeit. Kleine politische Schriften V. Frankfurt/M. 1985.

Hausmann, R.: Am Anfang war Dada. Gießen 1980.

Hausmann, R.: Bilanz der Feierlichkeit. Texte bis 1933. Bd. 1, München 1982.

Hausmann, R.: Sieg Triumph Tabak mit Bohnen. Texte bis 1933. Bd. 2. München 1982.

Hegel, G. W. F.: Vorlesungen über die Ästhetik II. In: Ders.: Werke in zwanzig Bänden. Bd. 14, Frankfurt/M. 1973.

Heiber, H.: Die Republik von Weimar. München 1966, ²1977.

Hennigsen, B.: Funktionalismus in Architektur und Politik. In: Merkur, 1984, H. 8, S. 954-959.

Hentschel, R.: Exekution der Moderne. Zu E. Jüngers "Arbeiter" und G. Deleuze/F. Guattaris "Anti-Ödipus". In: Notizbuch 1: Psychoanalyse und Gesellschaft. Hrsg. v. H. Kurnitzky. Berlin 1979, S. 53-77.

Hepp, C.: Avantgarde. Moderne Kunst, Kulturkritik und Reformbewegungen nach der Jahrhundertwende. München 1987.

Herf, J.: Reactionary Modernism. Technology, Culture, and Politics in Weimar and the Third Reich. Cambridge University Press 1986.

Herzfeld, H.: Der erste Weltkrieg. München 1985.

Hesse, H.: Vernunft und Selbstbehauptung. Kritische Theorie als Kritik neuzeitlicher Rationalität. Frankfurt/M. 1984.

Hillach, A.: "Ästhetisierung des politischen Lebens." Benjamins faschismustheoretischer Ansatz - eine Rekonstruktion. In: "Links hatte noch alles sich zu enträtseln..." Walter Benjamin im Kontext. Hrsg. v. B. Lindner. Frankfurt/M. 1978, S. 127-167.

Hillach, A.: Der Anteil der Kultur an der Prägung faschistischer Herrschaftsmittel. Was leistet Benjamins Diagnose des Faschismus. In: Walter Benjamin: profane Erleuchtung und rettende Kritik. Hrsg. v. N. W. Bolz u. R. Faber. 2., verm. u. verb. Aufl., Würzburg 1985, S. 231-265.

Hitler, A.: Mein Kampf. München 1934.

Hof, W.: Der Weg zum heroischen Realismus. Pessimismus und Nihilismus in der deutschen Literatur von Hamerling bis Benn. Bebenhausen 1974.

Honneth, A.: Ein strukturalistischer Rousseau. Zur Anthropologie von Claude Levi-Strauss. In: Merkur, 1987, H. 9/10, S. 819-833.

Honneth, A.: Kritik der Macht. Reflexionsstufen einer kritischen Gesellschaftstheorie. Frankfurt/M. 1989.

Horkheimer, M.: Schopenhauer und die Gesellschaft. In: Horkheimer, M./Adorno, Th. W.: Sociologica II. Reden und Vorträge. Frankfurt/M. 1962, S. 113-123.

Horkheimer, M.: Egoismus und Freiheitsbewegung. Zur Anthropologie des bürgerlichen Zeitalters, (1936). In: Ders.: Kritische Theorie. Eine Dokumentation. Hrsg. v. A. Schmidt. Bd. II. Frankfurt/M. 1968, S. 1-81.

Horkheimer, M.: Zur Kritik der instrumentellen Vernunft. Aus den Vorträgen und Aufzeichnungen seit Kriegsende. Hrsg. v. A. Schmidt. Frankfurt/M. 1974.

Huelsenbeck, R.: En avant Dada. Die Geschichte des Dadaismus, (1920). Hamburg 1978.

Huelsenbeck, R.: Einleitung zum DADA-Almanach, (1920). Hamburg 1979, S. 3-9.

Hyde, G. M.: Russian Futurism. In: Modernism 1890-1930. Ed. by M. Bradbury and J. McFarlane. Hanmondsworth 1976, S. 259-273.

Ingold, F. Ph.: Literatur und Aviatik. Europäische Flugdichtung 1909-1927. Frankfurt/M. 1980.

Jünger, E.: Sämtliche Werke. 18 Bde. Stuttgart 1978-1983.

Jünger, E.: Der Kampf als inneres Erlebnis. Berlin 1922.

Jünger, E.: Das Wäldchen 125. Eine Chronik aus den Grabenkämpfen 1918. Berlin 1925.

Jünger, E.: In Stahlgewittern. Aus dem Tagebuch eines Stoßtruppführers. Berlin ^{6}1925.

Jünger, E.: Nationalismus und modernes Leben. In: Arminius. Kampfschrift für deutsche Nationalisten 8, 1927, S. 3-6.

Jünger, E.: Blätter und Steine. Hamburg 1934.

Jünger, E.: Afrikanische Spiele. Hamburg 1936.

Jung, F.: Der Torpedokäfer. (Unveränderte Neuauflage von "Der Weg nach unten".) Neuwied/Berlin 1972.

Jürgens, M.: Faschismus und Moderne. Anmerkungen zum politischen Charakter des italienischen Futurismus. In: Die Dekoration der Gewalt. Kunst und Medien im Faschismus. Hrsg. v. Hinz, Mittig, Schäche, Schönberger. Gießen 1979, S. 205-212.

Kaempfer, W.: "Der Tod ist ein Meister aus Deutschland" - Zu einem Leitmotiv im nihilistischen Schrifttum Ernst Jüngers. In: Recherches germaniques 1976, H. 6, S. 136-151.

Kaempfer, W.: Ernst Jünger. Stuttgart 1981.

Kaiser, H.: Mythos, Rausch und Reaktion. Der Weg Gottfried Benns und Ernst Jüngers. Berlin/Ost 1962.

Kaltenbrunner, G.-K.: Konservative Apokalypse. Wiedergelesen: Ernst Jüngers "Arbeiter". In: FAZ, 2.9.1977.

Ketelsen, U.-K.: Ernst Jüngers "Der Arbeiter" - Ein faschistisches Modernitätskonzept. In: Kultur. Bestimmungen im 20. Jahrhundert. Hrsg. v. H. Brackert und F. Wefelmeyer. Frankfurt/M. 1990, S. 219-254

Kittsteiner, H.-D./Lethen, H.: "Jetzt zieht Leutnant Jünger seinen Mantel aus". Überlegungen zur "Ästhetik des Schreckens". In: Berliner Hefte 1979, H. 11, S. 20-50.

Knüffermann, V.: Deutsche Kulturgeschichtsschreibung von Ball zu Plessner. Betrachtungen zweier Unzeitgemäßer. In: Hugo Ball. Almanach 1985/86. Hrsg. v. der Stadt Pirmasens, S. 275-294.

Koebner, T.: Die Erwartung der Katastrophe. Zur Geschichtsprophetie des 'neuen Konservativismus' (Oswald Spengler, Ernst Jünger). In: Weimars Ende. Prognosen und Diagnosen in der deutschen Literatur und Publizistik 1930-1933. Hrsg. v. dems., Frankfurt/M. 1982, S. 348-359.

Kohl, K.-H.: Abwehr und Verlangen. Zur Geschichte der Ethnologie. Frankfurt/M. 1987.

Korsch, K.: Ein undogmatischer Zugang zum Marxismus. In: Revolutionärer Klassenkampf. Die bürgerliche und proletarische Revolution. Berlin o. J., S. 78-93.

Korsch, K.: Warum ich Marxist bin, (1935). In: Gegen den Dogmatismus in der Arbeiterbewegung. Sozialistisches Jahrbuch 2. Hrsg.v. W. Dreßen. Berlin 1970.

Koselleck, R.: Fortschritt und Beschleunigung. Zur Utopie der Aufklärung. In: Der Traum der Vernunft. Vom Elend der Aufklärung. Eine Veranstaltungsreihe der Akademie der Künste Berlin. Darmstadt/Neuwied 1985, S. 74-103.

Kracauer, S.: Die Angestellten. Aus dem neuesten Deutschland. (1930) Frankfurt/M. ²1974.

Kracauer, S.: Das Ornament der Masse. Essays. Frankfurt/M. 1977.

Kracauer, S.: Von Caligari zu Hitler. Eine psychologische Geschichte des deutschen Films, (1947). Frankfurt 1984.

Kreuzer, H.: Die Bohème. Analyse und Dokumentation der intellektuellen Subkultur vom 19. Jahrhundert bis zur Gegenwart. Stuttgart 1971.

Krockow, C. v.: Die Entscheidung. Eine Untersuchung über Ernst Jünger, Carl Schmitt, Martin Heidegger. Stuttgart 1958.

Krüger, H. J.: Aspekte der Zivilisationsanalysen von Norbert Elias. In: Kultur. Bestimmungen im 20. Jahrhundert. Hrsg. v. H. Brackert und F. Wefelmeyer. Frankfurt/M. 1990, S. 317-343

Kuenzli, R. E.: Dada gegen den Ersten Weltkrieg. Die Dadaisten in Zürich. In: Sinn aus Unsinn. Dada International. Hrsg. v. W. Paulsen u. H. G. Hermann. Bern/München 1982, S. 87-100.

Laplanche, J./Pontalis, J. B. (Hrsg.): Das Vokabular der Psychoanalyse. 2 Bde. Frankfurt/M. 1972.

Lefebvre, H.: Die Revolution der Städte. Frankfurt/M. 1976.

Lefebvre, H.: Kritik des Alltagslebens. Kronberg/Ts. 1977.

Lefebvre, H.: Einführung in die Modernität. Zwölf Präludien. Frankfurt/M. 1978.

Lenk, E.: Der springende Narziß. Andre Bretons poetischer Materialismus. München 1971.

Lenk, E.: Sinn und Sinnlichkeit. Nachwort zu: Aragon, L.: Pariser Landleben. Le Paysan de Paris. München ²1975, S. 257-275.

Lepenies, W.: Gesinnungsästhetik. - Zu K. H. Bohrers Auseinandersetzung mit Ernst Jüngers Frühwerk. In: Merkur, 1978, H. 10, S. 1055-1060.

Lethen, H.: Neue Sachlichkeit 1924-1932. Studien zur Literatur des "Weißen Sozialismus". Stuttgart ²1975.

Lethen, H.: Neue Sachlichkeit. In: Deutsche Literatur. Eine Sozialgeschichte. Hrsg. v. H. A. Glaser, Bd. IX, Weimarer Republik - Drittes Reich: Avantgardismus, Parteilichkeit, Exil. 1918-1945. Reinbek bei Hamburg 1983, S. 168-179.

Lethen, H.: Zwei Barbaren. Über einige Denkmotive von Ernst Jünger und Bertolt Brecht in der Weimarer Republik. In: Anstöße 1984, H. 1, S. 17-28.

Lévi-Strauss, C.: Traurige Tropen. Frankfurt/M. 1978.

Lewis, W.: Blasting and Bombardiering. An Autobiography (1914-1926). (1937). London 1982.

Lewis, W.: The Art of Being Ruled. (1926). Santa Rosa 1989.

Liebchen, G.: Ernst Jünger. Seine literarischen Arbeiten in den zwanziger Jahren. Eine Untersuchung zur gesellschaftlichen Funktion von Literatur. Bonn 1977.

Lindner, B.: Aufhebung der Kunst in Lebenspraxis? Über die Aktualität der Auseinandersetzung mit den historischen Avantgardebewegungen. In: M. W. Lüdke (Hrsg.): Theorie der Avantgarde. Antworten auf Peter Bürgers Bestimmungen von Kunst und bürgerlicher Gesellschaft. Frankfurt/M. 1976, S. 72-104.

Lindner, B./Schlichting, H. B.: Die Dekonstruktion der Bilder: Differenzierungen im Montagebegriff. In: Alternative, 1978, H. 122/123, S. 209-224.

Lindner, B.: Im Inferno. "Die Ermittlung" von Peter Weiss. Auschwitz, der Historikerstreit und "Die Ermittlung". Frankfurt/M. 1988.

Loose, G.: Ernst Jünger. Gestalt und Werk. Frankfurt/M. 1957.

Lukács, G.: Die Zerstörung der Vernunft. Berlin/Ost 1954.

Lukács, G.: Geschichte und Klassenbewußtsein. Studien über marxistische Dialektik. Darmstadt/Neuwied 1970.

Malaparte, C.: Die Wolga entspringt in Europa. Köln 1989.

Marcus, G.: Lipstick Traces. A Secret History of the Twentieth Century. London 1989.

Marcuse, H.: Triebstruktur und Gesellschaft. Ein philosophischer Beitrag zu Sigmund Freud. Frankfurt/M. 1973.

Marcuse, H.: Der Kampf gegen den Liberalismus in der totalitären Staatsauffassung. In: Ders.: Kultur und Gesellschaft I. Frankfurt/ M. 1973, S. 17-55.

Marx, K./Engels, F.: Werke. Berlin/Ost o. J.

Marx, K./Engels, F.: Briefe über "Das Kapital". Berlin/Ost 1954.

Marxistische Gruppe: Die Psychologie des bürgerlichen Individuums. München 1981.

Matz, W.: Nach der Katastrophe. Jünger und Heidegger. In: Text+Kritik 105/6: Ernst Jünger. Januar 1990, S. 74-81.

Mendelsohn, P. de: Der Geist in der Despotie. Versuch über die moralischen Möglichkeiten des Intellektuellen in der totalitären Gesellschaft. Berlin 1953.

Meyer, M.: Ernst Jünger. München 1990.

Meyer, R. (u. a.): Dada in Zürich und Berlin 1916-1920. Literatur zwischen Revolution und Reaktion. Kronberg/Ts. 1973.

Milch, T.: Walter Serner. In: 'Das Tempo dieser Zeit ist keine Kleinigkeit'. Zur Literatur um 1918. Hrsg. v. J. Drews. München 1981, S. 61-73.

Modick, K.: Tusitala. Der Erzähler Stevenson. In: Merkur, 1987, H. 2, S. 164-170.

Mörchen, H.: Schriftsteller in der Massengesellschaft. Zur politischen Essayistik und Publizistik Heinrich und Thomas Manns, Kurt Tucholskys und Ernst Jüngers während der Zwanziger Jahre. Stuttgart 1973.

Mohler, A.: Die Konservative Revolution in Deutschland 1918-1932. Ein Handbuch. Darmstadt [2]1972.

Mohler, A.: Der faschistische Stil. In: Konservatismus international. Hrsg. v. G.-K. Kaltenbrunner. Stuttgart 1973, S. 172-198.

Momber, E.: 's ist Krieg! 's ist Krieg! Versuch zur deutschen Literatur über den Krieg 1914-1933. Berlin 1981.

Müller, L.: Die Großstadt als Ort der Moderne. Über Georg Simmel. In: Die Unwirklichkeit der Städte. Großstadtdarstellungen zwischen Moderne und Postmoderne. Hrsg. v. K. R. Scherpe. Reinbek bei Hamburg 1988, S. 14-36.

Naeher, J.: Oswald Spengler. Reinbek bei Hamburg 1984.

Naumann, M.: Bildung und Gehorsam. Zur ästhetischen Ideologie des Bildungsbürgertums. In: Das wilhelminische Bildungsbürgertum. Zur Sozialgeschichte seiner Ideen. Hrsg. v. K. Vondung. Göttingen 1976, S. 34-52.

Neumeister, S.: Der Dichter als Dandy. Kafka - Baudelaire - Thomas Bernhard. München 1971.

Niekisch, E.: Erinnerungen eines deutschen Revolutionärs. Bd. I: Gewagtes Leben 1889-1945. Köln 1974.

Nietzsche, F.: Die fröhliche Wissenschaft. In: Ders.: Werke in drei Bänden. Hrsg. v. K. Schlechta. München 1973, Bd. 2, S. 7-274.

Nizan, P.: Aden. Die Wachhunde. Zwei Pamphlete. (Mit einem Vorwort von J. P. Sartre). Hrsg. v. T. König. Reinbek bei Hamburg 1978.

Nizan, P.: Intellectuel Communiste 1926-1940. 2 Bde. Paris 1970.

Nizan, P.: Das Leben des Antoine B. Frankfurt/M. 1974.

Nolte, E.: Die faschistischen Bewegungen. Die Krise des liberalen Systems und die Entwicklung der Faschismen. München 1984.

Petersen, J.: Mussolini: Wirklichkeit und Mythos eines Diktators. In: Mythos und Moderne. Begriff und Bild einer Rekonstruktion. Hrsg. v. K. H. Bohrer. Frankfurt/M. 1983, S. 242-260.

Pfankuch, K./Lepper, G.: Persönlichkeit und Masse. Zur Politisierung der Existenz- und Lebensphilosophie Anfang der 30er Jahre. In: Notizbuch 4: Faschismus und bürgerlicher Staat. Berlin 1981, S. 63-113.

Drahtlose Phantasie: Auf- und Ausrufe des Futurismus. Hamburg 1985.

Philipp, E.: Dadaismus. Einführung in den literarischen Dadaismus und die Wortkunst des 'Sturm' - Kreises. München 1980.

Pierre, J.: Futurismus und Dadaismus. Lausanne 1967.

Plessner, H.: Die verspätete Nation. Über die politische Verführbarkeit bürgerlichen Geistes. Frankfurt/M. 1974.

Portis, L.: Sorel zur Einführung. Hannover 1983.

Posse, E.: Die politischen Kampfbünde Deutschlands. Berlin 1930.

Prosenc, M.: Die Dadaisten in Zürich. Bonn 1967.

Prümm, K.: Die Literatur des Soldatischen Nationalismus (1918-1933). 2 Bde. Kronberg/Ts. 1974.

Prümm, K.: Vom Nationalisten zum Abenländer. Zur politischen Entwicklung Ernst Jüngers. In: Basis. Jahrbuch für deutsche Gegenwartsliteratur 6. Hrsg. v. R. Grimm u. J. Hermand. Frankfurt/M. 1976, S. 7-29.

Rawson, J.: Italian Futurism. In: Modernism 1890-1930. Ed. by M. Bradbury and J. McFarlane. Hammondsworth 1976, S. 243-258.

Redfern, W. D.: Paul Nizan. Commited Literature in a Conspiratorial World. Princeton 1972.

Reif, W.: Zivilisationsflucht und literarische Wunschträume. Der exotistische Roman im ersten Viertel des 20. Jahrhunderts. Stuttgart 1975.

Richter, H.: DADA - Kunst und Antikunst. Der Beitrag Dadas zur Kunst des 20. Jahrhunderts. Köln 1964.

Riha, K. (Hrsg): Dada Berlin. Texte, Manifeste, Aktionen. Stuttgart 1977.

Roters, E.: Mouvement Dada. In: Tendenzen der Zwanziger Jahre. Berlin 1977, S. 3/1-3/11.

Rubin, W. S.: Dada. Stuttgart 1978.

Russell, C.: Poets, Prophets, and Revolutionaries. The Literary Avantgarde from Rimbaud through Postmodernism. New York 1985.

Rutschky, M.: Die Ästhetik des Schreckens. In: Die neue Rundschau 89, 1978, S. 457-464.

Rutschky, M.: Erfahrungshunger. Ein Essay über die siebziger Jahre. Köln 1980.

Ryan, J.: Ezra Pound und Gottfried Benn: Avantgarde, Faschismus und ästhetische Autonomie. In: Grimm, R./Hermand, J. (Hrsg.): Faschismus und Avantgarde. Königstein/Ts. 1980, S. 20-34.

Saage, R.: Arbeiterbewegung, Faschismus, Neokonservatismus. Frankfurt/M. 1987.

Sahlberg, O.: Gottfried Benns Phantasiewelt. "Wo Lust und Leiche winkt". München 1977.

Said, E. W.: Orientalism. Hammondsworth 1978.

Salomon, E. v.: Der Fragebogen. Reinbek bei Hamburg 1951.

Sarte, J.-P.: Marxismus und Existenzialismus. Versuch einer Methodik. Reinbek bei Hamburg 1964.

Scheffer, B.: Aufbruch und Provokation. Einführung in die expressionistische und dadaistische Literatur. In: 'Das Tempo dieser Zeit ist keine Kleinigkeit.' Zur Literatur um 1918. Hrsg. v. J. Drews. München 1981.

Scheible, H.: Wahrheit und Subjekt. Ästhetik im bürgerlichen Zeitalter. Reinbek bei Hamburg 1988.

Schirnding, A. v.: Begegnungen mit Ernst Jünger. Ebenhausen b. München 1990.

Schivelbusch, W.: Geschichte der Eisenbahnreise. Zur Industrialisierung von Raum und Zeit im 19. Jahrhundert. Frankfurt/Berlin/Wien 1979.

Schlichting, H. B.: Pioniere des Medialen. Zur Aktualität der dadaistischen Kulturattacke. In: Kultur. Bestimmungen im 20. Jahrhundert. Hrsg. v. H. Brackert und F. Wefelmeyer. Frankfurt/M. 1990, S. 32-85.

Schmidt, B.: Postmoderne - Strategien des Vergessens. Ein kritischer Bericht. Darmstadt/Neuwied 1986.

Schmitt, C.: Politische Romantik. Berlin ³1968.

Schmitt, C.: Der Begriff des Politischen. Text von 1932 mit einem Vorwort und drei Collarien. Berlin 1979.

Schmitt, C.: Die geistesgeschichtliche Lage des heutigen Parlamentarismus. Berlin 1985.

Schmitt, C.: Politische Theologie. Vier Kapitel zur Lehre von der Souveränität. (1934) Berlin ⁴1985.

Schopenhauer, A.: Die Welt als Wille und Vorstellung. Leipzig o. J.

Schulz, T.: "Gegner". Nationalismus, Nationalbolschewismus und Massenpsychologie. Frankfurt/M. 1980.

Schwarz, H.-P.: Der konservative Anarchist. Politik und Zeitkritik Ernst Jüngers. Freiburg i.Br. 1962.

Serner, W.: Letzte Lockerung. manifest dada. Hannover - Wien - Leipzig - Zürich o. J. (Raubdruck)

Serner, W.: Hirngeschwuer. Texte und Materialien. Walter Serner und Dada. Hrsg. v. T. Milch. Erlangen 1977.

Shattuck, R.: The Banquet Years. The Origins of the Avantgarde in France. 1885 to World War I. New York 1968.

Short, R.: Dada and Surrealism. In: Modernism 1890-1930. Ed. by M. Bradbury and J. McFarlane. Hammondsworth 1976, S. 292-308.

Silva, U.: Kunst und Ideologie des Faschismus. Frankfurt/M. 1975.

Simmel, G.: Die Großstädte und das Geistesleben. In: Ders.: Das Individuum und die Freiheit. Essais. Berlin 1984, S. 192-204.

Sombart, N.: Ernst Jünger: Der Arbeiter. Zur Neuauflage 1964. In: Ders.: Nachdenken über Deutschland. Vom Historismus zur Psychoanalyse. München 1987, S. 144-161.

Sontag, S.: Im Zeichen des Saturn. Essays. Frankfurt/M. 1983.

Sontheimer, K.: Antidemokratisches Denken in der Weimarer Republik. Die politischen Ideen des deutschen Nationalismus zwischen 1918 und 1933. München 1962.

Sorel, G.: Über die Gewalt. Frankfurt/M. 1971.

Sorel, G.: Die Auflösung des Marxismus. Hamburg 1978.

Spengler, O.: Der Untergang des Abendlandes. Umrisse einer Morphologie der Weltgeschichte. 2 Bde. Leipzig/München 1918-1922.

Steil, A.: Die imaginäre Revolte. Untersuchungen zur faschistischen Ideologie und ihrer theoretischen Vorbereitung bei Georges Sorel, Carl Schmitt und Ernst Jünger. Marburg 1984.
Stern, F.: Kulturpessimismus als politische Gefahr. Eine Analyse nationaler Ideologie in Deutschland. München 1986.
Stern, J. P.: The Embattled Style: Ernst Jünger, "In Stahlgewittern". In: The First World War in Fiction. A Collection of Critical Essays. Ed. by H. Klein. London 1978, S. 112-125.
Stern, J. P.: Hitler. The Führer and the People. London 1984.
Syberberg, H.-J.: Hitler und die Staatskunst: Die mephistophelische Avantgarde des 20. Jahrhunderts. In: Realismus. Zwischen Revolution und Reaktion 1919-1939. München 1981, S. 382-387.
Tasca, A.: Glauben, gehorchen, kämpfen. Aufstieg des Faschismus. Wien/Frankfurt/Zürich 1969.
Jacob **Taubes** im Gespräch mit **W. v. Rahden** u. N. **Kapferer**. In: Tumult 4, 1982, S. 64-76.
Teige, K.: Liquidierung der 'Kunst'. Analysen, Manifeste. Frankfurt/M. 1968.
Theweleit, K.: Männerphantasien. 2 Bde. Reinbek bei Hamburg 1980.
Tisdall, C./Bozzola, A.: Futurism. London 1977.
Todorov, T.: Die Eroberung Amerikas. Das Problem des Anderen. Frankfurt/M. 1985.
Tretjakov, S.: Die Arbeit des Schriftstellers. Aufsätze, Reportagen, Porträts. Hrsg. v. H. Boehnke. Reinbek bei Hamburg 1972.

Trommler, F.: Verfall Weimars oder Verfall der Kultur? Zum Krisengefühl der Intelligenz um 1930. In: Weimars Ende. Prognosen und Diagnosen in der deutschen Literatur und politischen Publizistik 1930-1933. Hrsg. v. T. Koebner. Frankfurt/M. 1982, S. 34-53.

Trommler, F.: Mission ohne Ziel. Über den Kult der Jugend im modernen Deutschland. In: "Mit uns zieht die neue Zeit". Der Mythos Jugend. Hrsg. v. T. Koebner, R.-P. Janz, F. Trommler. Frankfurt/ M. 1985, S.14-49.

Tzara, T.: 7 DADA-Manifeste. Hamburg 1980.

Virilio, P.: Fahren, fahren, fahren... Berlin 1978.

Virilio, P.: Geschwindigkeit und Politik. Ein Essay zur Dromologie. Berlin 1980.

Virilio, P./Lotringer, S.: Der reine Krieg. Berlin 1984.

Virilio, P.: Der Kritische Raum. In: Tumult 7, 1984, S. 22-27.

Virilio, P.: Krieg und Kino. Logistik der Wahrnehmung. München 1986.

Virilio, P.: Ästhetik des Verschwindens. Berlin 1986.

Volmert, J.: Ernst Jünger: "In Stahlgewittern". München 1985.

Wagstaff, C.: Dead Man Erect: F. T. Marinetti, "L'alcova d'acciaio". In: The First World War in Fiction. A Collection of Critical Essays. Ed. by H. Klein. London 1978, S. 149-159.

Weber, M.: Soziologie. Universalgeschichtliche Analysen, Politik. Stuttgart 1973.

Weber, M.: Rationalisierung und entzauberte Welt. Schriften zu Geschichte und Soziologie. Leipzig 1989.

Wehler, H.-U.: Das deutsche Kaiserreich 1871-1918. Göttingen 1975.

Weil, S.: Unterdrückung und Freiheit. Politische Schriften. München 1975.

Weller, K.: Der Blick aufs Ganze. Ernst Jünger. Nachtrag zum neunzigsten Geburtstag. In: Neue Deutsche Hefte 2, 1985, S. 227-262.
Wellershoff, D.: Gottfried Benn. Phänotyp dieser Stunde. München 1976.
Wellmer, A.: Zur Dialektik von Moderne und Postmoderne. Vernunftkritik nach Adorno. Frankfurt/M. 1985.
Wiggershaus, R.: Die Frankfurter Schule. Geschichte - Theoretische Entwicklung - Politische Bedeutung. München 1986.
Williams, R.: The Politics of Modernism. Against the New Conformists. London/New York 1989.
Willett, J.: Explosion der Mitte. Kunst und Politik 1917-1933. München 1981.
Winkler, E. G.: Ernst Jünger und das Unheil des Denkens. In: Ders.: Gestalten und Probleme. Leipzig 1939, S. 94-133.
Wuthenow, R.-R.: Muse, Maske, Meduse. Europäischer Ästhetizismus. Frankfurt/M. 1978.

GPSR Compliance

The European Union's (EU) General Product Safety Regulation (GPSR) is a set of rules that requires consumer products to be safe and our obligations to ensure this.

If you have any concerns about our products, you can contact us on ProductSafety@springernature.com

In case Publisher is established outside the EU, the EU authorized representative is:

Springer Nature Customer Service Center GmbH
Europaplatz 3
69115 Heidelberg, Germany

Batch number: 10578184

Printed by Printforce, the Netherlands